◇普通高等学校通识课系列教材

幸福心理学

——Happiness Psychology——

主　编/张　艳　王　妍
副主编/杨　倩　牟　蕾　付　敏

重庆大学出版社

内容提要

本书的主要内容分为三个大的篇章，分别从认识幸福、实现幸福、拥抱幸福三个方面就幸福的内涵、影响幸福的因素如人格、气质、情商、逆商、人际关系、爱情、目标和时间管理等方面进行了系统的心理学理论上的阐述，并详细介绍了许多提高幸福感的实用策略，每章都有相应的实践练习或拓展练习。

本书通俗易懂，注重实用性和操作性，可作为高等学校通识课教材，也可供广大青少年朋友和社会人士阅读。

图书在版编目(CIP)数据

幸福心理学/张艳，王妍主编．—重庆：重庆大学出版社，2016.8(2018.1 重印)

普通高等学校通识课系列教材

ISBN 978-7-5689-0026-3

Ⅰ.①幸…　Ⅱ.①张…②王…　Ⅲ.①幸福—应用心理学—高等学校—教材　Ⅳ.①B82

中国版本图书馆 CIP 数据核字(2016)第 178466 号

普通高等学校通识课系列教材

幸福心理学

主　编　张　艳　王　妍

副主编　杨　倩　牟　蕾　付　敏

责任编辑：顾丽萍　　版式设计：顾丽萍

责任校对：刘雯娜　　责任印制：张　策

*

重庆大学出版社出版发行

出版人：饶帮华

社址：重庆市沙坪坝区大学城西路 21 号

邮编：401331

电话：(023) 88617190　88617185(中小学)

传真：(023) 88617186　88617166

网址：http://www.cqup.com.cn

邮箱：fxk@cqup.com.cn (营销中心)

全国新华书店经销

POD：重庆新生代彩印技术有限公司

*

开本：787mm×1092mm　1/16　印张：15.5　字数：329 千

2016 年 8 月第 1 版　　2018 年 1 月第 4 次印刷

ISBN 978-7-5689-0026-3　定价：35.00 元

前 言

获得幸福，是所有人的生活目标，这让我们殊途同归。

——安妮·芙兰克

幸福是什么？

小时候，幸福是一件东西，拥有就幸福；

长大后，幸福是一个目标，达到就幸福；

成熟后，发现幸福原来是一种心态，领悟就幸福。

大学生认为："最幸福的事是早上第一节没有课，周末可以睡到自然睡，游戏可以打通宵……"大学老师认为："最幸福的事是自己所带的学生都可以健康地成长、成才……"职业经理人认为："最幸福的事情就是在我的手里，把公司做成一个世界品牌。"工人说："幸福就是工资再高一点，加班的时间少一点，能和妻子、女儿散散步、逛逛公园。"起早摸黑的农民说："我种的庄稼可以年年丰收，我养的牛越长越壮，奶卖得越来越多，就能给儿子娶媳妇了，这就是我一辈子的幸福。"一名井下工作的矿工说："幸福就是马上要出井的时候。"一名留守儿童说："最幸福的事就是和爸爸妈妈在一起。"……不同个体对幸福的理解各不相同。

人类对幸福的追求和思索，古今有之，但抱怨不幸福者众。目前社会出现一个怪现象，随着物质生活水平不断提高的同时，抑郁症的蔓延也在加剧。虽然现代人（大多数西方国家和越来越多的东方国家）比先辈富有得多，但却并不比先辈们开心。如果人们认为基本物质需求的满足能带来幸福生活，那么在基本物质需求没有得到满足时，去解释人们为什么不幸福当然是容易的。但在当今社会，大多数人的基本物质需求已得到满足但仍然感到不幸福，那个看似合理的理由已无法解释人们的不满。越来越多的人想搞清楚一个悖论——"财富带给我们的似乎是不幸福"，所以开始在积极心理学中寻找答案。

2006 年，积极心理学成为哈佛大学最受欢迎的选修课，没有之一，听课人数超过了由著名经济学家曼昆主讲的"经济学导论"。23%的哈佛学生说这门课程改变了他们的一生。

心理学研究表明，幸福需要客观基础，但是客观基础不是幸福本身。幸福感不仅是一种心理现象，更是社会构造。美国著名的政治学教授罗伯特·莱恩认为："当人们连衣食住行这样的基本需求都得不到满足时，他们不会感到幸福。因此，在基本需求得到满足之前，收入每提高一点，就会使人感到更幸福一些，但是，在基本需求得到满足之后，收入带动幸福的效应就开始呈递减态势，并且收入水平越高，这种效应越小，以致达到可以忽略不计的地步，这就是所谓的'快乐鸿沟'现象。"当前我国国民也在重视生活质量的提高和幸福感的提升，小康社会建设要显著提高民众的幸福感,应在精神文化方面投入更多,因为客观物质条件对民众幸福感提升的贡献将越来越小,心理和精神层面的需求将日益突显。正是在这样的背景下,我们移通学院通识教学部推出了幸福心理学课程,近几年来课程颇受学生欢迎,我们因此而颇受鼓舞,就幸福这个话题从心理学的角度作一个系统的梳理,因而有此书的诞生。

本书旨在帮助大家了解幸福的真相,更重要的是,帮助你过得更幸福。但是仅仅浏览书籍而不努力是不行的,深刻的自我反思必不可少。改变,是幸福的开始。本书分为三个篇章,分别从幸福是什么、实现幸福、拥抱幸福三个角度就影响幸福感的各个因素如人格、心态、情商、逆商、人际关系、爱情、目标和时间管理等方面进行了系统的心理学理论上的阐述,并详细介绍了许多提高幸福感的实用策略。本书的特点通俗易懂,注重实用性和操作性,可作为高等学校普通教育教材,也可以供广大青少年朋友和社会人士阅读。

本书由重庆邮电大学移通学院通识教学部具有心理健康教育和心理咨询工作经验的张艳和王妍担任主编,负责策划并撰写教材提纲;由杨倩、牟蕾和付敏担任副主编。各章撰稿人为:第一章、第二章、第六章由张艳(重庆邮电大学移通学院)撰写,第三章、第四章、第五章由杨倩(重庆邮电大学移通学院)撰写,第七章、第九章由王妍(重庆邮电大学移通学院)撰写,第十一章由牟蕾(四川财经职业学院)撰写,第八章、第十章由付敏(重庆工业职业技术学院)撰写。刘会(重庆邮电大学移通学院)和陈欣(重庆邮电大学移通学院)负责收集资料。因而本书也是从事心理学教学和实践的同志们的集体智慧结晶。但因编者学识限制,本书难免有疏漏、不当之处,敬请读者谅解。

同时,本书在构思和编写中参考了国内外同行的大量有关资料,在此一并致谢。

编　者
2016年6月

目 录 / CONTENTS

第一章　探索幸福

人生的幸福需要自身的力量和特点，因此设计出有效促进幸福的理论和技术显得非常有实用价值。幸福是一个长期的过程，是一种持续的状态，它更需要具备一种幸福的能力。

——马丁·塞利格曼

每个人都关注幸福、追求幸福。那么幸福是什么？有花园式的别墅？有数不完的金钱？有美满的家庭？有健康的身体？有崇高的理想？……这些都是人们理解的幸福。幸福的标准自然也各不相同，如同莎翁说的“一千个读者眼中就会有一千个哈姆雷特”一样，不同人眼中的幸福也各不相同。

第一节　幸福的概述

幸福概念的涵盖面极广，其研究涉及哲学、心理学、社会学、伦理学和经济学等众多学科。早在古希腊、罗马时代，先哲们就在探索什么是幸福、人类幸福的途径有哪些等问题。千百年来，无数东西方哲人都涉猎过这些问题，但众说纷纭，各执己见，一直没有定论。

时至今日，幸福仍然是一个每人都知道其含义，但无人能精确定义的概念。芸芸众生，似乎每个人都有独特的理解，每个人都按照各自的方式去追求幸福。世界上并没有一个公认的有关幸福的标准：恋人以得到爱情为幸福；士兵以能当上将军为幸福；体育运动员以获得世界冠军奖杯为幸福；登山运动员以登上前人尚未攀登征服过的险峰为幸福；探险者以发现从未被人发现的岛屿、港湾为幸福；彩迷们以买彩票获大奖而感到幸福；宇航员以能在月球上留下人类第一行脚印为幸福；截瘫残疾人以能从新站立行走为幸福；失明的人以重获光明看见亲人面颊为幸福……有一点是各种幸福所共有的基础，那就是成功、满足、快乐。

我饿了，看到别人手里拿个肉包子，他就比我幸福；在大冷天，别人穿着棉袄，我没有，他就比我幸福；内急的时候，茅房里有一个坑，你占着，你就比我幸福。资料来源：电视剧(《求求你表扬我》)

那么幸福到底是什么呢？让我们一起看看中西方给出的理解。

一、说文解字话幸福

什么是“幸”和“福”？“幸”是个会意字，上面的“土”是“夭”的变形，意为人夭折将要入土安葬；下面的“干”是“屰”的变形，意为情况发生逆转，死而复生，慢慢醒来，借“醒”声表示即将入土的死人又苏醒过来。逢凶化吉就是世上最大的幸事，幸为精神生活的满足感。只有这样解字才能通解“不幸”。“福”是形声字。从示，表示与敬神有关，畐(fú)声，畐为盛酒的容器。似双手捧着盛满酒的酒器伏地祭神，祈求神灵保佑风调雨顺，福为物质生活的满足感。二字合为一词，幸福指人们对精神生活和物质生活的满足感。

“从汉字词语‘幸福’的表意来看：‘幸’字上半部分的‘土’字代表房子；下半部分代表有钱；福：右半部分表示一家人有吃的(田)，左半部分表示有衣服穿。可见‘幸福’合起来就是一家人吃穿不愁，有房子住，有钱花。”这话是我们现代人的理解与愿望，能够做到“吃穿不愁，有房子住，有钱花”一般就会觉得幸福。

祖父母辈的时候，物质极其缺乏，一个月全家吃不上一两斤肉(这还是在北京)、半斤油。而现在有的人整天吃着山珍海味，游着全世界的大好河山，还郁闷至极，说活着没劲儿。你要问他幸福与否，他一准回答：“不幸福”或“不知道”。再有就是，所谓的“宁在宝马里哭，不在自行车上笑”追求的也不是幸福，而是物质。在宝马里哭，她能感到幸福？那不过只是一种对物质掌控的精神上的满足。而如果真的能够“坐在自行车上笑”的人，那她一定感到幸福。所以，幸福与否是自身感觉，和物质没有多大关系。

既然幸福属于精神层面的东西那就要学会品尝。我们要在生活中的点点滴滴中品尝幸福，在所拥有的小事中感悟幸福——因为真正的幸福是平淡的。

二、西方学者理解的幸福

幸福在英语中有Happiness、Well-Being、Blessedness、Weal等，但是基本是可以通用的，一般都译为“幸福感”或“主观幸福感”。

德谟克利特认为，心灵的享受是圆滑和精致原子的作用的结果，是真正的幸福和快乐；而一味追求物质享受，则是虚假的幸福和快乐。前者是崇高和永久的，后者是低级和短暂的。人生的目的和准则，就是求得精神的幸福和节制物欲。德谟克利特的快乐和幸福的观点，既不同于唯神论的观点，即精神就是一切的观点，也不同于庸俗的享乐主义，而是一种合理的幸福主义，在节制基础上的快乐主义。

柏拉图曾经用一种独特的方法计算出，王者的生活比独裁者的生活幸福729倍。独裁者已经拥有一切的权力和财富，但他仍然不是最幸福的人。因为真正的幸福，包含着很多金钱和权力所买不到的东西。他认为，幸福除了身体上的满足以外，必须包括积极性、责任感、成就感以及爱。这些东西也许在某种程度上带来了心灵的满足，但是往往会造成身体上的痛苦。为了达到满足，人们有时不惜追逐痛苦，在痛苦和折磨中感受到高尚的幸福。

尼采把幸福理解为一种愉悦和满足的状态，并顺便表达了对英国功利主义传统的不满。尼采认为，功利主义者所追求的幸福目标，并不是非常远大的目标，而在追求远大目标的过程中，往往需要为崇高目的而承受痛苦、持续进行奋斗并且愿意为这一目的而承担风险。他认为，幸福就是快乐或者满足的答案过于浅显。所以我们光是这样追问问题，不可能涉及问题的本质。这个问题争论得够久了，也没得出什么结论，我们不应该再纠缠于幸福包含什么，而应该问幸福产生的基础是什么。

亚里士多德关于幸福的学说在《马各尼可伦理学》一书中有专门的论述，在亚里士多德看来，幸福是终极目的，目的就是至善，而至善就是幸福。

马斯洛指出，需要的满足是一种中间的、不确定的状态，它既解决了一些问题，又会带来新的问题。满足只能带来短暂的幸福，很快又会被新的不满所代替。我们必须接受这个现实：幸福其实是转瞬即逝的，它是间或的，而不是持续的，尤其是强烈的幸福。

知识窗

马斯洛出生于美国纽约市布鲁克林区的一个犹太家庭，因心脏病突发逝于美国加利福尼亚州门洛帕克（Menlo Park）市。父母是从苏联移民到美国的犹太人，他是家中7个孩子中的老大，父亲酗酒，对孩子们的要求十分苛刻，母亲极度迷信，而且性格冷漠、残酷、暴躁。马斯洛小时候曾带两只小猫回家，被母亲当面活活打死。马斯洛童年生活痛苦，从未得到过母亲的关爱。母亲去世时，他拒绝参加葬礼，可见其母子关系之恶劣。他童年时体验了许多的孤独和痛苦。不仅如此，作为犹太人，他们住在一个非犹太人的街区，上学后又是学校少有的几个犹太人之一，这一切使马斯洛成为一个害羞、敏感并且神经质的孩子，为了寻求安慰，他把书籍当成避难所。后来当他回忆童年时，他说道："我十分孤独不幸。我是在图书馆的书籍中长大的，几乎没有任何朋友。"上学后的马斯洛由于天赋极高，他的学习成绩十分优秀，其状况后来才有所改变。

马斯洛的人本主义心理学为其美学理论提供了心理学基础。其心理学的理论核心是人通过"自我实现"，满足多层次的需要系统，达到"高峰体验"，重新找回被技术排斥的人的价值，实现完美人格。他认为人作为一个有机整体，具有多种动机和需要，包括生理需要（Physiological Needs）、安全需要（Security Needs）、归属与爱的需要（Love and Belonging Needs）、自尊需要（Respect & Esteem Needs）和自我实现需要（Self-actualization Needs）。马斯洛认为，当人的低层次需求被满足之后，会转而寻求实现更高层次的需要。其中自我实现的需要是超越性的，追求真、善、美，将最终导向完美人格的塑造，高峰体验代表了人的这种最佳状态。

他的主要成就包括提出了人本主义心理学，提出了马斯洛需求层次理论，代表作品有《动机和人格》《存在心理学探索》《人性能达到的境界》等。

三、综合定义

综合关于幸福的含义，中西方各有不同的理解。概括分类主要有以下两种：一是以外界标准界定幸福，而不是个人主观的判断，或强调物质生活享受，或重视精神生活等；二是个体自我评价，主要是指人们对其生活质量所做的情感性和认知性的整体评价，即主观幸福感(Subjective Well-Being，简称SWB)，从这种意义上说，决定人们是否幸福的并不是实际发生了什么，关键是人们对所发生的事情在情绪上作出何种解释，在认知上进行怎样的加工。因而SWB是一种主观的、整体的概念，同时也是一个相对稳定的值，它是评估相当长一段时期的情感反应和生活满意度。比如，同样的一个馒头，对于正在行乞的人来说，得到就是幸福，而对于一个生活无忧的人，只是生活必需品。所以，个体的自我评价非常重要。

总之，幸福感是一种积极向上的体验，可以通过心理测试来把握，主要可以从以下三个方面来理解：

第一，满足感。情绪的产生有赖于需要满足与否，当一个人的需要得到满足时就会产生满意、愉快、快乐与幸福不同程度的情绪体验；当需求受到阻碍时，人们往往会产生不满、愤恨、气愤等不同程度的情绪体验；当人们需要的、珍视的东西失去时，就会产生痛苦、悲哀、压抑、苦恼等不同程度的情绪体验；当人们受到威胁、安全需要得不到满足时，就会产生恐惧、害怕、担心、忧虑等不同程度的情绪体验。

马斯洛的需求层次理论将人的需求分为生物性的需求与精神性的需求。生物性的需求包括对食物、水、空气、排泄、睡眠、性等的需求。精神性的需求包括人对安全的需求，对友谊、爱与归属等的社会性需求，对自尊、自我认同的需求以及实现自己潜能的需求。任何需求的满足所产生的直接后果就是满意、快乐与幸福。

小时候，生活在农村的我记得：上三年级的时候，班里开始有同学使用钢笔，那个能吸水，能写出蓝色或黑色的字。可是这种未被普及的东西，我是断不敢向父母提出要求的。直到有一天在县城工作的父亲把一支粉色钢笔给我的时候，那一刻的欢呼雀跃，那一幕把玩粉色精灵的场景终不能忘怀。诸如这样的第一次还有春节的一件新衣、期末考试后的一张奖状……总之，儿时的记忆中充满了幸福。

跨越时空的变迁，今天我们的物质生活有了极大的改善。今天的孩子可以享用高档的文具，可以穿漂亮的衣服，可以一周去一次肯德基。但是大多数孩子会因为一款高档玩具没有得到或是生日礼物不够华丽而觉得自己不够幸福。原因是他们很少有满足感。

第二，快乐感。快乐感来源于积极乐观的情绪，一种感受良好时的情绪反应，常见的成因包括感到健康、安全、爱情和性快感等。快乐常见的表达方式是笑。许多事情都能带给人快乐，一句心理学上的谚语这样说：如果你想快乐一个小时，打个盹；如果你想快乐一天，去钓鱼；如果你想快乐一个月，去结婚；如果你想快乐一生，去帮助别人。

第三，价值感。幸福感的较高表现是价值感，它是在满意感与快乐感同时具备的基础上，增加了个人发展的因素，比如目标价值、成长进步等，从而使个人潜能得到发挥。真正意义上的幸福感，与西方的享乐主义不同，享乐主义只追求享乐的过程，缺少更有价值的目标。需求层次理论表明，当一个人达到需要的最高层次，自我实现时，其自我的潜能充分地发挥，由此产生的幸福感就是人精神上最大的幸福感，这种幸福感被马斯洛称为“高峰体验”。由于人的潜能发挥是没有止境的，因此人对幸福的追求也是没有终点的。

第二节　幸福的理论

关于幸福，心理学有如下 8 种理论：认知决定论、判断论（比较论）、态度协调论、体内生化论、目标论、活动论、社会标签论、状态论等。我们重点介绍认知决定论、判断论和态度协调论。

一、认知决定论

认知决定论认为幸福感是一种主观的体验，客观的外界因素往往是通过主观加工而起作用的。该理论的核心观点：人幸福和痛苦是由其特质或者认知方式决定的。其理论基础简称为 ABC 理论，是由美国心理学家埃利斯创建的。就是认为激发事件 A（Activating Event 的第一个英文字母）只是引发情绪和行为后果 C（Consequence 的第一个英文字母）的间接原因，而引起 C 的直接原因则是个体对激发事件 A 的认知和评价而产生的信念 B（Belief 的第一个英文字母），即人的消极情绪和行为障碍结果（C），不是由于某一激发事件（A）直接引发的，而是由于经受这一事件的个体对它不正确的认知和评价所产生的错误信念（B）所直接引起的。也就是说，人的情绪状态，取决于其对发生事情的认知与评价。

一个在中国流传甚广的故事说：一个妇人有两个女儿，分别嫁给了制伞的和制鞋的，每逢下雨出太阳，妇人都泪流满面，问起原因才知，天下雨，她担心小女儿家的鞋没人要，天出太阳，她操心大女儿家的伞卖不出去。有好心人劝道：你为什么不反过来想想，下雨了，大女儿家的生意好，出太阳了，小女儿家的鞋也卖得动了，岂不皆大欢喜。妇人思之，有理，故下雨也笑，出太阳也喜。

叔本华说：事物本身并不影响人，人们只受到对事物看法的影响。

我曾有一个同事，生下第一个小孩因为缺氧，20 多岁了还如婴儿般瘫坐在摇篮里。后允许再生，小儿子出生不久，老公得癌症去世，一个人带着两个小孩。我们以为她很难很苦，有什么活动尽量不通知她，但她不这样认为，她不仅参加各类活动，甚至还提议搞活动或组织活动，她说必要时可以让她母亲来帮忙照顾小孩。每年的工会积极分子都是她拿了，她还报名参加志愿者做义工，脸相很苦，但总是笑，讲话大声，毫无阴影。我将她称为英雄母亲。我的另一个女同事，脸四四方方，满嘴四环素牙，眼睛近似三角形，个头不高，近 30 岁也没能找到结婚对象，同事们在背后叹息：这可是老大难呀！但她好像不知别人怎么看，单位的文艺活动她可称得上积极分子，她最拿手的是上台诗朗诵和独唱，她走上台那矫健的步伐、气淡神定的站姿和字字如珠的腔韵，让你忽略了她长相的不雅，从心里赞叹她的才气与勇敢。她后与一个医生结婚，生有一女亭亭玉立，自己在一家银行做支行长，长相没变，但气质更雅，全然一个都市丽人。

真的，事情本身并不重要，重要的是你如何看待它。

心理学认为，社会态度（Social Attitude）是主体对外界事物一贯的、稳定的心理准备状态或一定的行为倾向。态度包括认知成分、情感成分和行为成分。当一个人态度的三个成分都是协调的就具有幸福感，相反，就会痛苦。如你认为考试得 100 分是一件令人向往的事，你也很想得到它，但是你做不到像其他同学一样，起早摸黑地学习，也做不到为了解答某个问题上图书馆、上网查资料非搞清楚不可。结果，每当你拿到考试成绩就会捶胸顿足恨死自己了。而某个同学得到的分数与你一样，他却甘之如饴，因为他说：这个分数在我的预期中，这个学期我将重点放在核物理学的研究上了，这门课能及格我已很满足了。

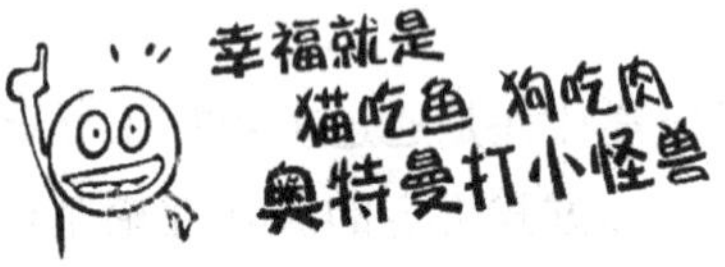

可见，幸福与否，不在结果的好与坏，而是在于你怎么看待它，并为之付出相应的情感和行为，让三者统一起来。如果三者不协调，要么改变行为，要么改变情感，要么引进新的认知元素。如上例，你依然认为得到 100 分是一件非常好的事，但你明白自己要得到 100 分却不是那么容易的事，于是再当你拿到成绩时，你就会说：不错啦，我得到了我应得到的。这就是引进了新的认知元素，让认知、态度、行为三者结合了起来。

其实，学习的好坏，除了努力以外，还与天赋、能力、专长有关，并不是付出了努力就一定能拿到高分的，当你付出了努力却没有拿到高分时，请不要沮丧，请第一时间想一想：问题出在哪儿？

不过，当大学教育进入大众化阶段以后，读不读大学已与学习天赋无关，而类同于义务教育，是一个公民社会生存的必经之路。所以，不要拘泥于成绩，好好地去学就行了。

二、比较论（又称判断理论）

比较论的核心观点：幸福感是在“比较”中产生的。

美国宾夕法尼亚教授格伦·菲尔鲍研究认为：幸福感是在比自己差的人比较中产生的。美国某州决定立法，将各社区活动的乞丐赶走，实施不久，社区居民提出要恢复社区乞丐，因为自从乞丐走了,他们好像少了什么,生活没那么开心了,乞丐在他们才感到自己生活的优越,以及施舍带来的满足,以及教育子女的那份底气。

美国学者 Stanley Morse 和 Kenneth Gergen 的向下与向上比较实验,说的是某次人才招聘,分为两个实验组,一组放入 Mr. Dirty,另一组放入 Mr. Clean,结果有脏先生参与的那组,个个都表现出了强烈的自信心,而有洁先生参与的那组,普遍对这次竞争获胜没有多大把握。

有意无意地与别人进行比较,是一种普遍存在的社会心理状态。心理学将这种以别人为标准,向下或向上进行比较,称为横向比较。

人们进行比较的参照物一般是自己关系最密切的人,因此忌妒、嫉恨产生了,而一般情况下,作为参照物的当事人并不知道什么原因。这就是人们经常遇到的不知什么原因得罪了谁。十几年前,大学生并不普及的时候,有个大学生第一个岗位是营业员,由于初入社会,很多事情与人际关系处理得不是这么老练,与这帮营业员处得不好。若干年后,这个大学生通过竞聘走上了管理岗位,那帮营业员同事第一反应是她有什么本事爬得比自己高?所以联名写信给总经理,诉说她诸多为人不是。事隔多年,这个大学生再上一个台阶,拟进入中层,那帮营业员同事越想越想不通,她不就是一个营业员吗,这么一个讨嫌的人怎么会越爬越高呢?于是又将那陈芝麻烂谷子的故事翻了出来,再行投诉。所谓谎话说一千遍就成了真理,果然,总经理想:我是不是看错人了呢?所以这个大学生的晋升之路从此搁浅。现在想想这个大学生有没有错呢?错就错在她进入了一个本不属于她的岗位,和与一帮本不属于她的群体为伍。一旦你进入这个群体,并成为其中一员,或将他们当朋友,在你要脱离他们时,他们会像溺水之人拼命扯住你的腿,不准你逃脱,因为他们认定你们是一伙的,你的生就是他的死。

如果你早上醒来的时候健康无恙,那么,比起活不过这一周的百万人来说,你真是好幸运。如果你未曾经历过战争的危险、入狱的孤独、严刑的痛楚、饥饿的折磨,那么,比起世界上 5 亿的人来,你真是好幸运。如果你的冰箱里有食物可吃,身上有衣服可穿、有屋棚遮蔽,有地方睡觉,那么,比起世界上 75% 的人来,你真是好富足。如果你银行中有存款,钱包里也有钱,还能到某个地方消费,你便跻身于世界上最富有的 8% 人口当中了。有人说过我们所付出的终将会回归,所以

工作吧,犹如你不执迷于金钱;

恋爱吧,犹如你不曾被伤害;

跳舞吧,犹如没有人在看你;

歌唱吧,犹如没有人在谛听;

好好地生活,犹如这里是人间乐土;

我们可是这个世界上最幸福的人!

看到这段文字的你,在这个世界上,相比之下你一定是一个相当幸福之人。有两个事件可以佐证。

案例

去年我连续参加了两个同学会,一个是大学毕业30周年同学会。30年过后,所有的同学无一例外地都过着至少社会中层以上的生活,没有出现一个贫病交困的同学。一个是高中同学会,结果除了十来个后来通过各种途径读了大学,或当时高中成绩比较好或当过班干部的以外,其余的三十几个同学都生活在社会最底层,要么下岗收入无着落,要么离异孑然一人,男生看上去比刚从工地下班回来的农民工还疲惫,干瘦,佝偻着背,女生虽打扮得干干净净,但放浪形骸没有精神气。我好惊骇:知识,即读书的多少,竟将人的命运做了如此明显的划分!因此,我大声地告诉我的学生,放心吧,你们一定不会是社会的底层,在人生的规划上,你们可以放心大胆地向上规划。

于是我将一个留学生的故事讲给他们听。这个留学生出生农村,他现在虽在上海工作,但他每天想的事情是怎么去做一笔小生意,由此我质询道:你为什么总是想做一笔小生意呢?他回答说:如果我失业了,好有一个保本的行当可做呀!我告诉他你怎么会失业呢?最多是东家不打打西家,每打一家都有经验的累积,又多一分优势,应是一家比一家强。他想想有道理,后来他告诉我,他对自己的一生重新进行了规划:30岁前找到一家自己喜欢的公司和岗位,35岁前做到中层,50岁前做到高层。为此他决定将全部精力放在这个规划上面,而不是做着这份工,想着后退的事,对工作没有了期许与热情,工作做不好,哪能上进呢?

不用想着退路,只管往前冲!这就是拥有知识的幸福。

适应理论又称纵向比较,它以过去的生活为标准,进行比较。比如你过去住别墅,现在住窄小的公寓,开始的时候很不适应,跟过去比起来,你比较伤心,但时间长了,渐渐地习惯了现在的环境,心情也会随之好了起来。这个理论告诉我们,人们对重复出现的刺激反应会减少减弱,如果你要激起人们的感知,应该重新建立新的刺激。

范围—频率理论将人们的理想与现实的关系按实现度进行度量,得出完全实现和完全不实现的占少数,基本实现的占绝大多数,呈正态分布。这个理论告诉我们,拥有理想并去实践它,理想和现实能够接近就好,不要执着于实现的结果和周围人的看法,走自己的路,做一个自我和谐的人。正如人们所说:不管结果如何,我曾经努力过。

三、态度协调论

社会态度(Social Attitude)是主体对外界事物一贯的、稳定的心理准备状态或一定的行为倾向。态度是由认知的、情感的、行为的三种成分构成的一个整体,是对态度对象的理解、情感和行为的相互关联的、比较持续的、某一个人内部的系统。

认知成分是主体对态度对象的认识和评价,是人对于对象的思想、信念及其知识的总和。情感性成分是主体对态度对象的情绪或情感性体验。行为倾向成分是主体对态度对象向外显示的准备状态和持续状态。这三种成分各有自己的特点,认知成分是态度的基础,其他两种成分是在对态度对象的了解、判断的基础上发展起来的;情感性成分对态度起着调节和支持的作用;行为倾向成分则制约着行为的方向性。

构成态度的认知、情感和行为倾向三种成分彼此协调,是一个统一的整体。按照对一致性理解的不同,可分为几种解释态度改变的理论模式:F. 海德的 P-O-X 模型、T. M. 纽科姆的 A-B-X 模型、奥斯古德与 P. H. 坦南鲍姆的和谐理论、L. 费斯廷格的认知不协调理论等。

态度协调论认为,当一个人的三个成分——认知、情感、行为都协调时,就具有幸福感,相反,如果三个成分不协调,就会痛苦。例如,认知上认为大学生活应该好好享受,情感上喜欢享受,行为上每天也在享受,整天泡女孩、上网、打游戏的人,比较幸福;认知上认为大学生活应该好好学习,情感上喜欢享受,行为上每天一边在享受,一边又在自责的人,比较痛苦。

如果个体的认知不协调,通常会采取某一种方法来协调一致。第一,改变行为,使对行为的认知符合态度的认知。比如,"知道吸烟有危害"而"每天还在吸烟"的人,把烟戒掉。这样,两个认知元素便协调起来。第二,改变态度,使其符合行为规范。如认为"自己比别人都聪明",而期终考试时"两门功课不及格"的人,改变对自己原先的评价,认知到自己不过是个中等或者中等偏下的学生,这样认知达到协调。第三,引进新的认知元素,改变不协调的状况。

四、体内生化论

体内生化论认为,人的任何生理现象是由体内的生化物质作用的结果,幸福也不例外。人脑中存在着快乐中枢(奥尔兹),它的递质是人体鸦片:多巴胺、脑内腓、五羟色胺等也可以产生幸福感,所以人们将这些人脑快乐激素称为幸福的荷尔蒙(Hormone)。研究发现,通过运动、穴位刺激、按摩、服药(百忧解等抗抑郁药)、接吻、性爱、幻想、食物、听音乐等可以加强幸福的递质与激素产生。但由一种刺激如恋爱产生的多巴胺只会维持一年半载,要想幸福快乐需要寻找新的刺激,这就解释了人们为什么会喜新厌旧,也解释了人们难以从一而终。所以有人开玩笑说:什么是爱情,不过是一种化学反应。也有人归纳说:谈恋爱不要超过两年就要结婚,否则难以成功,因为人们会误将这种快乐递减现象归结为两人性格不合等而分手。

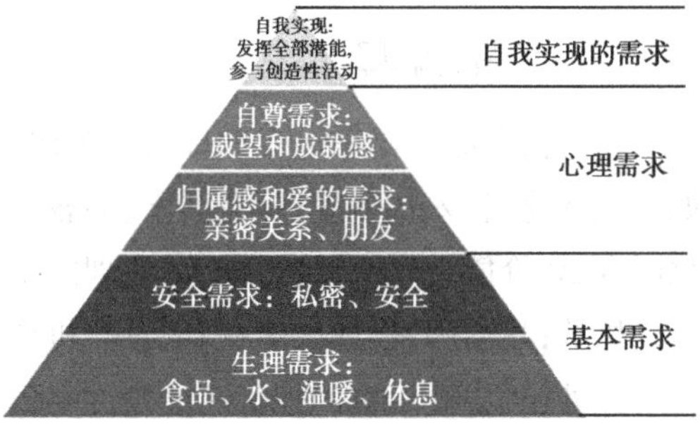

马斯洛需求层次理伦

目标论认为,幸福感产生于需要的满足及目标的实现。精神分析鼻祖弗洛伊德则认为最大的幸福感来自本能,而马斯洛将人的潜能和价值的实现看作是人类最高的幸福感。

活动论认为,幸福感是活动的副产品,来自于活动过程,而非活动的结果,如旅游。认为人们在全心全意投入到自己喜爱的活动中时,会经历一种难以言喻的喜悦,称为"心流"。这也是现代生活中冒险、攀岩等户外活动风行的理论依据。中国民间流行着一句话:不在于天长地久,只在于曾经拥有。也是这个理论的写照。

社会标签论认为公众会告诉个体,你应该幸福或者你应该痛苦,个体就会贴上快乐和痛苦的标签。确实现实中,有部分人的幸福感是经由外界的评价来确定内心感受的,外界是一个诱因,但不是由外界决定的。

“文化大革命”时期,嫁给一个军人是无上光荣的事,有个叫玲玲的女孩实现了这样的理想,而且公公是地委秘书长,每讲到这份荣耀玲玲总是眉开眼笑。可是嫁进去后,老公长年不在家,公公忙于公务,家里有一个患疯病的婆婆和一个小姑,全靠身体瘦弱的她照顾,人们见到她越来越瘦的身形,问一声:玲玲你为什么这么瘦了?她的眼泪就刷刷地流了下来。试问,她的幸福与痛苦的原因是什么呢?

状态理论认为,一个人是否感到幸福,取决于他日常生活中幸福事件的多寡。Forayce发现,用意识努力来减少暂时的消极情绪,可以增加幸福感,缺乏愉快的事件确实会导致抑郁。但幸福感不是对快乐生活事件的心理运算,而是个体对于事物的感受倾向和取舍。

第三节　幸福的测量和解释

积极心理学不仅关注研究幸福的定义,而且还想知道该怎样具体地去探知幸福,使得幸福的研究具有可行性,让更多的人可以更加幸福。我们怎样说明一个人比另一个人更快乐一些,或者一群人比另一群人更快乐一些。

对于人的主观幸福感的测量在20世纪60年代晚期到80年代中期,成为心理学的一个热点研究领域。心理学家对于主观幸福感的探讨更多地来自生活质量、心理健康和社会老年学三个学科领域。由于社会学家和经济学家加入幸福感研究的行列,幸福感的丰富内涵和表现形式得到了更多的揭示。

一、幸福的解释

作为社会心理体系一个部分的幸福感,受到许多复杂因素的影响,主要包括:经济因素,如就业状况、收入水平等;社会因素,如教育程度、婚姻质量等;人口因素,如性别、年龄等;文化因素,如价值观念、传统习惯等;心理因素,如民族性格、自尊程度、生活态度、个性特征、成就动机等;政治因素,如民主权利、参与机会等。

此外,对主观幸福的理解还涉及许多分析层面,主要包括认知与情感、个体与群体、横向与纵向、时点与时段等。在主观幸福感与社会心理体系诸多因素和层面之间的密切联系中,以下几点是十分独特而重要的:

第一,心理参照系。就社会层面而言,其成员的幸福感将受到他们心理参照系的重大影响。例如在一个封闭社会中,由于缺乏与其他社会之间的比照,尽管这个社会的物质发展水平不高，但由于心理守常和习惯定式的作用，其成员便可能知足常乐，表现出不低的幸福感；而一个处在开放之初的社会，面对外来发达社会的各种冲击，开始了外在参照，因此，其成员的幸福感便可能呈现下降之势，因为此时他们原有的自尊受到了创伤。

第二，成就动机程度。人们的成就需要决定他们的成就动机程度，成就动机程度又决定其预期抱负目标。其中人们对于自身成就的意识水平是一个重要环节，因为如果人们意识到的自身成就水平高于他们的预期抱负目标，那么，便会产生强烈的幸福感；反之，如果人们意识到的自身成就水平低于他们的预期抱负目标，那么，则不会有幸福感可言。

第三，本体安全感。它指的是，个人对于自我认同的连续性、对于所生活其中的社会环境表现出的信心。这种源自人和物的可靠感，对于形成个体的信任感是极其重要的，而对于外在世界的信任感，既是个体安全感的基础，也是个体抵御焦虑并产生主观幸福感的基础。因此，人的幸福感有时与其经济状况或收入水平之间并未呈现出简单的正相关关系，在现实生活中，一些经济状况不佳的人，其幸福感却不低，而有些百万富翁却整日忧心忡忡。

因此，我们就可以理解，为什么中国人的幸福感在过去 10 年中先升后降，表现出与经济发展轨迹之间的非同步性。其中主要原因在于，改革开放和现代化建设初期，物质发展成效明显地呈现出来，那时社会分化程度还不大，社会成员在心理上更多是作纵向比较，与过去的生活水平相比，较容易产生满足感。最近 10 年，社会结构转型加速，各个领域的体制改革日益全面触及深层利益，社会分化程度加大，尤其是贫富差距凸显；在社会心理方面，随着生活条件逐渐改善，人们需求层次日益提升，且呈现出多样化态势，因此，需求能被满足的标准相对提高了；而由于资源相对短缺和竞争加剧以及现代生活节奏加快，人们的各种压力感大大增加，这一切都强有力地影响了人们的幸福感。

特别值得关注的是，一些调查结果表明，近年来人们对社会问题的关心更倾向于与民生有关的领域，民生问题成为大多数社会成员最关切的社会问题。这种关注重点的变化，反映了人们对于社会发展态势的判断。而对于民生问题关注程度的上升，尤其反映了体制改革与社会发展正在对人们的生存条件和生活质量产生最强有力的影响。这一切极其深刻地影响着人们的本体安全感，具体表现为对社会生活保障需求的增强，从而影响到人们的幸福感。

二、幸福的测量与幸福指数

近年来，“幸福指数”成为我国学术界的一个热门话题，同时也成为一些政府部门的实践课题。幸福指数就是指把主观幸福感作为一项指标，通过运用专门的测量工具去获得人们主观幸福感的数量化结果。然而，如果幸福指数将在生活质量指标体系中甚至将在一个地方或国家的发展规划中扮演一种重要而合理的角色的话，那么，对于幸福指数寻求一种充分的理解，并且避免各种误读，无疑成为一项最基本的前提。

首先，对于幸福的理解涉及了哲学、心理学、社会学、经济学、文化学等多个学科，这说明了社会心理体系的高度复杂性，而这种复杂的主观世界要用数量化的工具来加以测量和说

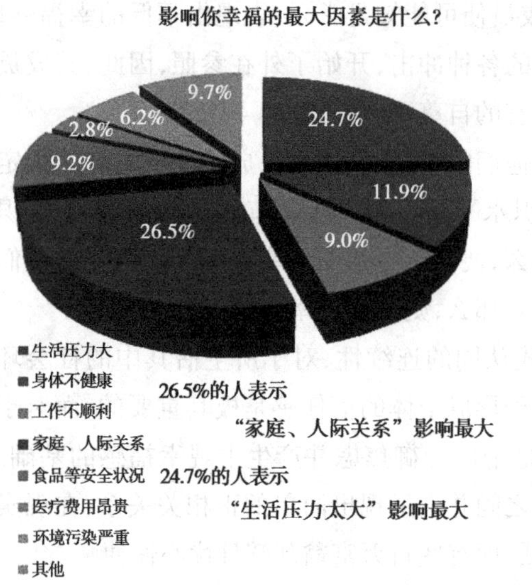

明,无疑是对现代社会科学的局限性提出一个重大挑战。因此,关于幸福指数一种可能的误读就是,将幸福指数简单化的倾向。典型表现之一是,希望通过一份调查问卷就能达成对主观幸福感全面而准确地把握。而幸福感在测量上存在的一个重要问题就是:在进行测量的时间点上人们所表达的生活感受,是否能够代表他们在一个时期里的总体生活感受。

其次,幸福指数是社会发展状况及其问题的“风向标”和“晴雨表”。如果说社会心理体系包含理性层面的认知评价和感性层面的情绪感受,那么,在幸福感中情绪感受这一感性层面常常占据主导地位,幸福感有时是一种很个体化的主观领域。因此,在实践领域中,幸福指数可以成为生活质量指标体系中一个重要方面,但并非唯一方面。在这里,关于幸福指数一种可能的误读就在于,认为幸福指数能够作为体现个人生活质量和衡量社会进步程度的一个绝对性指标,从而忽视了对于社会发展内涵和人的精神领域的丰富性的考虑。

再次,作为制定发展规划和社会政策一种重要参考因素的幸福指数,与 GDP 之间的关系应该是辩证的。GDP 是硬指标,幸福指数是软指标,两者在发展规划和社会政策中各具独特的地位与作用。能够关怀幸福,说明发展理论与发展实践上升了一个层次,发展的内涵更加丰富了。但绝非要在 GDP 与幸福指数之间作一种非此即彼的选择。因此,关于幸福指数又一种可能的误读就在于,产生“幸福指数崇拜”,即将幸福指数的意义无条件地夸大化、片面化、偏激化。

对于幸福感的测量,西方心理学家、社会学家和经济学家等已经探索了几十年,具有了一定的知识和经验积累。即便如此,尚未有任何一种幸福感测量工具能够得到普遍认同,许多量表仍处在不断改进之中。中国与西方的社会、文化背景及其反映形式之一的社会心理都存在差异,从而对于幸福的理解不会完全相同,感受幸福的方式也会有所差异。因此,我们若要研制出一套既体现国际水平又符合中国国情的幸福感测量工具,尤其是获得可以作为发展规划和社会政策参考的幸福指数,尚有待进行高水准、创新性的多学科合作研究。

第四节　幸福的生理基础

人的一切心理活动,都要通过神经系统的活动来实现。神经系统是心理活动的主要物质基础。对于幸福感来说,也毫无例外。生理基础如何影响人类对幸福的体验;生理基础是否完全决定了幸福感；有没有可能通过调整生理基础来增加幸福的感觉；人类有没有可能突破生理的局限体会恒久的幸福感等，这些问题都将在这一章中进行探讨。

德国哲学家康德曾经慨叹："快乐和幸福的概念是如此模糊，以至人人都想得到它。但是，却谁也不能对自己决意追求和选择的东西，说得清楚明白、条理连贯。""幸福的本质"究竟是什么呢？幸福的生理基础在哪里？这些问题是当今人类知识领域中最大的困惑之一。随着人们在自然科学领域内不断取得辉煌的成就和突破，特别是在微观方面人们对分子、原子，甚至是更细微的物质粒子也有了明确的认识，幸福感的生理基础之谜也随之慢慢揭开。那么影响幸福感最为重要的两种神经递质是什么呢？答案就是：多巴胺和内啡肽。

一、多巴胺

多巴胺对我们来说，应该已经不是一个太陌生的词了，在各种医学报道和科普文章都能看到它。多巴胺(Dopamine)是一种脑内分泌的化学物质，简称"DA"。它是一种神经传送素，主要负责大脑的情欲、感觉，将兴奋及开心的信息传递，也与上瘾有关。Arvid Carlsson 确定多巴胺为脑内信息传递者的角色使他赢得了 2000 年诺贝尔医学奖。多巴胺来源于脑干深处的几小簇细胞。这些细胞加在一起也不过有一个沙粒大小。这 1 亿个左右的细胞是多巴胺唯一的生产者，它们构成长长的轴突纤维，几乎与大脑所有部位的几十亿个细胞相连接。

人脑中存在着数千亿个神经细胞，人的七情六欲，都是由这些神经细胞在传递。然而，神经细胞与神经细胞之间存在间隙，就像一座断桥中的一道缝，脑部信息要跳过这道缝才能传递过去。当信息来临，这些神经细胞顶端上的"突触"(Synapse)，就会释放出能越过间隙的化学物质，把信息传递开去。这种化学物质名叫"神经递质"，多巴胺就是其中一种递质。

阿尔维德-卡尔森等三位科学家就是研究这种能影响每一个人对事物的欢愉感受的物质而获得了诺贝尔奖。对多巴胺导致幸福感的相关研究和阐述领域中，最受关注的莫过于它与爱情的密切关系。研究者认为爱情的产生，是源于多巴胺的分泌所带来的美妙感觉。大脑中心——丘脑是人的情爱中心，其间储藏着丘比特之箭——多种神经递质，也称为恋爱兴奋剂，包括多巴胺、肾上腺素等。当一对男女一见钟情或经过多次了解产生爱慕之情时，丘脑中的多巴胺等神经递质就源源不断地分泌，势不可当地汹涌而出。于是，我们就有了爱的感觉。

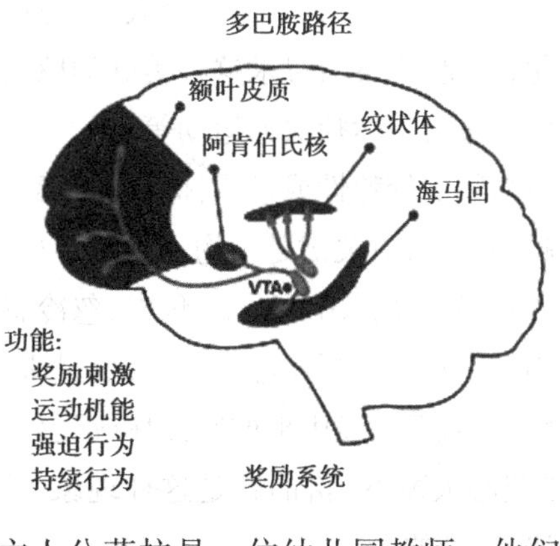

有一部电影，就以《多巴胺》命名。男主人公瑞德是一个计算机工程师，正参与一项人工智能研究，女主人公萨拉是一位幼儿园教师。他们俩相遇后一见钟情，爱情的强大力量使技术主义派的瑞德在本能和理性的冲突中困惑不已。

喜欢用自己的科学知识解释爱情的瑞德，在爱情面前苦苦挣扎了一段时间后，终于诚服于爱情。

除了爱情之外，多巴胺对幸福感等其他方面的研究也不少。加州霍华德·休斯医学院和索尔克研究院的神经学专家特伦斯·J. 赛吉诺瓦斯基博士认为，多巴胺系统可以对奖赏进行判断，无论是来自外界还是我们头脑的幻觉。当有好的事情发生，该系统就释放出多巴胺，使得大脑的主人采取行动。赛博士指出，多巴胺系统的反应相当迅速和灵敏，当事情刚一发生，还来不及经过理性考虑之前，多巴胺系统就会对最终决定起到一种无意识的、总体上的指导。

二、内啡肽

生理学家找到了人的大脑里面有一个产生快感的部位，叫作吗啡中枢，吗啡中枢需要一种叫作"内啡肽"的人体化学物质去填充，在填充的过程中就会有快感。因而，内腓肽也被称为"快感荷尔蒙"或者"年轻荷尔蒙"。所有的生物，从最简单的病毒到最高级的人类，它们千变万化的蛋白质都是由相同的20种氨基酸组成，也就构成了千姿百态的蛋白质世界。生物学在对蛋白质的深入研究过程中，发现一类由氨基酸构成但又不同于蛋白质的中间物质，这类具有蛋白质特性的物质被称作多肽。生物化学家给多肽的简单定义：氨基酸能够彼此以肽胺键（也称肽键）相互连接的化合物称作肽。一种肽含有的氨基酸少于10个就被称为寡肽，超过的就称为多肽。氨基酸为50多个以上的多肽称为蛋白质。内啡肽就是这种重要的多肽。

内啡肽，人称"快感荷尔蒙"或者"年轻荷尔蒙"，已经发现内啡肽的有亮氨酸-脑啡肽、甲硫氨酸-脑啡肽、α-内啡肽、β-内啡肽等多种肽类物质，这些肽类除具有镇痛、愉悦功能外，尚具有许多其他生理功能，如调节体温、心血管、呼吸功能。增加神经递质多巴胺、内啡肽的自然疗法有运动、音乐、使用右脑、大笑、食物等。

从生理上看，于同一个人，多巴胺的分泌只能持续半年到一年，之后这份感觉会日渐淡化，于是，为继续寻求这种美妙的感觉，要么寻找新的猎物来让自己进入分泌多巴胺的状态，要么进行自然疗法如运动等，要么吸食药物或毒品。我们知道吸食药物过量即吸毒，之所以将药物的依赖性或过量称之为吸毒，是因为一旦人们形成药物依赖后，不仅以后药物需求量越来越大，更关键是药物的刺激会破坏神经的自我调节功能，最终导致对药物的完全依赖，一旦停用就会出现不安、焦虑、忽冷忽热、起鸡皮疙瘩、流泪、流涕、出汗、恶心、呕吐、腹痛、腹泻等。这种戒断反应的痛苦，反过来又促使吸毒者为避免这种痛苦而千方百计地维持吸毒状态，直至神经中枢彻底毁坏或死亡。靠寻找新的猎物来维持多巴胺的分泌，现实生活中的"花心大萝卜"讲的就是这种现象，这种人尚处于依存本能生存的初级阶段，好听一点的说法：感性的人。

精神分析家弗洛伊德将人的精神分为本我、自我、超我三个部分，本我指源于人类动物般的本性本能,如“花心大萝卜”完全依据多巴胺的刺激来确定生活的状况。超我,是指社会的道德标准等内化于自身情感、思想、行为,超我的多寡,决定你社会人的分量,体现了人的责任感、荣誉感、羞耻感。自我则是指人们的意识部分,人会有意识地在自我与超我中寻找一种平衡,既满足本能的快乐,又不违背社会的要求,属于人的理性部分。一个有理性的人是自我意识较强的人。

可见,依赖外物和技术的幸福是不长久的,也是不理性或不健康的,收回自己向外寻找的视线,转而向自己的内心搜寻,才能找到真正的幸福。

三、多多益善 VS 稳定适量

既然多巴胺有助于欣快和幸福感的产生,是否其含量越多,我们就越幸福呢?事实并非如此。

例如,当你陷入热恋之中,脑中的多巴胺浓度急剧上升。当多巴胺浓度达到峰值,前额叶皮层将被大量多巴胺淹没,很难听到理智的声音了。此时,你的大脑将面临多巴胺长期处于高风险的状态。一旦心爱的人不在身边,或发生了意外,你就会心神不宁,甚至作出种种出乎意料的举动。

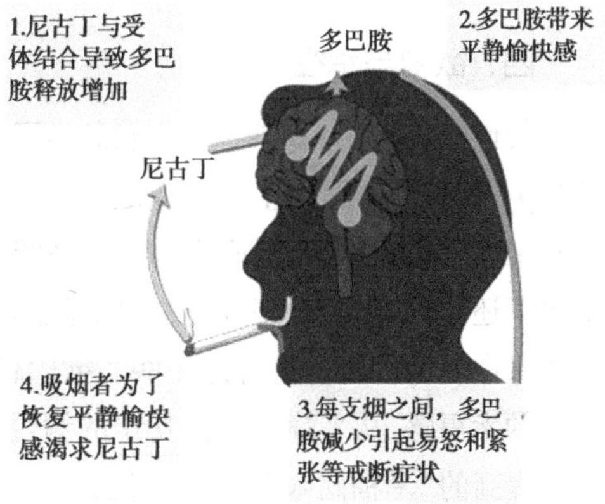
1.尼古丁与受体结合导致多巴胺释放增加
多巴胺
2.多巴胺带来平静愉快感
尼古丁
4.吸烟者为了恢复平静愉快感渴求尼古丁
3.每支烟之间,多巴胺减少引起易怒和紧张等戒断症状

“移情别恋”也可以通过多巴胺的变化来解释:人处于恋爱状态时,脑部分泌的多巴胺使人身心舒畅,激情饱满。但对于大脑的自动调节和保护机制,这种分泌只能持续半年到一年,之后由于对这个人进入熟悉状态,这份感觉会日渐淡化,于是,为继续寻求这种美妙的感觉,又要寻找新的猎物来让自己进入分泌多巴胺的状态。

这种情形背后的机制类似于吸毒。确实,对多巴胺的刻意追求是会上瘾的。因为当一个人经历较多地分泌多巴胺所带来的兴奋与愉快之后,必然会恢复到多巴胺分泌结束后的平静阶段,此时个体就会体验到空虚无聊甚至痛苦的感觉状态,而且这种感觉比分泌多巴胺之前来得更强烈,这导致他再次寻觅能够刺激分泌多巴胺的载体。

因而,一味地靠增加神经递质来获得幸福感,不但无法获得持续和稳定的幸福感,甚至还可能背道而驰,使人不断体验到从幸福的波峰跌落到波谷后而产生的更大的不安和痛苦。此外,维持这种波峰状态通常需要身体付出极大的代价,一个人的身体也不可能长久支撑一种心跳过速的巅峰状态,正如不能不停地被注射兴奋剂一样。

简而言之,平衡而长久的维持多巴胺水平,才是获得持久幸福感的基础。然而,先天的生理基础的运作状态并不利于这种平衡状态的维持,所以,幸福不是与生俱来,幸福是需要我们通过修身养性才能获得的。平静的幸福，从古至今，一直得到智者们的推崇。

古代雅典哲学家伊壁鸠鲁（公元前341—前271年）在市集广场宣讲快乐（Pleasure）是幸福的唯一源头。由于快乐是幸福的关键，因此它必须是所有行动的最终目的。也就是说，不论我们做什么，都是为了求快乐。伊壁鸠鲁主张人应该享受快乐，因为自然给予我们所有人这样的欲望。从健康的角度而言，快乐是件好事。

伊壁鸠鲁认为快乐是幸福的秘密，但他的主张里有个不寻常的要点：他所谓的快乐并非感官欢愉——比方触觉或味觉体验——而是没有欲望，无数批评他的人都不了解这一点。伊壁鸠鲁强调，真正快乐的特征不在极度愉悦，而在能带来心灵平静。深刻持久的幸福是暴风雨后的宁静。

哲学家卢梭在《一个孤独散步者的遐思中》写道："我发现，最使我得到甜蜜的享受和舒心的快乐的时期，并不是最常引起我回忆和使我感触最深的时期。那令人迷醉和牵动感情的短暂时刻，不论它是多么的活跃，在生命的长河中只不过是几个明亮的小点而已。这种明亮的小点为数太少，而且移动得也太快，所以不能形成一种持久的状态。我心目中的幸福，绝不是转眼即逝的瞬间，而是一种平平常常的持久的状态，它本身没有任何令人激动的地方，但它持续的时间越长，便越令人陶醉，从而最终使人达到完美的幸福的境地。"

四、欲望与幸福

我们又落入了一个陷阱：我们品尝了美味之后，久而不觉其鲜；欣赏了美景之后，久而不觉其美；拥有了舒适的生活环境之后，久而不觉其乐……与其说我们会习惯，还不如说我们会麻木。于是，为了激活麻木的神经系统，我们就要不断追求更美好的体验，我们永不满足，幸福了还要更幸福，否则，就没有感觉了。这种状态是我们要的幸福吗？也许，用欲望或者激情来命名这种状态更合适一些。欲望越多也许心也更累。摆脱这种恶性循环，享受安稳、踏实的幸福感，从平静中体会安宁的愉悦，可以避免因激情造成的情绪上的大起大落，以及不断提高的"幸福阈限"。排除过去和未来的干扰，体验此时此刻的真实感受，将更有助我们获得真正的幸福体验。

但是，放掉过去和未来对于人来说，绝非易事。

在撒哈拉大沙漠中，有一种土灰色的沙鼠。每当旱季到来之前，这种沙鼠都要囤积大量的草根备用。因此，那段时间，沙鼠都会忙得不可开交，衔着草根，进进出出自家的洞穴。从早到夜，一刻不停，辛苦的程度让人惊叹。更令人诧异的一个现象是，当它们囤积的草根足以使它们度过旱季时，沙鼠仍然要拼命地工作，一刻不停地寻找草根，运回自己的洞穴，似乎只有这样它们才会踏实。否则便焦躁不安，叫个不停。而实际情况是，沙鼠根本用不着这样劳累和过虑。经研究证明，这一现象是由于一代又一代沙鼠的遗传基因所决定的，是一种本能的焦虑。老实说，对食物不足的担心使沙鼠干了大于实际需求几倍甚至几十倍的事。沙鼠的劳动常常是多余的，毫无意义的。一只沙鼠在旱季里只需要两千克草根，而它们一般都要运回10千克草根才肯罢休。大部分草根最后都会腐烂，沙鼠还要将腐烂的草根清理出洞。哪怕在食物充沛的环境中，沙鼠们依然无法安心。

曾有不少医学界的人士想用沙鼠来代替小白鼠做医学实验。因为沙鼠的个头很大，更能准确地反映出药物的特性。但所有的医生在实践中都觉得沙鼠并不好用。问题在于沙鼠一到笼子里，就表现出一种不适的反应。它们到处在找草根，连落到笼子外边的草根它们也要想办法叼进来。尽管它们在这里根本不缺草根和任何吃食，但它们还是习惯性地感到不安，甚至很快就死去。这些沙鼠是因为在并没有任何实际的威胁存在的情况下，因为极度的焦虑而死亡的。

在现实生活中，我们现代人也往往会犯沙鼠的毛病。人们深感不安的事情，往往并不是眼前的事情，而是那些所谓"明天"和"后天"的那些还没有到来，或永远也不会到来的事物；或者，为已经洒了的牛奶而哭泣。此时此刻的体验，就此淹没在后悔、担心、欲望等念头之中。"活在当下"是先哲们一再告诉我们的名言。因为只有"活在当下"，才是最愉快、最幸福、最安稳、最科学的一种活法。

第五节　超越生理局限

一、活在当下

活在当下，每一刻的每一种体验都是唯一的，如此才能体验到多巴胺稳定地维持在一个较高水平的状态。由美国精神病学专家弗雷德里克·S. 珀尔斯创立的格式塔疗法就非常强调"此时此刻"。根据珀尔斯最简明的解释，格式塔疗法是自己对自己疾病的觉察，也就是说，对自己所作所为的觉察、体会和醒悟，是一种自我修身养性的疗法。它的实施简便易行，应用范围非常广泛。格式塔疗法有10项原则，基本原理有以下一些：

1. 生活在现在

只有现在的时间是你真正可以把握的。健康的人不为过去的事件伤感或陶醉其中，也不对未来的担忧或执着。而不健康的人则要么生活在回忆中，要么生活在对未来的幻想中，唯独对现实缺乏关注和投入。珀尔斯认为，人可能具有的两种不健全性格：一是追溯性性格；二是预期性性格。具有追溯性性格的人生活在过去，他们总是对过去生活中的某个事件耿耿于怀。如对自己或者某人以往的某一次过失一直悔恨或者记恨在心。

帕尔斯认为，具有追溯性性格的人所犯的上述错误是一种灾难性错误。如果我们总抓住自己或者他人的过失不放，就说明我们始终把自己看成是孩子，始终不能对自己负责。而一个人要想健康成长，就必须认清记忆不是现实，过去不是现在，儿时不是现在，即使自己或者别人针对自己目前的现状负有某种责任，责备与埋怨也是无济于事的，因为时光不能倒流，已发生的事情无法改变，要想现在生活得好，唯有自己承担起对自己的责任，努力去处理自己所面临的问题。

另有一种预期性性格，同样有损于人格的健康成长。对未来的预期和对有关过去的回忆一样，都是缺乏现实意义的。但是，在生活节奏不断加快的当今社会中，人们常常惦念着明天的事。吃饭的时候，惦记着学习；上课的时候，计划着娱乐；走路的时候，想着约会，从而失去了对此刻所发生的一切事物的深刻感受。生活在现在，并不是要排除所有关于将来的思念，而是知道当下现在有一个关于将来的念头，然后清醒地运用过往的经验来思考或计划将来，但不执着这计划是否必定实现。明白到苦恼并不源于对未来有计划，而是源于对这计划的执著。

2. 生活在这里

要找一个安静的地方，才能安心学习；

要去海滨沙滩，才能体会浪漫气氛；

要去森林草原，才能感觉心旷神怡；

要去公园影院，才能感受轻松愉悦……这是人们常有的心态。但是森林草原往往遥不可及，公园、影院也不可能常去，在大都市生活的人们，甚至连个安静的地方也不容易找到。

如何面对这一困境，似乎是个难题。好在自古以来就有不少文人智者将他们对此的思考体验用优美的文字记述下来。

“结庐在人境，而无车马喧。

问君何能尔，心远地自偏。

采菊东篱下，悠然见南山。

山夕日气佳，飞鸟相与还。

此中有真意，欲辨已妄言。”

这是陶渊明的名作。其中的“心远地自偏”一句，是面对这个问题最好的答案。

真正的宁静不取决于外部环境，内心的安宁更为重要。真正的超脱是没有地域限制的，心灵的平静祥和是不受外部干扰的。凡人转境不转心，圣人转心不转境。“不为五斗米折腰”的陶渊明选择了归隐，在车马喧嚣中却能够细细体味“采菊东篱下，悠然见南山”超脱的意境；范仲淹归隐后，却依然无法达到内心的平静，“居庙堂之高则忧其民，处江湖之远则忧其君”，无论何处，他的心都不能停止忧国忧民。

同样，快乐、幸福的生活就在此处此地，而不是遥远的其他地方。

3. 停止猜想，面对现实

你也许遇到过这样的情况，当你遇到某位同学或老师，然后向他们打招呼，可他们没反应，连笑一笑都没有。如果你就此胡思乱想，他们为什么要这样对待我？是不是对我有意见？不愿意理我吗？其实，也许你没有料到，你向他打招呼，而他可能心事重重，情绪不好，没有留意你向他打招呼罢了。很多心理上的困扰，往往是没有实际根据的“想当然”造成的。

4. 暂停思考，多去感受

现代社会崇尚理性思维，而很少关注感受。有一位智者曾经说过，“思维是生活的奢侈品，体验是生活的本质”。人们整天去分析、推理、判断等，从而忽视了真切的、细致的、活生生的体验。格式塔疗法的一个特点就是强调在思考基础上的“感受”，感受是思考的基础，感受将调整、丰富你的思考。过分地强调逻辑思维而忽略直觉思维的现代人，将离自己的内心越来越远。

5. 接受不愉快的情感

人们通常都希望有愉快的情感，而不愿意接受忧郁的、悲哀的、不愉快的情感。愉快和不愉快是相对而言的，同时也是相互存在和相互转化的。因此，正确的态度是：既要接受愉快的情绪，也要有接受不愉快情绪的思想准备。俗话说：人生不如意事十之八九。既然没有烦恼的生活根本不存在，那么排斥、拒绝、对立种种不愉快的情感就是在排斥、拒绝生活。这种对立的状态只会让自己消耗更多的能量，而无助于得到真正的幸福快乐。接纳有不愉快情感的自己、接纳不完美的生活，才能认清和体会到生活的本质。

6. 不要随意下判断

塞翁失马的故事众人皆知，但是能深刻地领会其寓意，并落实到日常生活中的人并不多。这一故事告诉我们，一切事物都在不断发展变化，好事与坏事，这矛盾的对立双方，无不在一定的条件下，向各自的相反方向转化。所以，千万不要妄下论断，以平等的心态来面对任何事情。

7. 不要盲目地崇拜偶像和权威

现代社会，有很多所谓的权威和偶像，他们会禁锢你的头脑、束缚你的手脚。格式塔疗法对这些一概持否定态度。我们不要盲目地附和众议，从而丧失独立思考的习性；也不要盲目崇拜羡慕他人，从而忽视了自我独特的价值。

8. 我就是我

不要幻想我若是某某人，我就一定如何如何。应该从自己的起点做起，充分发挥自己的潜能。从我做起，从现在做起，竭尽全力发挥自己的才能，做好我能够做的事情。每一个人都是独一无二的。

小故事

小骆驼问妈妈：“妈妈、妈妈，为什么我们的睫毛那么长？”

骆驼妈妈说：“当风沙来的时候，长长的睫毛可以让我们在风暴中都能看见方向。”

小骆驼又问：“妈妈、妈妈，为什么我们的背那么驼，丑死了！”

骆驼妈妈说：“这个叫驼峰，可以帮我们储存大量的水和养分，让我们能在沙漠里耐受十几天的无水无食条件。”

小骆驼又问:“妈妈、妈妈,为什么我们的脚掌那么厚?”

骆驼妈妈说:“那可以让我们重重的身子不至于陷在软软的沙子里,便于长途跋涉啊。”

小骆驼高兴坏了:“哇,原来我们这么有用啊!”

9. 对自己负责

人们往往容易逃避责任。比如,考试成绩不好,会把失败原因归罪为自己的家庭环境不好、学校不好;工作不好,会推诿说领导不力、条件太差等,把自己的过错、失败都推到客观原因上。格式塔疗法的这项重要原则,就是要求自己做事自己承担责任。

10. 正确地自我评估

在心理学的领域内,自我了解是一个非常重要的课题。充分的自我认知和自我评估是心理健康和制定生涯目标的基础。

自古以来,自我认知就被放到一个很高的境界。老子说:“知人者智,自知者明;胜人者有力,自胜者强。”能够了解别人的优劣,只能算是聪慧,能够认知自己的本心本性才可算是清醒。能够战胜别人的可能算是有力,能够克服自己的才算是坚强。

但是,日常生活中的自我了解往往比较粗略,甚至是错误的。例如,人一般往往会在与他人的比较中了解自己,例如我比别人聪明吗?我比别人有修养吗?这种横向的比较对一个人的妨害非常大,有可能使个体无法真正发挥自己的特色,甚者使他放弃自己,不敢也不愿展现真实的自我。

所以正确的自我了解和评估是一个人能否健康、快乐生活的基础。每个人都会在意自己的一生要如何过,都会有规划和盘算,希望在有限的人生中做到或完成一些有意义的事,因而,请大家停下匆忙的脚步,花些时间来了解一下真实的自我。

二、静坐冥想

活在当下,是一个需要通过不断提醒、不断调整、不断联系才能达到的境界,并非理智上认同就能轻易达到。静坐冥想是一个经过长久的实践,证明能有效地帮助我们达到活在当下的途径之一。

1. 静坐冥想的功效

根据现代医学的实验:当熟练静坐的人静坐时,他们的脑波是连续的 α 波;当一个人从事理性思考或忧虑、紧张时,他们的脑波则大部分是 β 波。β 波有较不规则的节奏。α 波是表示一种无焦虑、无紧张的状态,当一个人做轻微静坐时,他的脑波会从 β 波转成 α 波。一般人在睡觉时才会有 θ 波产生,但在较深沉的静坐时,脑波大部分是 θ 波,且与潜意识心灵相关联。当静坐变得更深沉时,θ 波将会变成 δ 波。透过静坐的训练,头脑将被有系统地再造成为较健康、较协调的状态。科学的实验证明，静坐可减少沮丧、压力、冷漠、头痛、失眠和心不在焉，且能增加注意力及记忆力。自主神经系统（控制人体内部机能的部分神经）是与人脑的下视丘相连，它是由中脑的边缘系统所控制。静坐能影响一个人的中脑，并且稳定下视丘及人的情绪。

人脑的结构与核桃相似，可分成两个部分。左半边控制右半边的身体，右半边控制左半边的身体。人的左脑是属于分析、逻辑和理性的，所以倾向于科学及数学。而右脑是属于直觉和创造性的，所以倾向于音乐和艺术。随着科学和技术的发达，我们忽略了右脑的发展。所以，为了使智力和直觉的发展协调一致，练习静坐显得非常必要了。由于脑部不同部位缺乏整合，导致身体功能的不稳定。当脑的不同部分功能不协调时，紧张与疾病就会产生。而借着静坐我们可以避免这些问题。静坐可以增加我们的集中力，减少沮丧、痛苦及挫折。静坐者发现内在世界才是人类精细、快乐的源头。

当人在静坐时，会增加35%的血液流到脑部。而提供给脑部的血量大小，与我们的心灵能力有密切的关系。当血量增加时，相对的氧量就会增加，如此一来，脑部的功能也获得改善。静坐也能使我们的身体得到较多的休息，因为静坐时人体内氧的水平会降低20%，人会感觉到完全的松弛。

2. 如何练习静坐

①时间：每天一次、两次或者在需要的时候进行都可以。一般来说，练习的时间可以是早晨起床后、晚饭前或者睡觉前。每次30分钟，当然也不限定，短则5分钟，长则1个小时，因人因地而灵活变通。

②准备：练习静坐时，身体内部的活动会趋于缓慢，而刚吃过饭时，消化器官却需要大量供血，为了防止体内生理过程发生冲突，一般要避免在用餐后的1个小时内练习静坐。身心疲累的时候也不要坐。因为疲累的时候打坐会打瞌睡，达不到禅坐的效果。如果觉得累，还是先去睡一觉。服装以宽松为宜。

③环境：练习的地点最好是在不太受近距离噪声干扰的地方。

④坐姿：静坐一般要求采用坐姿，无论在椅子或床上都可以，但是不能靠在椅背上，坐的姿势以舒适为原则。也有些静坐的方法中强调盘坐，但是很多人一开始无法适应，找到一种适合自己的坐姿很重要，要顺从身体。难受的坐姿会使你分心。

⑤调息：调整完坐姿后就要放松，专注地把注意力放在呼吸上。呼吸就是生命，它是我们生命最基本的表现。

⑥调心：当杂念升起时，千万不要刻意去控制它，也不要勉强让心宁静，让心有任何的挂念或负担。有杂念，特别是在练习静坐初期，是非常正常的。这绝不是表示你的思想比从前乱，反而是因为你比从前安静，你终于察觉你的思想一向是多么杂乱。千万不要灰心或放弃，不管有什么念头出现，你所要做的只是保持清醒，把自己的注意力拉回来放到呼吸上。不断地反反复复地练习，慢慢体会平静的喜乐。

⑦把这种状态延续到生活之中：不要将静坐的状态和生活截然分开，静坐的目的是为了

更好地生活。当我们急躁地等车等人时,当我们紧张地面对压力时,当我们痛苦地面对失败时,当我们烦恼地处理着杂事时,随时随地地尝试着放松、调息、调心。

★实践练习:

月有缺,你无法选择,但是你可以选择看人生的角度,请用认知决定论分析:被男朋友、女朋友甩了;你被公司辞退;出门正遇下大雨;有强劲对手加入竞争行列;自己辛辛苦苦,但是没有得相应的成效。

第二章　完善人格

人们常说:“性格就是命运。”人格是包含性格在内的复杂结构,人格与幸福感有着密切的关系,在某种程度上,幸福是一种特质。拥有外倾、情绪稳定、自尊和乐观等人格特征的人,能够体验到更多的积极情感,对自己生活的满意度高,也就能感到幸福和快乐。

第一节　人格的概述

一、人格的含义

人格(英语:Personality),又译为性格,指人类心理特征的整合、统一体,是一个相对稳定的结构组织,并在不同时间、地域影响着人的内隐和外显的心理特征和行为模式。西方语言中“人格”一词(例如法文的 Personnalité、英文的 Personality)多源自拉丁文的 Persona,即“面具”,暗示了“人格”的社会功能。人格更是体现了一个人的特点和与众不同。万千世界,自然有不同的人格元素组合成了一个个性格迥异的个体。

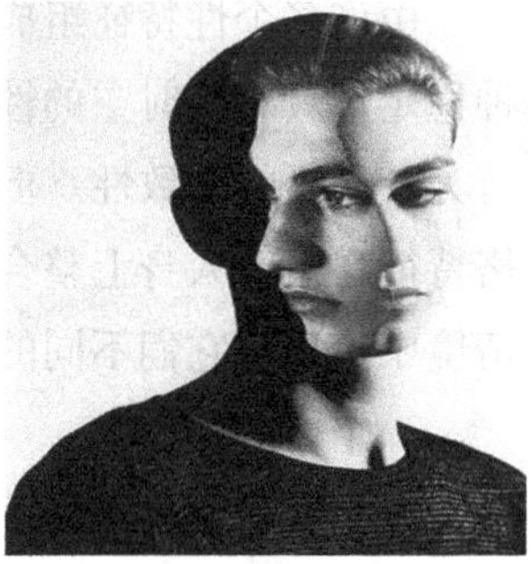

对人格概念的理解源远流长。人格(Personality)源于古希腊语 Persona,意指古希腊时代的戏剧演员在舞台上戴的面具。心理学沿用面具的含义,转意为人格。沿用的寓意有两点,一是指一个人在人生舞台上所表现出来的种种言行,个人遵从社会文化习俗作出的相应的反应,表现一个人外在的人格品质;二是指一个人由于某种原因不愿展现的人格成分,即面具后的真实自我,是人格的内在特征。

随着人格研究的深入,对人概念的描述更加丰富。奥尔波特(Gordon W. Allport)曾总结了人格的 50 多种定义。美国心理学家 Jerry M 对人格的定义是:稳定的行为方式和发生在个体身上的人际过程。按照他的解释,所谓稳定的行为方式指人格的稳定性。在不同的时间、不同的情景下,个体会表现出某些稳定的行为方式。人格定义的第二部分关注的是人际过程,所谓人际过程与个体内部过程不同,它是发生在人与人之间的过程,指的是发生在我们内部、影响我们怎样行动、怎样感觉的所有情绪过程、动机过程和认知过程。

心理学家们对人格的定义并不完全一致。奥尔波特曾列举出 50 种不同的定义,足见人格概念中的分歧,同时还表明人格的复杂性。但众多定义有一个基本相似的看法,即认为人格是与人的行为风格或行为模式有关的概念。从以下各种定义可以看到这种共识:“人格是个体由遗传和环境决定的实际的和潜在的行为模式的总和”(艾森克,1955);“人格是一种倾向,可借以预测一个人在给定情境中的行为,它是与个体的外显的和内隐的行为联系在一起的”(卡特尔,1965);“人格是稳定的心理结构和过程,它组织人的经验,形成人的行为和对环境的反应”(拉扎勒斯,1979);“人格是个人心理特征的统一,决定(内隐的、外显的)行为,同他人的行为有稳定的差异”(米歇尔,1980)。《中国大百科全书》(教育卷)对人格的界定是“个人的心理面貌或心理格局,即个人的一些意识倾向与各种稳定而独特的心理特征的总和。”从这个定义出发,人格大致包括的内容为:气质、性格、能力、兴趣、爱好、需要、理想、信念等。在这个层面上有人常把人格看作性格的同义词,如欧洲的心理学家就喜用“Character”(性格)一词来表示人格。

综合各种定义,可以这样概括:人格是心理特征的整合统一体,是一个相对稳定的结构组织,在不同时空背景下影响人的外显和内隐行为模式的心理特性。人格标志一个人具有的独特性,并反映人的自然性与社会性的交织。

这个定义反映了人格的复杂性与多维性,它包括以下方面:

1. 整体性

人格标志一个人表现在行为模式中的心理特性的整合体,它是一种心理组织,构建成一个人内在的心理特征结构。它不能被直接观察,但却经常体现在人的行为之中,使个体表现出带有个人整体倾向的精神风貌。

2. 稳定性

由许多个性特征组成的人格结构是相对稳定的,在行为中恒常地、一贯地予以表现。这种稳定性具有跨时空的性质,即通过个体人格、各种情境刺激在作用上获得等值,产生个体行为上广泛的一致性。但是这种稳定性是可变的、发展的而不是刻板的。这是因为:各种人格特征在某个人身上整合的程度(如稳定性)不同,一个人可能具有相反性质的特征,在不同情境中可反映它们不同的方面,暂时性地受情境的制约,表现出来的并非个人的稳定特性。

3. 个体性

由于人格结构组合的多样性,构成了不同人之间的个体差异性。尽管不同人可以有某些相同的个别特征,但他们的整体人格不会是完全相同的。

4. 动机性与适应性

人格“支撑”行为,它驱使人趋向或回避某种行为,寻找或躲开某些刺激,人格是构成人的内在驱动力的一个方面,它的动机性与内驱力和情绪不同,它似乎是“派生的”,情境刺激通过人格的“折射”引导行为,致使行为带有个体人格倾向的烙印,成为一定的行为模式。人格的这种驱动力反映着人格对人的生活具有适应性的品质。

5. 自然性与社会性的综合

人格蕴含着人的自然属性和社会文化价值两方面。人格是在个体生活过程中形成的,它在极大程度上受社会文化、教育教养内容和方式的塑造,然而它以个体的神经解剖生理特点为基础。

二、人格的形成

人格的形成是先天的遗传因素和后天的环境、教育因素相互作用的结果。在解释人格形成的问题上，主要的理论流派有以下几种：

1. 遗传观

根据遗传学的观点说明人格是一种最普遍、最“世俗”的解释。根据这种观点，人的生理特征与人格特征都是由遗传决定的。目前，大家普遍认为遗传是人格形成的部分根源，而不是全部由遗传决定的。

2. 社会文化因素决定论

根据这种观点，人格是人们扮演的各种角色的综合。另外，决定人格的社会文化因素还有家庭经济地位、家庭成员的多少、出生次序、民族、宗教、生长地区、父母文化程度及交往关系等。

3. 学习论

学习论的典型观点是，我们每个人都是别人对我们生存行为进行奖赏的结果。如果我们获得的奖赏经验不同，那么每个人的人格也就不同。就学习论者看来，成功者和失败者的差别只能在奖赏的模式中去寻找，而不是在遗传因素中。美国心理学家斯金纳、多拉德和米勒都强调学习过程的重要性。

4. 存在——人本主义观

这种观点，轻视探讨人格的起因，注重个人的体验。另外还有以弗洛伊德、荣格为代表的潜意识理论。有专家指出：“人格最正确解释来自于全部重要理论的合成。”以上对人格形成解释的各种观点，都指出了人格形成的某一方面的原因，而实际上人格的形成是由所有这些因素作用的结果（遗传、学习、文化社会、自我意识、特质、潜意识机制等）。因此，我们在培养人格时，要吸收各种流派的观点和做法，形成一个整体培养模式。

那么，童年的经验对人格形成有什么影响？许多人格理论家都把重要的成年人格特征与某些类型的童年经验相联系。如弗洛伊德、阿德勒、霍妮、埃里克森、斯金纳等都强调童年经验对决定成年人是健康的、精神病的，还是介于两者之间起着重要作用。因此，父母应当了解抚育儿童的基本知识。

三、什么是健康人格

人格是指一个人习惯化的思维、情感和行为反应方式。人格受先天遗传和后天环境的影响，成年后比较稳定。严格地说，人格并无好坏之分，但是人格会影响个体与环境的互动方式，会成为一个人成长的有利或者不利条件。因此充分地认识自己的人格特征，善于发现自己的优点和不足，就能更好地适应环境和社会，更好地走向成功和幸福。

以往心理学对人格的研究重点是心理疾病方面,现在更关心人性的健康就是心理健康方面。心理学研究人格健康的目的是要打开并释放人的潜能,以实现和完善自我的能力。

心理学家们从各方面描述了健康人格的特征,具体的描述有以下一些:

奥尔波特:具有健康人格的人是成熟的人。成熟的人有7条标准:①专注于某些活动,在这些活动中是一个真正的参与者;②对父母、朋友等具有显示爱的能力;③有安全感;④能够客观地看待世界;⑤能够胜任自己所承担的工作;⑥客观地认识自己;⑦有坚定的价值观和道德感。

罗杰斯:具有健康人格的人是充分起作用的人。充分起作用的人有5个具体的特征:①情感和态度上是无拘无束的、开放性的,没有任何东西需要防备;②对新的经验有很强的适应性,能够自由地分享这些经验;③信任自己的感觉;④有自由感;⑤具有高度的创造力。

弗洛姆:具有健康人格的人是创造性的人。除了生理需要,每个人都有各种各样的心理需要,这正是人与动物的重要区别。具有健康人格的人将以创造性的、生产性的方式来满足自己的心理需要。

弗兰克:具有健康人格的人是超越自我的人。超越自我的人被概括为:在选择自己行动方向上是自由的,自己负责处理自己的生活,不受自己之外的力量支配,创造适合自己的有意义的生活,有意识地控制自己的生活,能够表现出创造的、体验的态度,超越了对自我的关心。

正是在这个意义上,大家非常关注当代青少年是否具有健康人格。比如,根据上述描述,我们会提出以下问题:能否专注于学习活动;是否感到对所学的东西有一种胜任感;是否是学习活动中活跃的参与者;是否有自由感;是否有获得创造性培养的机会;能否根据自己的成熟程度在一定范围内决定自己的生活;是否能够创造适合自己的有意义的生活;是否有能力控制自己的生活;是否对新的经验有一种开放的态度;等等。综合起来就是青少年所应具有的健康人格:能比较客观地认识自我和外部世界,开放的,对所承担的学习工作和其他活动有胜任感,充分发挥潜能的,对父母、朋友、同学有爱的能力,有安全感,喜欢创造,有能力管理自己的生活,有自由感。

知识窗

奥尔波特(Gordon W. Allport,1897—1967)美国人格心理学家,现代个性心理学创始人之一,美国人本主义心理学家的代表人物之一。1939年当选为美国心理学会主席,1964年获美国心理学会颁发的杰出科学贡献奖。他在1929年第九届国际心理学大会上发表了题为《什么是个性特质》的论文,提出将特质作为个性的基本单位,被学界奉为人格特质理论的创始人。他继承和发扬了特里普利特和莫德用实验研究社会心理学问题的方法,推进了美国实验社会心理学的发展和社会促进作用的广泛研究。

奥尔波特考证了人格的这个词的词源，开始把它与意指面具的希腊语Persona相联系。他对50种有关人格的定义进行考证，并针对当时认为人格不存在和人格就是个人所不知的心灵阴暗的隐蔽处这两种主要理论流派，在其名著《人格：心理学的解释》(1937)一书中，得出了获得大多数心理学家所推崇的他自己对人格的定义："人格是个体内部决定其独特的顺应环境的那些心理生理系统中的动力组织。"

第二节 人格与幸福感

在主观幸福感的研究中，人格是预测主观幸福感最有力和最稳定的指标之一(Diener, Suh, Lucas & Smith, 1999)，西方学者采用不同的方法进行的大量研究都证实了主观幸福感和人格的关系(Magnus & Diener, 1991; McCrae & Costa, 1991)，并进行综合研究和定量分析(DeNeve & Cooper, 1998)。在我国，至今已出现众多有关主观幸福感与人格的相关研究，结果表明，主观幸福感与人格关系密切。

主观幸福感(Subjective Well-Being，简称SWB)是指个体根据自定的标准对其生活质量的整体性评估，具有主观性、稳定性和整体性三个特点(Diener, 1984)。主观幸福感是一个广泛的、多层面的领域。Andrews和Withey(1976)认为，主观幸福感由认知成分和情感成分构成。认知成分包括生活满意度；情感成分分为积极情感和消极情感。主观幸福感的三个成分相对独立，并从属于主观幸福感这个高阶因子(Stone & Kozma, 1985)。

一、艾森克的大三人格理论

艾森克(Eysenck)反对把人格定义抽象化，他在《人格的维度》(1947)一书中指出："人格是生命体实际表现出来的行为模式的总和"。艾森克认为，人格是一个人的性格、气质、智力、体格稳定的持久的组织，它决定一个人对环境的独特适应方式。性格是稳定持久的意动行为(意志)系统；气质是稳定持久的情感行为(情绪)系统；智力是稳定持久的认知行为系统；体格是稳定持久的身体外貌和神经内分泌腺的禀赋系统(Eysenck, 1970)。艾森克的定义强调特质持久稳定的特点，这些特质群聚集在一起时便组成一些类型。他主张人格结构受少数类型支配，这些基本的人格维度对行为有巨大的影响力。

Eysenck提出的人格三因素分别是：(1)外倾—内倾(Extraversion-introversion)，典型的外向者好交际、爱热闹、易冲动、自信、活跃、喜欢追求变化；而内向者则固执、刻板、主观、害羞、不易激动。(2)神经质—稳定性(Neuroticism-stability)，高神经质者可能会有过分担心害怕某物或某事的倾向，也可能会在适应的过程中出现不平衡的焦虑状态；高稳定性者则可能是安静的、耐心的、好脾气的。(3)精神质—超我机能(Psychoticism-superego Functioning)，精神

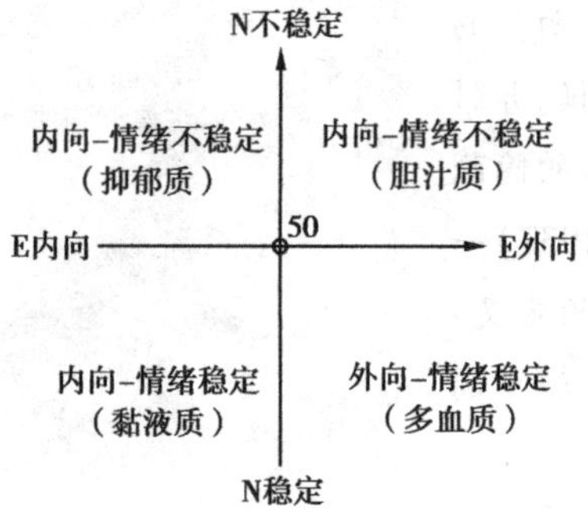

质一方面可能会表现出高创造性、坚强等特点，但同时另一方面也会表现出冷漠、高攻击、自私、反社会、冲动、思维和行为迟缓等特点；超我机能往往则表现得好心肠、仁慈、富有同情心。

最初他用因素分析确定了两个基本的维度：内外倾和神经质，并认为这两个维度可以涵盖所有其他人格特质。艾森克对一个典型外倾者和一个典型内倾者的行为分别作了如下描述：典型的外倾者喜欢交际、喜欢聚会，有很多朋友，总需要有人一起说说话，不喜欢自己看书或者学习；渴望兴奋，会抓住机会，经常冒险，做事常冲动，通常是个冲动的人；喜欢恶作剧，总有爽快的答复，通常喜欢变化；他是快乐的，随遇而安，乐观的，喜欢“常笑常乐”；他喜欢不停地移动东西，不停地做事，具有攻击性行为，易发脾气。总之，他的感情容易失控，而且常常是不可靠的。

而典型的内倾者是有些安静隐退的人；他好内省，喜欢读书而不喜欢与人交往，除了对亲密的朋友之外，他总是很沉默，很冷漠；他习惯于喜欢提前计划，“三思而后行”，不相信一时的冲动；他不喜欢刺激，严肃对待日常生活中的事情，喜欢井然有序的生活方式；严格控制自己的情感，很少有侵略性行为；不会轻易发脾气，他是可信赖的，有些悲观，但是很重视道德标准。艾森克认为，外倾者和内倾者有不同的大脑皮层唤醒水平。这种唤醒水平的差异可以解释内倾者和外倾者的不同行为和偏好。内倾者极易被唤醒，而外倾者很难被唤醒。因为任何个体的行为，都是在一种适中的大脑皮层唤醒水平下理想地进行。外倾性越强的人常常倾向于通过寻找外部刺激（如社交活动）达到适宜的唤醒水平，而内倾性强的人则会试图避免一些引起过度唤醒的情况，他们往往会选择一种孤独的、没有刺激的环境，以防止唤醒水平过高而心神不宁。这就意味着，某些从外部接受到的刺激，和来自机体内部的刺激一样，在内倾者身上都会产生更强的反应。

艾森克人格模式中的第二个维度是神经质。在该维度上得分高的人，“情感的易变性是外显的、反应过敏的，得分高的个体倾向于过于强烈的情绪反应，他们在情感经历之后较难面对正常的情境”（Eysenck，1981）。有时我们会将这种人视为情绪不稳定的人。他们往往会对微小的挫折和问题情境产生强烈的情绪反应，而且需要很长时间才能平静下来。这些人往往会比一般人更易激动、动怒和沮丧。而处于该维度另一端得分低的人，则似乎很快能从困境中解脱出来，在情感方面很少动摇不定。

后来，艾森克在进一步研究中又提出了第三种人格类型——精神质，它代表一种粗暴强横、倔强固执和铁石心肠的特点。在该维度上得分高的人往往被看成“自我中心的、攻击性的、冷酷的、缺乏同情心的、对他人不关心的，而且通常不关心他人的权利和福利”。而得分低的人则表现为温柔、善感等特点。如果个体的精神质特点表现明显，则易导致行为异常。艾森克认为，神经质与精神质维度一起可以表示各种神经症和精神病。因此，该维度也可以看成是心理健康的一个指标。

艾森克认为,各种人格类型不是相互排斥,非此即彼的;相反,人格类型包括基本的人格维度,即外倾—内倾、神经质—稳定性和精神质—超我机能。每个人在这些维度上都有不同程度的表现,而极少有单纯类型的人。如某人可能表现得非常外倾,又有些神经质和精神质;某人可能非常内倾,又有些神经质和精神质。大多数人格特征都在人格维度的平均值范围内,处于16% ~84%,很少有人落于两个极端:0%或100%,因而单纯的人格类型是很难找到的。人们在3个人格维度上的表现程度可以通过艾森克1975年制定的人格问卷(EPQ)来测定。艾森克强调,上述三种类型的特质不仅存在于他的研究中,而且在使用不同方法收集材料和不同文化背景的研究中也出现过(Eysenck,1985)。正因为如此,艾森克的人格量表也获得了广泛的好评。当然人格维度远非上述3个,个体的人格也要更复杂。

艾森克人格问卷简式量表中国版(EPQ—RSC),由北大钱铭怡等人(2000)修订。该量表由精神质(P)、外倾(E)、神经质(N)和说谎倾向(L)4个分量表组成,每个分量表12个项目,总共48个项目,要求被试以"是"或"否"作答。各分量表的得分为该量表内所有题项的平均分,范围在0~12。钱铭怡等人(2000)报告,E、N和L分量表有较高的信度和效度,P量表的信度和效度也基本达到有关心理测验的标准。

知识窗

艾森克(Hans J. Eysenck,1916—1997),英国心理学家,主要从事人格、智力、行为遗传学和行为理论等方面的研究。他主张从自然科学的角度看待心理学,把人看作一个生物性和社会性的有机体。在人格问题研究中,艾森克用因素分析法提出了神经质、内倾性—外倾性以及精神质三维特征的理论。

艾森克对人格的研究从人格的特质转向人格维度,提出了人格的三个基本维度。这不仅为实验室内许多实验所证实,且得到数学统计和行为观察之佐证,受到各国心理学家的重视,且已广泛地应用于医疗、教育和司法领域。艾森克人格问卷(EPQ)是用途较广的人格量表,它已被一些国家译出或修订。中国的艾森克测验由陈仲庚等于1981修订。艾森克的人格研究不像许多美国心理学家从事或偏重特质水平,而是集中于类型。他认为特质是观察到的个体的行为倾向的集合体,类型是观察到的特质的集合体。他把人格类型看作某些特质的组织。他提出的人格理论主要是属于层次性质的一种类型。每一种类型结构的层次明确,因此人格就可分解为有据可查、有数可计的要素。这是心理学家多年来一直探讨而难以确定的东西。许多心理学家认为,在特质和类型的关系上,艾森克解决得相当出色。在其类型结构层次的论述中,表明了他的人格观点并没有排除环境的作用,但人格的生物倾向性仍是他的理论的主要方面。

二、大三人格与主观幸福感

主观幸福感(Subjective Well-Being,简称 SWB)是指个体对自己的整体性评价,包括情感和认知方面的评价,主观幸福感是一个多侧面的结构,当个体感受到许多的愉快和满意于自己的生活时,就体验了许多主观幸福感。主观幸福感有 3 个特点:(1)主观性,即它是一种个体的主观体验,对自己是否幸福的评价主要依赖于个体内定的标准,而不是他人或外界的准则。尽管健康、金钱等客观条件对幸福感会产生影响,但它们并不是幸福感内在的和必不可少的部分。(2)相对稳定性,即主观幸福感不仅关注某一特定时刻的情感反应及生活满意度,而是一个长时间的对于幸福的内心感受。它不仅仅是指没有消极情感的存在,而且还必须包含积极的情感体验。(3)整体性,即主观幸福感注重整体的综合评价,它是对生活的总体满意度。它不仅包括对某个生活领域的狭隘评估,还包括个体对其生活的整体评价。主观幸福感的三个成分为:生活满意度、正性(积极)情绪、负性(消极)情绪。大量研究表明人格因素与主观幸福感有着密切的联系。

大三人格与主观幸福感的关系是以艾森克对人格的分类,即从神经质、精神质和内外倾三个维度来研究人格与幸福感的关系。Eysenck(1983)指出:“幸福可称之为稳定的外倾性……幸福感中的积极情绪与易于社交的性格有关,这样的性格容易与他人自然而快乐地相处。同样,抑郁性和焦虑性产生的情绪不是幸福感。因而情绪不稳定和神经质与不幸福相联系。”这种观点与 Costa 和 McCrea(1980)的研究不谋而合。他们研究了 1 100 名被试者,发现某些特质(如社会活动、社会性、有活力等)产生正性情感,另外一些特质(如焦虑、担心等)则产生消极情感。而这两组特质群分别具有较高的内部一致性,构成人格特质中的外倾和神经质。Gray(1981)提出,外倾者对奖励信息敏感,所以外倾者更快乐;神经质个体对负性情感的反应更敏感,所以不如非神经质者快乐。Tellgan(1985)、Eysenk(1987)、Larsen(1998)也认为,外倾表示对积极情感的敏感性,神经质对消极情感具有敏感性。大多数学者的研究也得出了与艾森克相同的结论,即外倾性与积极情感、生活满意度有关,与负性情感无关,可以提高主观幸福感;神经质与消极情感有关,会降低主观幸福感。

众多研究一致表明,外倾性与幸福感存在正相关,能够增进幸福感;神经质与幸福感存在负相关,会降低幸福感。外倾者的幸福感要显著高于内倾者,情绪稳定者的幸福感要显著高于情绪不稳定者。多元回归分析的结果表明,人格特质是幸福感的重要预测指标。其中外倾是预测生活满意度和积极情感的有效指标,而幸福感的三个维度都可以有效地从神经质中预测出来。也就是说,不同的人格维度与幸福感的各个成分有着不同的关系:外倾能导致较高的幸福感水平,而神经质能导致较低的幸福感水平。

为什么外倾的人会比内倾的人更幸福呢? 比较流行的解释有以下几点:

(1)Gray(1982)关于“脑部结构的差异是主要原因”的假设。他认为,性格外倾者更倾向于对奖赏作出反应,因此更加幸福。而性格内倾者更容易对惩罚更敏感,因此更不幸福。

在负性情感方面，内向、外倾个体的反应相同，但外倾者对正性情感的反应比内向者更敏感，所以外倾者更快乐。

(2)社会技能的影响。大量的研究表明，外倾者的幸福感是因为与朋友交往所带来的快乐，外倾者更懂得享受，因为他们具备出众的社交技能。Myers 和 Diener(1995)把幸福的人描述为不仅具有某些人格特质，而且还有较好的人际关系。Argyle 和 Lu(1990)实验显示，活动的频率、项目与幸福感和外倾性有关。

DeNeve 和 Cooper(1998)研究发现，外倾人格有利于更多良好关系的建立，而这些良好关系的建立又会导致积极情感的增加。Emmons 和 Diener(2000)对美国大学生进行了深入的观察以研究外倾性和快乐的关系。结果发现，个性外倾者也就是好交际、合群、活跃的人，都认为自己十分快乐和对生活很满意。外倾者表现出更多的自信和自我满足，对自己满意，同时有自信别人也会喜欢他们。

Diener(2001)对伊利诺伊大学的大学生进行的 4 年的纵向研究(结婚、好工作、新朋友、尊重、社会支持等方面)结果发现，外倾者生活得更好。相对于内倾者，外倾者中结婚、找到好工作、交到一些新朋友或知心朋友的可能性更大。很明显，外倾者与别人的关系更密切一些，他们的朋友圈子比较大，他们享受的尊重和得到的社会支持也更多，而社会支持是快乐的一个重要来源。因此，社会技能无疑是外倾者获得高幸福感的主要因素。

三、大五人格理论

大五人格模型是众多心理学家在对人格结构进行研究过程中相继形成的比较一致的结论，即人格的基本结构是由五大因素构成的：一是外倾性(如善交际)，包含热情、社交、果断、活跃、冒险、乐观等人格特质，正面表现为好交际、有活力、好刺激、感情丰富；二是宜人性(如合作性)，具有信任、直率、利他、依从、谦虚、移情等特质，正面表现为乐于助人、信任他人和富有同情心，注重合作而不强调竞争；三是尽责性(如负责任)，显示了胜任、公正、条理、尽职、成就、自律、谨慎、克制等特质，正面表现为有能力、有责任心、做事有条理、有计划，并能持之以恒；四是情绪稳定性(如平静)，具有焦虑、敌对、压抑、自我意识、冲动、脆弱等特质，正面表现为情绪容易波动，易产生负面情绪，还易产生非理性的想法；五是开放性(如有想象力)，具有想象、审美、情感丰富、求异、创造、智能等特质，正面表现为对知识、各种艺术形式和非传统观念的赞赏，勤于思考，善于想象，知识丰富，富有创造性。由于大五人格模型对应的各种测量方式在不同样本、不同文化背景以及运用不同分析方法的研究中得到了广泛的验证，该模型已被众多心理学家认为是人格结构的最好范型，获得了许多心理学家的支持。

例如，艾德伯格(Goldberg,1990)进行了两个研究都证实了大五人格的存在，在他的第一个研究中，他使用了 1 434 个描述人格各方面的术语，学生被试用这些术语进行自我描述，然后把这些描述分成 75 类，最后用 10 种因素分析方法对数据进行分析，结果都分离出下列 5 个因素：起伏性、接纳度、责任感、情绪稳定性与智力。在他的第二个研究中，他把 479 个共同特质分成133个同义族。在两组自陈和两种等级评定的情况下，同样得到5个因素。于是他对这些研究进行总结："我们似乎有理由推出这样的结论：无论是采用自评还是同伴评定，对英语特质形容词的任何合理的大样本分析，都将引出大五因素结构的某种变体。"

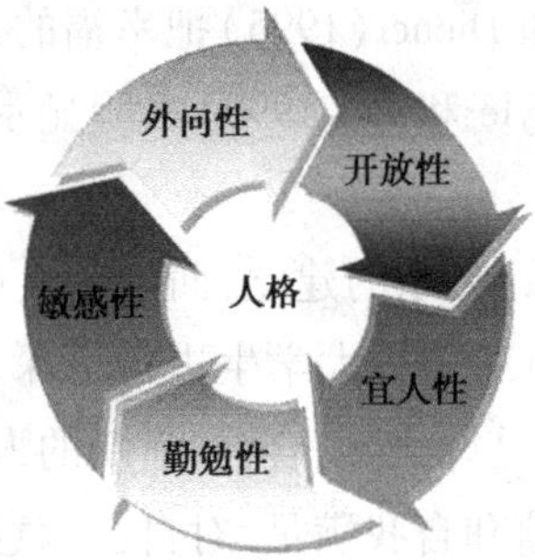

虽然关于大五因素仍然存在一些争议，但经过长期的发展后，现在研究者还是达成了较一致的看法，认为主要有以下5种人格因素。

外倾性（Extraversion）：好交际对不好交际，爱娱乐对严肃，感情丰富对含蓄。表现出热情、社交、果断、活跃、冒险、乐观等特点。

神经质或情绪稳定性（Neuroticism）：焦虑对平静，不安全感对安全感，自我遗憾对自我满足。包括焦虑、敌对、压抑、自我意识、冲动、脆弱等特质。

开放性（Openness）：富于想象对务实，喜欢变化对墨守成规，自主对顺从。具有想象、审美、情感丰富、求异、创造、智慧等特征。

宜人性（Agreeableness）：热心对无情，信赖对怀疑，乐于助人对不合作。包括信任、利他、直率、谦虚、移情等品质。

严谨性（Conscientiousness）：有序对无序，谨慎细心对粗心大意，自律对意志薄弱。包括胜任、公正、条理、尽职、成就、自律、谨慎、克制等特点（见表2.1）。

表2.1　5种人格因素

因　素	特　征
外倾性	好交际—不好交际；爱娱乐—严肃；感情丰富—含蓄
神经质	焦虑—平静；不安全感—安全感；自我遗憾—自我满足
开放性	富于想象—务实；喜欢变化—墨守成规；自主—顺从
宜人性	热心—无情；信赖—怀疑；乐于助人—不合作
严谨性	有序—无序；谨慎细心—粗心大意；自律—意志薄弱

四、大五人格与主观幸福感

尽管大量的研究探讨了大三人格与主观幸福感的关系，但正如DeNeve和Cooper（1998）所指出的，单独地集中于外倾和神经质可能会过于简单地陈述人格和主观幸福感之间复杂的联系模式。一些宽泛的维度和范围相对较窄的特质显示出与主观幸福感有一致的相关。在这种背景下，大五人格与主观幸福感的关系受到重视。

外倾性的显著标志是个体对外部世界的积极投入。外倾者乐于和人相处，充满活力，常常怀有积极的情绪体验。内向者往往安静、抑制、谨慎，对外部世界不太感兴趣。内向者喜欢独处,内向者的独立和谨慎有时会被错认为不友好或傲慢。

宜人性反映了个体在合作与社会和谐性方面的差异。宜人的个体重视和他人的和谐相处,因此他们体贴友好,大方,乐于助人,愿意谦让。不宜人的个体更加关注自己的利益。他们一般不关心他人,有时候怀疑他人的动机。不宜人的个体非常理性,很适合科学、工程、军事等此类要求客观决策的情境。

严谨性指我们控制、管理和调节自身冲动的方式。冲动并不一定就是坏事,有时候环境要求我们能够快速决策。冲动的个体常被认为是快乐的、有趣的、很好的玩伴。但是冲动的行为常常会给自己带来麻烦,虽然会给个体带来暂时的满足,但却容易产生长期的不良后果,比如攻击他人、吸食毒品等。冲动的个体一般不会获得很大的成就。谨慎的人容易避免麻烦,能够获得更大的成功。人们一般认为谨慎的人更加聪明和可靠,但是谨慎的人可能是一个完美主义者或者是一个工作狂。极端谨慎的个体让人觉得单调、乏味、缺少生气。

神经质指个体体验消极情绪的倾向。神经质维度得分高的人更容易体验到诸如愤怒、焦虑、抑郁等消极的情绪。他们对外界刺激反应比一般人强烈,对情绪的调节能力比较差,经常处于一种不良的情绪状态下。并且这些人思维、决策以及有效应对外部压力的能力比较差。相反,神经质维度得分低的人较少烦恼,较少情绪化,比较平静,但这并不表明他们经常会有积极的情绪体验,积极情绪体验的频繁程度是外倾性的主要内容。

开放性描述一个人的认知风格。开放性得分高的人富有想象力和创造力,好奇,欣赏艺术,对美的事物比较敏感。开放性的人偏爱抽象思维,兴趣广泛。封闭性的人讲求实际,偏爱常规,比较传统和保守。开放性的人适合教师等职业,封闭性的人适合警察、销售、服务性职业等。

在人格五因素中,外倾性、神经质与幸福感的关系重复验证了大五人格与幸福感的研究结论,即外倾性与生活满意度和正性情感存在正相关,能够提升幸福感;神经质与生活满意度和正性情感存在负相关,与负性情感存在正相关,能够降低幸福感。但其余 3 个因素,经验的开放性、宜人性和严谨性与幸福感的关系研究较少,而且结论也不尽一致。Costa 和 McCrae(1982,1991)的研究表明,5 个因素全部与幸福感存在显著相关。其中,经验的开放性同时与正性情感和负性情感存在正相关,宜人性和严谨性与幸福感的关系模式是一致的,即与生活满意度和正性情感存在显著正相关,与负性情感存在显著负相关,因此能够提高幸福感。

DeNeve 和 Cooper(1998)并不同意 Costa 和 McCrae 的观点,他们指出,幸福感不仅与人际关系的数量(外倾性)有关,而且与人际关系的质量(宜人性)有关。因此积极情感既可以由外倾性来预测,也同样可以由宜人性来预测;严谨性具有双重作用,有责任心的人为自己确立了高目标,倾向于在工作情景中取得更多的成就。有学者认为,开放性、宜人性或许与幸福感存在复杂的关系,宜人者在宜人的同时可能会过度克制和压抑自己,虽然避免了过多的人际冲突,但难免会体验到更多的消极情绪。开放性包括智力、文化和创造性,也许由于缺乏确切性，因此开放性对幸福感缺乏强大的预测力。

知识窗

九型人格（英语：Enneagram），又名性格型态学、九种性格。它包括活跃程度、规律性、主动性、适应性、感兴趣的范围、反应的强度、心理的素质、分心程度、专注力范围（持久性）。

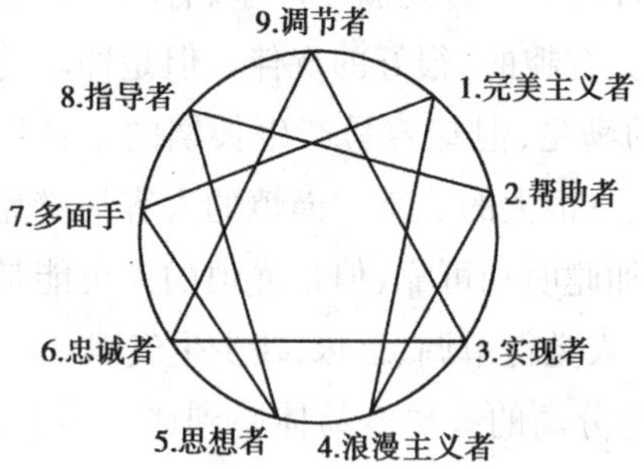

九型人格是一个近年来备受美国斯坦福大学等国际著名大学MBA学员推崇并成为现今最热门的课程之一，近十几年来已风行欧美学术界及工商界。全球500强企业的管理阶层均有研习九型性格，并以此培训员工，建立团队，提高执行力。九型人格作为一个人格心理学理论在当前社会还未被主流心理学界认可，但是近些年，美国弗吉尼亚大学威廉玛丽学院修读咨询教育学位的博士生萨拉·斯科特（Sara Scott）已经在其博士论文中对九型人格系统作出了科学测评，其结果认定九型人格是个精确的系统。在当代，它虽然在商业文化下，仍是根据9种性格的号码特征而用于了解职场文化的一种测试，但是对于企业的前期规划、战略确定、教练指导、企业培训等方面，九型人格有很大的优势。

戴维·丹尼尔斯（David Daniels）则发现这9种不同的气质刚好和九型人格相配。九型人格不仅仅是一种精妙的性格分析工具，更主要的是为个人修养、自我提升和历练提供更深入的洞察力。与当今其他性格分类法不同，九型人格揭示了人们内在最深层的价值观和注意力焦点，它不受表面的外在行为的变化所影响。它可以让人真正地知己知彼；可以帮助人们明白自己的个性，从而完全接纳自己的短处、发挥自己的长处；可以让人明白其他不同人的个性类型，从而懂得如何与不同的人交往沟通及融洽相处，与别人建立更真挚、和谐的合作伙伴关系。

第三节　其他人格与幸福感

有学者在研究幸福的内倾性时，发现幸福感与一些认知因素有关。这些认知因素包括自尊、乐观、生活目标、自我控制等。这些因素同幸福感存在很高的相关性。

一、自尊与幸福感

自尊是个体在社会实践过程中所获得的对自我的积极情感性体验，由自我效能或自我胜任以及自我悦纳或自爱两个部分构成。自尊反映出个体知觉到的现实自我状态与期望自我状态之间的差异，自尊和主观幸福感都代表着总体评价性变量，主观幸福感涉及对个体生活的总体判断,自尊涉及个体对自身的总体判断。

自尊和主观幸福感之间呈现出复杂的关系。当前大多数研究发现,低自尊和低幸福感存在着内在的联系。Dutton & Brown(1997)发现,在面临失败时,低自尊个体比高自尊个体面临更强烈的情绪困扰,原因在于失败使得低自尊个体自我感觉糟糕,同时低自尊是导致个体抑郁的一个高危因素。有些研究支持高自尊和高主观幸福感(SWB)之间有紧密联系。Rosenberg(1995)发现,个体总体自尊与快乐感的相关是0.50,同消极情感的相关是-0.43。Diener等人(1995)从跨文化角度系统讨论了自尊和人际关系对个体幸福感的预测作用,研究发现,在个人主义文化中,自尊对幸福感的预测作用要大于集体主义文化中的个体。Baumeister,Campbell,Krueger&Vohs(2003)认为,高自尊个体往往从积极方面看待自己,相信自己在很多方面优于其他人,在面临失败时更为自信,同时高自尊个体倾向于改变情境,能较好地应付各类问题,导致较高的幸福感。

尽管如此,Crocker & Park(2004)提醒要注意个体在追求高自尊过程中所付出的代价,认为研究者不仅要重视个体自尊水平的高低,更要重视个体追求自尊的过程,以及追求自尊的过程所导致的情绪性和动机性后果。Crocker(2002)研究发现,个体追求高自尊的过程可能会导致个体自我调控能力的减弱,以及生理和健康水平的降低,在日常生活中,个体追求自尊目标的失败会导致惭愧和愤怒等消极后果。同时,一些高自尊个体表现出非常强的防卫心理。自尊涉及个体对自身的总体判断,自尊是对自己概括性的评价,是一个人的自我价值感。自我价值的需要是人最重要的需要。每个人都希望自己是有能力的、智慧的、理性的、有价值的、有意义的。正因为如此,自我价值的需要满足与否必定影响积极情感与消极情感体验,从而影响主观幸福感。一个人的生活满意度的最好指标不是对家庭生活、经济收入等是否满意,而首先是对自己是否满意。因此要提高一个人的幸福感,应提高自身的自尊水平。

《现代汉语词典》中对自尊的描述是:自尊是尊重自己,不向别人卑躬屈节,也不许别人歧视、侮辱。低自尊则是自我肯定偏低,自我了解片面。下面的10个句子是反映自尊和自卑的不同表达方式。

自尊:①我感到自己是一个有价值的人,至少与其他人在同一水平上;
②我感到自己有许多好的品质;
③我能像大多数人一样把事情做好;
④总的来说,我对自己是满意的;
⑤我希望我能为自己赢得更多尊重。

自卑:①归根到底,我倾向于认为自己是一个失败者;
②我感到自己值得骄傲的地方不多;
③我确实是时常感到毫无用处;
④我时常认为自己一无是处;

⑤我什么事情都做不好。

通过对大学生、临床的病人、10岁左右的男孩、31个国家的大学生的跨文化研究发现：自尊与幸福感显著正相关。在诸多的人格变量中，自尊是影响幸福感的一个重要组成部分。因此，健康的自尊是持久幸福快乐的基础。

二、乐观与幸福感

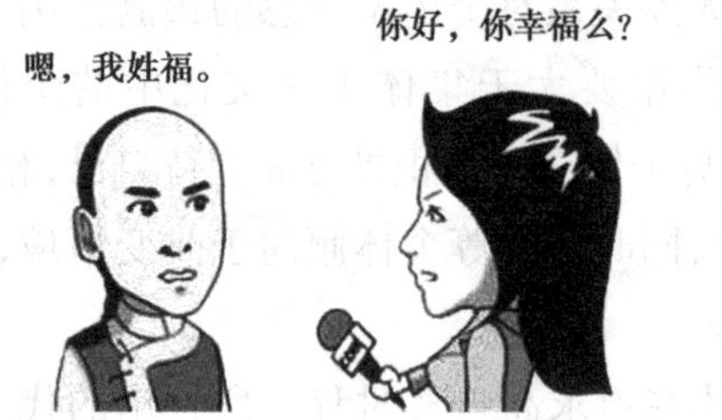

乐观代表了期待自己生活中出现有利结果的普遍趋势。如果一个人期望的是积极的结果，他将会朝着自己设定的目标努力，这样更容易实现目标。乐观是一种积极、豁达的生活态度，乐观者期望好的结果并相信凡事都有好的一面，乐观者相信自己的能力，遇到可控制的事情时，能坚持下来积极寻找解决办法；面对不可控制的困难或挫折时，能够坦然地接受，做到自我安慰，自我调节。大量研究表明，乐观能帮助个体在压力下保持健康，与悲观者相比，乐观者对生活的满意度较高，形成抑郁的可能性较低，乐观性是幸福感的一个重要的预测指标。积极幻想也常有利于幸福感的产生。

乐观性对幸福感的影响明显，以至于它似乎变成了幸福感的一个组成部分，并对个体身心健康产生强烈影响。一些研究者发现乐观性实际上由两个相互独立的部分组成，即乐观和悲观。人们发现，虽然这两者都同幸福感的不同方面有关，悲观因素所起的作用却更大，不过这种作用是消极的。Robinson-Wheeler(1997)发现，只有悲观因素对个体的身心健康产生了预测作用。有一项纵向研究发现，在1946年对哈佛大学毕业生进行了调查，其中最悲观的人在1980年再一次调查时是最不健康的。悲观对待坏消息的学生一年以后遭受到更多的风寒、喉咙痛和感冒。因此，一般来说，乐观者更少被各种各样的疾病缠绕，即使他们患上重病如癌症，也能在这些病症中恢复得好。血液测试也表明，乐观主义者有更强的免疫力，显然，身心的健康对幸福感的影响相当明显。

悲观者的另一类代表是抑郁者。许多研究发现，与一般人比，抑郁者常看到并喜欢思考事情的不良方面，即使这些事情非常一般。他们对任何事情都抱一种消极的观点，认为生活没有什么目标，即使有也不太现实；他们不能发现事物有趣的一面，当不好的事情发生时，他们常会自责，并且会盲目地认为事情根本不能进行控制。一些研究者提出设想：是否可以通过认知疗法提高抑郁者的认知水平。Fava等人(1998)采用Ryff(1989)设计的幸福感的6个维度——自我接受、同他人的积极关系、自主、环境控制、生活目标和自我成长对抑郁者进行训练。在治疗过程中强调积极的思维，抑郁者被要求坚持用日记形式记下每件有趣的事或阻碍这些事件的因素，并且他们的思维和行动受幸福感6个方面的引导。结果发现，与传统的治疗方式相比，实施了这种治疗程序的患者获得了更高的主观幸福感。因此，这些研究者认为,抑郁水平的降低可以在一定程度上提高人们的主观幸福感。

有学者指出,抑郁者之所以幸福感水平低是因为他们的社会技能不太完善。而完善的社会技能是幸福感的一个非常重要的影响因素。如外倾者具有更高的社会技能,尤其是他们更自信乐观,拥有更好的合作能力。而抑郁者的社会技能则逊色得多,例如他们不善于进行自我肯定,所以在建立或保持良好的社会关系时会遇到许多困难,这也是他们幸福感水平低的一个主要原因。

三、自我控制与幸福感

自我控制是对自己行为和思想、言语的控制,以达到自我期望的目标。包括自我激励、自我暗示、自强自律,核心内容是"我将如何规划自己的人生"。自我控制是自我中最高阶段,其核心是"我应该做什么?""我应该成为什么样的人?""我可以选择如何做?"我们经常讲的自制力其实就是自我控制的能力。心理学研究表明:自我控制与大脑额叶的发展紧密相关,当我们生理正常时,自我认知与自我体验决定了自我控制,通过主观能动性,选择认知角度,转变认知观念,调整自我认知评价体系,感受积极自我。

大量研究表明,自我控制感是心理状态的一个重要预测变量。Grob 等人(1996)对 14 个国家的 3 844 名青少年进行的一项研究发现,"控制期望"与他们对生活的积极态度之间的相关达 0.35,这一结果在 14 个国家都基本类似。同时,控制期望与自尊的相关是 0.82,很显然这会提高个体的幸福感。Lachman 和 Weaver(1998)在对 3 485 名成人的另一大型调查发现,"掌握"量表同生活满意度有着很强的关系,同抑郁有着很强的负相关。

心理控制源的概念反映人们对行为与后来事件之间关系的期望,并反映人们内部控制和外部控制的倾向性。比如有道选择题:"我控制不了自己的生活方向"还是"发生在我身上的事情是我能控制的"。选择前者是"控制集中在外部的人",他们倾向于认为行为后果是由行为以外的因素决定的,是由他人、环境和命运来决定;而选择后者的是"控制集中在内部的人",他们倾向于认为行为后果是由行为本身决定的,自己的行为本身可以决定,通常他们各个方面的表现更好,能更好地面对压力,生活也更快乐。很明显,高的自我控制能带来快乐和幸福。对于快乐的人来说,时间是"充实和计划好的,他们守时,而且很有效率"。同样,工作满意度可以部分归功于这种控制感。对工作满意度的研究发现,工作过程中的自主性,即工作时能够以自己的方式进行是满意度的重要来源。Sheldon 等人(1996)对一家牛奶场的 60 名工人进行的调查表明,当他们对日常工作感到有自主性和能胜任时,这一天便是愉快的一天。

关于金钱对幸福感的影响方面,金钱对幸福感的一些影响不仅是来自我们拥有我们想要的,更多的是使我们能完成我们想做的,即感受权利,控制自己的生活。许多在贫穷中长大的人会认为金钱可以买到快乐,"你能得到什么很重要";但是富裕的人却不这么认为,他们认为要变得快乐,并不是你能得到什么,而是"你能控制什么很重要"。财富对幸福并不起着绝对的决定作用,有这样一个实例来说明这个观点。

芝加哥郊区有一名中年妇女名叫罗斯,她离婚多年,整日情绪低落,靠药物保持心情安宁。为了让自己的生活更有希望,她每个星期都花5美元购买当地的一种彩票。突然有一天,好运来了,罗斯在一次购买彩票时中了一等奖,获得奖金2 200万美元。于是,她辞去了洗衣工的工作,购买了有18个房间的别墅,把两个孩子都送进了最好的私立学校。但令人惊讶的是,她的幸福心情不到一年就开始恶化了,自我控制感丧失了,她的抑郁情绪重新出现,她又像以往一样闷闷不乐……

总之,一般的研究认为内控者的主观幸福感较高。如果人们认为不良生活事件是无法控制的,就会产生抑郁而降低主观幸福感。抑郁者并不是一个抑郁的人,而是认为世界不可控制才导致抑郁。内控者有更好的应激方式,他们试图去改变环境,而不像外控者那样逃避现实,凡是能应付各种问题的人,其主观幸福感都较高。但也有些学者的研究得出了相反的结论。

第四节　塑造完美人格

一、人格魅力的构成

在当今社会中,为人处世的基本点就是要具备人格魅力。何为人格魅力?人格是指人的性格、气质、能力等特征的总和,也指个人的道德品质和人的能作为权利、义务的主体的资格。而人格魅力则指一个人在性格、气质、能力、道德品质等方面具有的很能吸引人的力量。如果一个人能受到别人的欢迎、容纳,他就具备了较好的人格。从人的性格结构分析,具有人格魅力的性格特征主要表现在以下几方面:

(1)在对待现实的态度或处理各种社会关系上,表现为对他人和对集体的真诚热情、友善、富于同情心,乐于助人和交往,关心和积极参加集体活动;对待自己严格要求,有进取精神,自信而不自大,自谦而不自卑;对待学习、工作和事业,表现得勤奋认真。

(2)在理智上,表现为感知敏锐,具有丰富的想象能力,在思维上有较强的逻辑性,尤其是富有创新意识和创造能力。

(3)在情绪上,表现为善于控制和支配自己的情绪,保持乐观开朗,振奋豁达的心境,情绪稳定而平衡,与人相处时能给人带来欢乐的笑声,令人精神舒畅。

(4)在意志上,表现出目标明确、行为自觉、善于自制、勇敢果断、坚韧不拔、积极主动等一系列积极品质。

具有上述良好性格特征的人，往往是受欢迎和受倾慕的人。当然，任何人都不可能完全具备这些良好品质，人与人之间在具备这些性格特征的数量和质量上的差异，就决定了个人对他人的吸引力的不同。一个人的魅力最基本的构成就是他的外表和个性。外表只是一小部分，人格特性才是最重要的。纵观古今，但凡为人们所承认的有巨大吸引力的人，他们都有这些共同点：有道德、有理想、有情感。这种道德、理想、情感结合起来，以自身独特的个性表现出来，便构成了一个人的人格魅力。人格魅力的构成有以下几点：

（1）有理想，抱负远大。理想和抱负是构成人格魅力的重要因素，一个缺乏理想、没有抱负的人会显得懒散而茫然，自然就不会是一个具有人格魅力的人。激励人们前进和进步的，是理想和希望。

（2）有学识，孜孜以求。有学识，从广义上讲就是有知识和能力。具体讲就是人的才华、才识、才学、才思、才智等。对于知识的重要性，英国哲学家培根最早用一句最简单明了的话来形容：知识就是力量。不言而喻，人们掌握知识的多寡以及使用知识能力的大小、正确与否在很大程度上也反映了人格魅力的大小。

（3）有道德，品格高尚。如果说“抱负远大”“学识渊博”还笼罩着一层“伟人”色彩，那么，道德则是人格魅力中最普通、最广泛和最基本的因素，也是人性中最容易挖掘、发展和修炼的因素。现实生活中，人格魅力我们往往理解为“道德魅力”。人格魅力的道德素质中，真诚可信是人格魅力的基础，谦虚宽容是人格魅力的核心，正直善良是人格魅力的根本，乐于奉献是人格魅力的外现。

（4）有情感，亲和力强。“亲”主要是指亲情，体现为爱、关心、温暖、支持等；“和”主要是指协调、和谐，体现在适度、合理上。亲和性是指一个人在与别人交往时表现出的容易亲近别人、易被别人接受的一种能力和性格特征。一个人是否具有亲和性以及亲和性的大小和一个人的内在心理素质有很大的关系。

（5）有责任，勇挑重担。责任是社会对于一个人的信任，只有敢于并有能力承担起责任的人，才能焕发出光彩的人格魅力。要负起做人的责任，要做一个毫无怨言地寻找并担负起对自己、对他人、对社会责任的充满人格魅力的人。一个有人格魅力的人，要对自己负责。爱惜自己的身体和灵魂，不轻易伤害甚至放弃它们。一个有人格魅力的人，还要对别人负责。一个有人格魅力的人，最重要的是要对这个社会负责。

（6）有毅力，百折不挠。毅力是一种优良的意志品质，坚持不懈、坚韧不拔、持之以恒、百折不挠地把目标决定贯彻到底的行动和精神，是一种不竭的心理能量。顽强的毅力是一种难能可贵的人格品质，具有人格魅力的人，他们一定会具有百折不挠的毅力。平平淡淡、一帆风顺的人生固然令人羡慕，但具有魅力的人格必定要经过挫折的洗礼。

小故事

永不退缩的林肯总统

坚持到底的最佳实例可能就是亚伯拉罕·林肯。生下来就一贫如洗的林肯，终其一生都在面对挫败，8次竞选8次落败，两次经商失败，甚至还精神崩溃过一次。好多次，他本可以放弃，但他并没有如此，也正因为他没有放弃，才成为美国历史上最伟大的总统之一。林肯天下无敌，而且他从不放弃。以下是林肯进驻白宫前的简历：

1816年，家人被赶出了居住的地方，他必须工作以抚养他们。

1818年，母亲去世。

1831年，经商失败。

1832年，竞选州议员——但落选了！

1832年，工作也丢了——想就读法学院，但进不去。

1833年，向朋友借钱经商，但年底就破产了，接下来他花了16年，才把债还清。

1834年，再次竞选州议员——赢了！

1835年，订婚后即将结婚时，未婚妻却死了，因此他的心也碎了！

1836年，精神完全崩溃，卧病在床6个月。

1838年，争取成为州议员的发言人——没有成功。

1840年，争取成为选举人——失败了！

1843年，参加国会大选——落选了！

1846年，再次参加国会大选——这次当选了，前往华盛顿特区，表现可圈可点。

1848年，寻求国会议员连任——失败了！

1849年，想在自己的州内担任土地局长的工作——被拒绝了！

1854年，竞选美国参议员——落选了！

1856年，在共和党的全国代表大会上争取副总统的提名——得票不到100张。

1858年，再度竞选美国参议员——再度落败。

1860年，当选美国总统。

“此路破败不堪又容易滑倒。我一只脚滑了一跤，另一只脚也因而站不稳，但我回过头来告诉自己，这不过是滑一跤，并不是死掉都爬不起来了。”亚伯拉罕·林肯在竞选参议员落败后如是说。

二、人格不断完善

人格是一个人整体精神面貌的表现，是一个人的能力、气质、性格及动机、兴趣、理想等多方面的综合表现。健康完善的人格不是本身就具有的，虽然我们的人格中多少秉承有先天的魅力，人格的不断完善，主要还靠后天的培养，这是一个漫长的日积月累的过程。

1. 在思想上追求人格魅力的提高

孔子曾说过:“身修而后家齐,家齐而后国治,国治而后天下平。”提高人的自我修养,塑造完美人格,于国、于家、于世界都很重要。孙中山说过:“国民要以人格救国,只有好人格才会有好国家。”人格人人皆有,但魅力旨在修炼和追求。只有你在思想上具有强烈愿望,想成为一个具有人格魅力的人,你才会为此付出努力和准备,才会有这么一种决心和信心,才能做到“吾日三省吾身”,对自己有高标准、严要求,谨慎地注意自己的内心和行为,勇于解剖自己,正确认识自己,才能抵抗各种不良诱惑,克服各种困难挫折,及时修正自己的错误思想和行为,为追求一个崇高的目标积极进取,最终达到崇高的思想境界。

2. 在学习中领悟人格魅力的实质

“知之为知之,不知为不知”,这是一种求学态度。人不是生下来什么都懂,学问也好,做人也好,都有个不断学习完善的过程。学习是固本之举,增强人格魅力的重要途径之一,那就是勤于学习。要向书本学习,向榜样学习,向伟人学习,向群众学习,向专家学习,人类一切正义的东西都是我们学习的源泉。“读史使人明智,诗歌使人巧慧,数学使人周密,科学使人深刻,伦理使人庄重,逻辑修辞之学使人善辩,凡有所学,皆成性格。”向孔子学习,你能感受到“兼善天下”的仁者胸怀;向孟子学习,你能感受到“重义轻利”的“大丈夫”气概;学习周总理,你才能体会到什么叫“鞠躬尽瘁,死而后已”;学习毛泽东,你才能感受到何为“敢教日月换新天”的伟人气魄;学习邓小平,在他传奇般人生中,你能感悟到“高瞻远瞩、运筹帷幄;意志坚强,百折不挠”的伟人风范。

3. 在行动中实践人格魅力的真谛

任何美德都必须在实践中得以展现。人格魅力表现在你日常生活的言行之中。尽职尽责地做好每一项工作;积极快乐地度过每一天;心怀感激地对待你的朋友和家人;恰如其分地赞扬别人等,这些都是人格魅力的实践方式。时常记着美化自己的仪表,精神饱满,举止大方,谈吐高雅幽默,别小看这些看似简单的生活琐事,这却是实践展示人格魅力的基础。最重要的是时刻提醒自己做一个品德高尚,乐于助人的人。“勿以善小而不为,勿以恶小而为之”应该成为你的行动准则,耐心细致、认真负责地处理好每件小事的意义,并不亚于成就一番大事,因为大事可遇不可求,而生活却是由每件小事串联而成。

4. 在成长中追求人格魅力的丰富

人是在不断成长的,每天都是新的一页,人格魅力同样也需要不断成长和丰富。孟子的“舍生取义”和岳飞的“精忠报国”已显示出其历史局限性。人格魅力具有历史继承性,诸如对爱情的忠贞,对家庭的责任、大度宽容、礼貌谦恭、尊老爱幼、自重自爱、正直善良、诚实守信、忠诚爱国、勤劳俭朴等这些千百年来为中华民族所传颂的美德，无论时代如何变迁，其精神实质都是永不褪色的。也无论你是孩童还是少年，是成人还是老叟，这些都应该伴随着你一起成长。人格魅力还应该随时代发展而被不断赋予新的内容，当今社会需要改革开放、开拓创新的精神品质，需要人们的思想观念和工作生活方式都要不断与时俱进，这些时代的内容和特色，也应该不断地体现在人格发展之中。

5. 人格塑造中把握好辩证关系

人格塑造就是个体对自身人格的一种培养和锻炼。人生之难莫过于接受自我、挑战自我、改变自我。有人总结了38位最成功的名人的共同人格特征。①了解并认识现实，持有较为实际的人生观；②悦纳自己、别人以及周围的世界；③在情绪与思想表达上较为自然；④有较为广阔的视野，就事论事，较少考虑个人利害；⑤能享受自己的私人生活；⑥有独立自主的性格；⑦对平凡事物不觉厌烦，对日常生活永远感到新鲜；⑧在生命中曾有过引起心灵震撼的高峰体验；⑨爱人类并认同自己为全人类之一员；⑩有至深的知交、有亲密的家人；⑪有民主风范，尊重别人的意见；⑫有伦理观念，能区别手段与目的，绝不为达到目的而不择手段；⑬带有哲学气质，有幽默感；⑭有创见，不墨守成规；⑮对世俗，和而不同；⑯对生活环境有改造的意愿和能力。这些特征有值得我们学习和借鉴的地方。在人格塑造过程中要把握好以下辩证关系：

自信而不自负，自谦而不自卑；
勇敢而不鲁莽，果断而不冒失；
稳重而不犹豫，谨慎而不怯懦；
豪放而不粗俗，好强而不逞强；
活泼而不轻浮，机敏而不多疑；
忠厚而不愚昧，干练而不世故。

第三章　乐观与希望

曾经，人们把乐观视为心理缺陷、性格弱势和不成熟的标志，而把既不乐观也不悲观视作心理健康、性格优势和成熟的标志。积极心理学之父塞里格曼研究悲观和乐观的人生态度多年，他认为，悲观的人的特征是，他相信坏事都是因为自己的错，这件事会毁掉他的一切，会持续很久。乐观的人在遇到同样的厄运时，会认为现在的失败是暂时性的，每个失败都有它的原因，不是自己的错，可能是环境、运气或其他人为原因的结果。这种人不会被失败击倒，在面临恶劣环境时，他们会把它看成是一种挑战，会更努力地去克服它。

这两种思考习惯会带来不同的结果，无数的研究告诉我们，悲观的人很容易放弃，常常陷入抑郁中。有实验显示，乐观的人在学校的成绩比较好，在工作上的表现也比较好，他们常常能超常发挥。

第一节　乐观的概述

乐观是看到半杯水时认为它是半满，或总是看到事物好的一面，或是习惯性地期待现实中的问题能像好莱坞电影一样有圆满的结局。乐观的“积极思维”告诉我们，乐观可以是那些百说不厌的励志言词，例如，“每一天每件事我都越做越好”，或是想象自己打洞入球的情形，这些都是乐观的证明。

关于乐观，一般有两种理论：一个理论认为，乐观是种人格特质，以普遍的乐观期望为特征；另一个理论认为，乐观是种解释风格。

一、气质型乐观

气质型乐观是总体上期望未来好事多于坏事①，属于一种相对稳定的人格特质。研究显示，乐观的人在困难面前会继续为目标而奋斗，还会采取有效的应对策略，不断调整自我状态，以便尽可能实现目标。同时，气质型乐观与身体健康有显著正相关，还可促进药物发挥积极作用和疾病的康复。“乐天派”就是对气质型乐观的最好诠释。

① Alan Carr. 积极心理学[M]. 2 版. 北京：中国轻工业出版社，2014.

让人意外的是，气质型乐观具有25%的遗传度。积极的父母常会有积极的子女，音乐家的子女往往都有一定的音乐天赋，酗酒的父母有可能会有染上酒瘾的子女。同样乐观的父母常会有乐观的子女，而悲观的父母也常会有悲观的子女。

二、乐观解释风格

塞里格曼教授以及他们的同事认为，乐观不是一种人格特质，而是一种解释风格。乐观的基础，不在于励志词句或是胜利的想象，而在于我们对原因的看法。我们都有对原因的习惯性看法，这称为个人特有的解释风格①。解释风格从儿时开始发展，如果未经干预就会保持一辈子。

根据这个观点，乐观的人把消极事件或体验归因于外部的、暂时的和特殊的因素，比如大环境不好；悲观的人则把消极事件或体验，归因于内部的、稳定的和普遍的因素，比如自己能力不足。当一个人解释为何某一个事情会发生在自己身上时，通常会有3个重要的维度需要考虑：永久性、普遍性与个人化。

（一）永久性：暂时的或稳定的

最容易患抑郁症的人认为，坏事情发生在他身上的原因是会永远存在的。既然永远存在，坏事就会不停地发生。相反，从挫折中爬起和抗拒抑郁的人相信导致坏事发生的原因只是暂时的。永久性和暂时性原因的不同看起来也许并不明显，但是长此以往会对人的身心健康产生巨大的影响。悲观的人认为坏事都来自于自身个性上的缺点，而乐观的人则认为坏事是心情以及其他的短暂的可以改变的状态。

同时，乐观与悲观的人，对好事的发生也会有不同的反应。相信好事发生的原因是永久的人会更乐观。

乐观的人以永久性原因的方式来解释好事，他们将原因归为自身具有的特性与能力，比如努力工作和讨人喜欢，他们会用“总是”来形容好事的原因。悲观者则将好事归因于过渡性原因，“我那时心情好”或“我这次努力练习”，他们对好事的解释限于“今天”和“有时候”，并且时常用过去式和限制次数，“我这次努力练习……”。相信成功是由永久性因素引起的人，下一次会更努力地去尝试；相信好事发生的原因只是暂时性的人，即使成功了也可能放弃，因为他认为成功只是一次意外。

---

① Martin E. P. Seligman, Karen Reivich. 教出乐观的孩子[M]. 杭州：浙江人民出版社，2013.

(二)普遍性:特殊的或一般的

如果你相信原因是永久性的,你会预测它对时间的影响。如果你相信原因是普遍性的,你会预测它对你一生中的其他事情带来影响。

面对好事时,乐观者相信成功的原因会强化他所做的每一件事,但是悲观者相信好事的发生是由某一特定因素导致的。面对坏事发生时,这种情况就恰恰相反。聪明要比仅在数学上聪明,包含更多的信息;讨人喜欢的特性暗示有许多人喜欢你,不只是伴侣一个人;有才能比只会唱歌更广泛。一般来说,认为好事的发生有普遍性原因的人,在生活的各方面都表现得比较好。

有些人可以把困难锁在盒子里,即使某一重要部分出了问题时,仍然可以继续他的生活;有些人则会将困难灾难化,当他生活中的一条线断掉后,整块布就散了。由此得出的结论是:对失败解释持有普遍性看法的人,当他们仅在一方面失败时,就会完全放弃;相信特定解释的人,也许在某一方面有了无助感,但是仍会坚定地走完全程。

(三)个人化:内部归因或外部归因

除了永久性与普遍性以外,解释风格还有第三个维度,那就是个人化,即决定是谁的错。当坏事发生时人们可能会责怪自己(内部归因),也可能怪罪其他人或是环境(外部归因)。自尊是受你责怪的那个人管辖的。失败时经常习惯性地责怪自己的人自尊心强,他们觉得愧疚及羞耻。当坏事发生时,怪罪他人或者是环境的人,对自身评价较高。总的来说怪罪其他人或环境的人,会更少地觉得愧疚和羞耻,并且更喜欢自己。当然他们也是更容易愤怒的人。

这是不是意味着我们应该将不好的事情皆推到外部原因呢?如果我们只关心自尊,那可以这样做,但是事实并不是如此。当我们不顺利时,总是埋怨别人,后果是很可怕的。我们应当遵循以下两个原则:

第一,当我们做错事时,不要轻易就算了。我们不能每一次都说:“抱歉,我做错了,下次我会做得更好。”我们需要总结经验教训,并且对事情负责,然后进行改正。

第二,不要总是埋怨自己。我们也不能在事情不顺利时,不管是不是我们的错,总是埋怨自己。抑郁的人就是这样,不论什么事情是不是他们的错,永远都怪自己并且觉得愧疚。长期怪罪自己也会增加患抑郁症的几率。我们应当正确地看待自己,当错在我们时,应该负起责任并且尽力修正我们的行为;同样当问题与我们无关时,我们也会觉得自己有价值。

三、悲观与习得性无助

谈到乐观,悲观一词是不得不提的。在积极心理学之前人们更倾向于研究悲观等消极负面的心理。悲观是一种心理防御习惯,这种习惯会带来多方面的恶果,包括情绪抑郁、退缩、较低的成就感,甚至不健康的身体。悲观的定义就是,在遭受挫折时滞留在任何最具毁灭性的原因中不能自拔①。

我们先来看悲观主义者，他们有某个目标，他们的期望值低，信念不高。他们不认为自己能做好，积极性低，他们的大脑寻求一致，他们的表现通常取决于他们的信念和期望。他们的理解是："我早就跟你说了我做不好。"于是其他人都异口同声地说："是的，你早就跟我们这么说了，你真的做不好呢。"但有时悲观主义者超出了自身的期望，取得了成功，那么又会怎么样呢？这时的解释是："只是走运而已。"或者"今天是我的幸运日"，或者"是因为别人今天表现得不好"。于是，大脑在寻求一致，一次又一次地重复这个循环，一次又一次的不成功。

以三国里的人物为例。先说袁绍。袁绍经历了官渡之败后一蹶不振，可以说是郁闷而死。官渡战败，袁绍还有3个儿子，兵力充足，实力尚存。可是他"回冀州，心烦意乱，不理政事"，可见他的颓废。又仓亭大战，兵败，不思取胜，反倒"抱三子痛哭一场，不觉昏倒"。从此浑浑噩噩，最后吐血而死。

再说刘备。刘备称帝后，急于为关羽报仇，兴兵东吴。猇亭大战，刘备被年轻的陆逊打败，狼狈逃回白帝城。刘备虽然战败，但根本并无损失，重整军队并不难。可是，刘备却长叹一口气，说："朕早听丞相之言，不致今日之败！今有何面目复回成都见群臣乎！"从此一蹶不振，竟至于"托孤白帝城"，一命呜呼。

悲观现象的核心是另一个现象——无助感，所谓无助感就是不论你怎么做都无法改变你的命运。人们面对许多无法控制的事件时的反应，经常是试都不试就放弃了。这便是习得性无助的表现。它是在经历了不可控的环境事件后，对未来事件产生了不可控的预期，并引发一系列心理、生理和行为上的消极改变。这是一个放弃的反应，是源自"无论你怎么努力都于事无补"的想法的行为。乐观可以阻止习得性无助，而悲观可以散播习得性无助。

知识窗

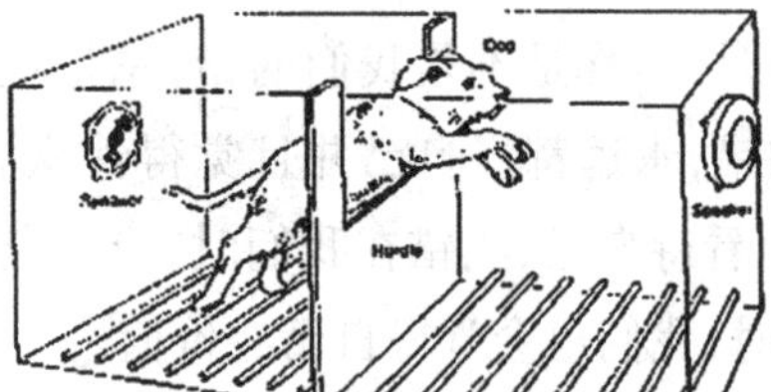

"习得性无助"是美国心理学家塞里格曼1967年在研究动物时提出的，他用狗做了一项经典实验，起初把狗关在笼子里，只要蜂音器一响，就给以难受的电击，狗关在笼子里逃避不了电击，多次实验后，蜂音器一响，在给电击前，先把笼门打开，此时狗不但不逃而是不等电击出现就先倒在地开始呻吟和颤抖，本来可以主动地逃避却绝望地等待痛苦的来临，这就是习得性无助。

1975年塞里格曼用人当受试者，结果使人也产生了习得性无助。他们把大学生分为三

① Martin E. P. Seligman. 活出最乐观的自己[M]. 沈阳：万卷初步公司，2010.

组:让第一组学生听一种噪音,这组学生无论如何也不能使噪音停止。第二组学生也听这种噪音,不过他们通过努力可以使噪音停止。第三组是对照,不给受试者听噪音。当受试者在各自的条件下进行一段实验之后,即令受试者进行另外一种实验:实验装置是一只“手指穿梭箱”,当受试者把手指放在穿梭箱的一侧时,就会听到一种强烈的噪音,放在另一侧时,就听不到这种噪音。

在原来的实验中,能通过努力使噪音停止的受试者,以及未听噪音的对照组受试者,他们在“穿梭箱”的实验中,学会了把手指移到箱子的另一边,使噪音停止,而第一组受试者,也就是说在原来的实验中无论怎样努力,不能使噪音停止的受试者,他们的手指仍然停留在原处,听任刺耳的噪音响下去,却不把手指移到箱子的另一边。

为了证明“习得性无助”对以后的学习有消极影响,塞里格曼又做了另外一项实验:他要求学生把下列的字母排列成字,比如 ISOEN,DERRO,可以排成 NOISE 和 ORDER。学生要想完成这一任务,必须掌握 34251 这种排列的规律。实验结果表明,原来实验中产生了无助感的受试者,很难完成这一任务。

随后的很多实验也证明了这种习得性无助在人身上也会发生。

我们的无助感是我们在不受控制的环境中获得的,而我们目前的解释风格也是从小习得的,因此它不是一成不变的。我们既然可以习得无助,也可以习得乐观。

假如你有悲观的解释风格,那么你在下面 4 个方面会碰到困难:第一,你很容易抑郁;第二,你没有发挥你的潜能,以你的表现应该可以更好;第三,你的健康,你的免疫机能比较差,而且年纪越大,健康情况会越差;第四,生命一点情趣都没有,悲观的解释风格使得生活很灰暗。

假如你的悲观分数处于平均水平,那么在平常不会出现问题,但是在危机发生时,在受到重挫时,你可能要付出一些不必要的代价了。当打击来临时,你发现自己比“应该的抑郁”还更抑郁。生命的火花似乎熄灭了,你完全丧失了斗志,无法东山再起,你的未来漆黑一片。你会这个样子几天,甚至几个月,而你可能已经这个样子好几次了。

对挫折采取永久性和普遍性解释风格的人容易在压力下崩溃,这个崩溃是长期的,而且是全面的。当他碰到压力时就容易垮掉,而且很难东山再起。但如果他对坏事的解释是暂时的、特定的,那么当他遇到挫折时,他会很快重新振作起来,当他成功时,他会继续努力。因此,希望分数在所有分数中是最重要的。

假如你采用不同的解释风格,你在灾难来临时会准备得更好。你可以利用我们介绍的一些技巧去提高每一天的乐观程度。

第二节 乐观的心态

我们是要人们为自己的行为负责,并不是所有的事情都应该改变想法,怪罪到他人身上。只有在一个情况下应该这样做:在抑郁的时候。抑郁的人常常把不是他的错也揽到自己身上,他们常去负不需要负的责任。因此,乐观也需要分清楚时间和情况。同时,乐观并不是万灵药。我们需要的是弹性的乐观,即需要乐观的时候乐观,需要适度悲观的时候悲观,这种审时度势的乐观能帮助我们幸福地过一生。

一、积极看待世界

问问自己:我是否很容易气馁?我是否比我希望的样子更抑郁?我是否比我预想的更易失败?如果以上几个问题,你有任何一个答案是肯定的,那你就很需要学习乐观。

首先问问你自己想做到什么?假如你想成功,比如拿奖学金、完成一份困难的报告、赢得比赛等,你应该使用乐观技术。假如你关心你的感觉,想摆脱抑郁,提高士气,等等,你应该使用乐观技术。假如事情迟迟没有任何发展,而你的健康已经出现问题,你应该使用乐观技术。假如你想领导别人,假如你想激励别人,假如你想别人投你票,你应该使用乐观技术。

但是从另一方面看,有时不应该使用乐观技术。假如你要为一件有危险且不确定的事情制订计划,不要用乐观技术。假如你要为一个前途暗淡的人出谋划策,不要用乐观技术。假如你想对陷入困境的人表示同情的话,一开始不要用乐观技术,在信赖与共情建立起来后,再用乐观技术。

使用乐观技术的基本原则就是先问,在某一个特定情况下失败的代价是什么。如果失败的代价很高,那么就不应该乐观。在喝了酒之后决定是否要开车时,或者是考试是否要作弊时都不应该使用乐观。因为这时失败的代价很大。反过来说,如果失败的代价很低,你就应该采用乐观的态度。销售员决定是否要再打一次电话时,失败的代价只是他的时间;一个害羞的人决定要不要上前与人聊天时,失败的代价只是被拒绝,有些难堪而已,在这些情况下都应该使用乐观技术。

同时在适当的时候,不采取乐观,而是让你的消极情绪释放出来,会有相应的积极作用。

二、消极情绪的好处

(一)焦虑,抵御危机的先锋

像焦虑、抑郁和气愤这些消极情绪的存在是有其意义的:它激励你采取行动改变自己或是改变你的世界。坏情绪也是学习乐观所需要的。焦虑的状态经历了长期进化史,它不仅只是扰人心绪,也传递着许多有用的重要信息:不安警告你风险就在身旁,忧愁告诉你可能有重大损害,气愤提醒你有人闯入了你的领域。所有这些信息必然带来痛苦,这些痛苦会使你重视这些情况,促使你采取行动来排除这些威胁。

坏情绪像是一个警报系统，并非十全十美。许多信息甚至大多数的信息其实只是谎报。分数低并不一定会让老师认为你很笨！情人节收到开玩笑的卡片也不是别人存心羞辱你。当我们长期心情不好，感到崩溃，情绪又发送出太多的谎报时，我们称此情况为“情绪疾病”。我们使用药物来阻止它，通过心理治疗来改正它。但是焦虑最大的好处就是，绝大多数时候，它是你抵御风险、防止损失和侵犯的最前锋。

（二）心流：没有挫折，便无法获得

坏情绪的第二个好处就是可能会产生心流体验。时间可曾因你而停？你何时真正感受自己安定了，不愿再到任何地方去？你会沉浸在踢足球、听音乐、对一群人演讲、画画、写信给编辑或是进行有关心理学的谈话中吗？这种状态称为心流，是最佳的积极情绪之一，这是使生命活下去的一种状态。学者已经对它展开了长达20年的研究，包括哪些容易经历它，它何时发生，有什么会阻碍它。心流发生在你的方法被应用在最高峰，且与勉强可达成的挑战匹配的时候。太少的挑战造成厌烦，太多的挑战和太少的方法造成无助与抑郁。没有挫折、心流就无法获得。没有被失败、重新振作、继续尝试等打断过的连续成功也不会产生心流。奖励、自尊、自信和热情也不会产生心流。缓和挫折，未到时机就解除焦虑和学习逃避巨大的挑战都会妨碍心流的产生。没有焦虑、挫折、竞争和挑战的生活，不是美好的生活，是没有心流的生活。

（三）坚持：当失败来临时

心情不好的第三个好处与克服无助感相关。你所承担的任何复杂任务，都可能包括许多步骤，每一个步骤都有可能失败。如果你在任何步骤，摇摆不定，那么必须继续尝试，直到过关，然后才得以继续下一步。如果步骤并不是太多，其中又没有难以克服的困难，你就会成功。但是也只有在每次小失败后都继续尝试，才有可能成功。如果你在某一步走不顺时就停止尝试，整个任务也就失败了。

小故事

19世纪70年代，爱迪生与科学界都在研究灯泡。如何用电发光，整个科学界都在研究这一课题，但一无所获，爱迪生也不例外。

当地报纸的一名记者，前去采访爱迪生，他当时已经非常有名了，发明了很多东西。他们谈了各种话题，然后开始讲灯泡问题，那个记者对爱迪生说：“爱迪生先生，您致力于灯泡研究许多年了，整个科学界都在进行相同研究，但毫无所获。”当时爱迪生已经进行了5 000次实验，这位记者也知道，于是他对爱迪生说：“爱迪生先生，您已经进行了5 000次实验，失败了5 000次，放弃吧。”你们可能知道，爱迪生听力不好，他对记者说：“你说什么？”那个记者重复：“我说你失败了5 000次，放弃吧。”爱迪生回答：“我没有失败5 000次，是成功了5 000次，我成功证明了哪些方法行不通。”

同样的客观现实，5 000 次失败，但却有完全不同的解读，那个记者与其他科学界认定，这是不可能达成的。但爱迪生的主观解读，却是他走向成功的敲门砖，因为是可能的。事实是，爱迪生在发明灯泡前就宣布，他将在 1879 年 12 月 31 日，展示灯泡，这是在他发明灯泡前。而 1879 年 12 月 31 日，爱迪生向世界展示了，用电发光。

事实上，爱迪生失败了不止 5 000 次，才最终发明了灯泡，他不是干坐在实验室说，"相信就能做到"，而是我相信，而且我会加倍努力，满怀斗志地工作。他的一条名言是"我从失败走向成功"，爱迪生是史上最富创造力最多产的科学家，也是失败次数最多的科学家。

每一次小失败和大失败都会造成心情抑郁，并夹杂着一些不安、忧虑和气愤。如果这些情绪的程度是中等的，就会刺激行动，但他们也有恐吓作用。当你心情抑郁时，只有两种技巧可以用。你可以停留在那个情境中采取行动，试图通过改变情境来终止抑郁的情绪；或者你可以放弃，离开那个环境，这个方法是以将环境整体移开来终止抑郁情绪。第一种方法称之为掌控感，第二种我们称为习得性无助。

如果你要经历掌控感，必须先经历失败、心情抑郁以及不断尝试直到成功为止。没有任何步骤是可以跳过的，失败与心情抑郁是建构成功与良好心情的必要过程。

20 世纪初，致力于研究治疗梅毒的保罗·埃利希，制成了一种对抗梅毒病菌的药品，称之为 606。因为埃利希在这之前研究混制了 605 种药品都没有效。也就是说，埃利希失败了 605 次，但仍坚持了下来。

生活中几乎所有最具挑战性的任务都像 606 一样，成功前失败过无数次。如果不经历过许多失败即可成功的话，打破世界跨栏纪录，与大客户谈成生意，或是找到理想朋友，这些也就不是什么稀奇的事了。在极少见的情况下，比如有特定天分或是特别的好运，是可以不经历失败就获得成功的。但是对绝大多数人来说，无需任何努力尝试就可获得的成功通常是没有什么价值的。

我们需要失败，我们也需要感受悲哀、不安及气愤。当我们试图远离失败时，我们也就剥夺了学习 606 式的技巧。减少必要的悲哀和焦虑会使人处于罹患抑郁的风险之中。因此消极情绪也是会有他的一些积极作用的，我们不能完全地、一味地在任何时候都使用乐观技术。

第三节　乐观的培养

行为主义学家华生认为乐观是人在特定情境中获得的一种特定的条件反射，是反应和强化之间的暂时性连接。也就是说，乐观是可以学来的解释风格。

一、归因重塑

许多人认为心情的好坏是由于发生在我们身上的事情所决定的。有人违背了我们的意愿使我们感到气愤，心爱的东西遗失了我们感到抑郁。当然生活中的事情与心情是有关联的，但是他们的关联比我们想象的更微弱，以下便是一个很好的例子。

真真和梅梅是已经有12年交情的朋友和邻居，他们见证过彼此的胜利与失败。去年两个人决定一起去度假，不带先生，不带孩子，她们没有太多钱，所以决定找个便宜的地方。两个人都对露营没有多少经验，但都觉得这是个很好的挑战。她们搜集好资料，然后决定去海边露营。车子装满了从朋友那里借来的装备，她们与家人告别后就上路了。

三天之后，就在真真和梅梅搭好帐篷后，天就开始下雨了。起先只是小雨，很快就下大了。风越吹越大，将营钉从地上拔起，似乎要把帐篷掀翻。她们忘记带塑胶地布，几分钟之后，真真和梅梅就感受到泥水渗入帐篷。当风雨声大得震耳欲聋时，她们开始感到害怕，并且决定另找避雨的地方。她们尽快上车，打算早上再回来收拾东西，但是暴风雨持续了18个小时。

由于洪涝带来的灾害，真真和梅梅三天都无法回到营区。她们住进了一家廉价的旅馆，没有电话，电视的声音像是在水里讲话。

当她们回到营地时，发现所有东西都被损坏了，帐篷有数道裂缝，睡袋和厨具都不见了，野营灯的玻璃碎得满地都是。没有什么东西可以还给朋友了。

虽然这次旅行惨败，但真真和梅梅对同样的遭遇有着非常不同的反应。起初两个人都十分气馁。她们对营地受损的情形感到吃惊，尤其是想到不知道要花多少钱才能赔偿朋友借给他们的东西。

回家的路好像很长，刚开始开车时两个人都觉得无聊。两个小时后，真真开始痴痴地笑。她们狼狈的历险使她觉得好笑。“啊，是呀，我们的确省了很多钱，没有住四星级的大宾馆，我们是要度个便宜的假呀。”真真越是笑，梅梅就越沉默。

开到家，真真已经想好了“城里姑娘荒地历险记”的故事，她迫不及待地想告诉她的家人这次艰险的经历。但是每次她要开始讲时，自己就先笑个不停，只好重讲。梅梅尽快地下了车，告诉她的家人她要休息，明天再和他们说话。

在埃利斯与贝克建立的认知治疗模型的基础上，塞里格曼开发出了一些归因重塑的项目，帮助成人和儿童把解释从悲观转为乐观。在这些归因重塑的项目中，参与者学习监控并分析引起情绪变化的情境，然后修正自己的悲观信念，从而让自己的解释风格变得乐观。

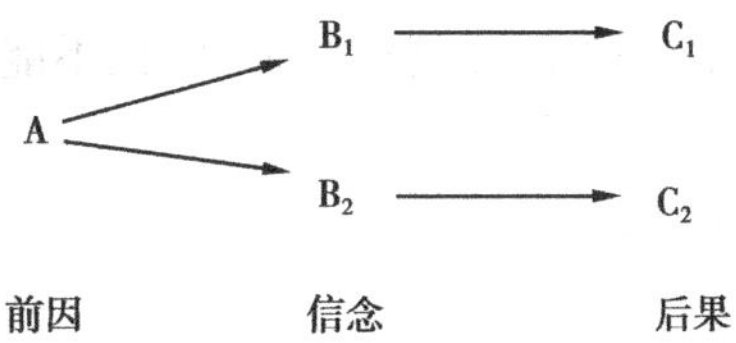

结论：事物的本身并不影响人，人们只受到事物看法的影响。

归因重塑项目中，参与者学习监控坏事引起的情绪变化，他们每次遇到坏事时就进行ABC分析。A（Activating Events）代表诱发事件；B（Beliefs）代表个体对这一事件的看法、解释及评价，即信念；C（Consequences）代表继这一事件后，个体的情绪反应和行为结果。这就是ABC模式,引起人们情绪困扰的并不是外界发生的事,而是人们对事件的态度、看法、评价和解释等认知内容,因此要改变情绪困扰不是致力于改变外界事件,而是应该改变认知,通过改变认知,进而改变情绪。

真真和梅梅遇到同样不愉快的事,但是结果却完全不同。不同点产生于她们所作的不同解释,导致最终两人的情绪感受大相径庭。对梅梅来说,这次旅行一点也不可笑。她觉得内疚和难过,因为她相信这次不幸事件是由于她的懒惰、愚蠢和没有远见所引起的。这些原因是永久性的。“所做的每件事都是一知半解,我就是这样的人。”真真能够改变她对此事的解释,使自己心情好转。相反,梅梅就无法从任何其他的角度来看这个问题。对她来说失败的假期更暗示了自己的无能。梅梅的想法就是悲观者的典型想法。每次事情不顺利,都归因为自己无法改变的事情。

因此,要使用该理论,最重要的是要明白以下几点:第一,引起情绪困扰的不是外界发生的事件(A),而是我们对事件的态度、看法、评价和解释等认知内容,是信念(B)引起了情绪及行为后果(C),而不是诱发事件本身。第二,要改变情绪困扰不是致力于改变外界事件,而是应该改变认知,通过改变认知,进而改变情绪。只有改变了不合理信念,才能减轻或消除我们目前存在的各种症状。第三,我们可能认为自己的情绪困扰与自己无关,此时最重要的就是意识到我们要对自己的情绪和行为反应负责,因为情绪困扰的原因在于我们自己,而不是事情本身。

综上可见,ABC理论的关键在于改变我们对于事件不合理的解释和想法(B),这样我们的情绪和行为反应也会随之改变,我们可以用更积极乐观的态度看世界。通常,我们的不合理信念可以归纳和简化为以下三大类:绝对化的要求、过分概括化和糟糕至极。

绝对化的要求是指个体以自己的意愿为出发点,认为某一事物必定会发生或不会发生的信念。过分概括化是一种以偏概全的不合理的思维方式,就像是以一本书的目录来判定它的好处一样。它是个体对自己或别人不合理的评价,其典型特征是以某一件或某几件事来评价自身或他人的整体价值。糟糕至极是一种把事物的可能后果想象、推论到非常可怕、非常糟糕,甚至是灾难性结果的非理性信念。如一次重要的考试失败后就断言“自己的人生已经失去理论意义”,一次失恋后就认为“自己再没有幸福可言了”,几次求职被拒后就恐慌“自己今后再也找不到工作了”,等等。因此,面对不好的事情,人们应该努力接受现实,在可能的情况下去改变这种状态,而在不能改变时学会如何在这种状态下生活下去[①]。

① 郭念锋.国家职业资格培训教程心理咨询师(三级)[M].北京:民族出版社,2012.

表 3.1　埃利斯总结的 11 类不合理信念及相应的分析

序号	不合理信念	对应的分析
1	每个人绝对要获得周围环境尤其是生活中每一位重要人物的喜爱和赞许。	这个观念实际上是个假象，是不可能实现的事。因为在人的一生中，不可能得到所有人的认同，即便是父母、老师等对自己很重要的人，也不可能永远对自己持一种绝对喜爱和赞许的态度。因此如果他坚持这种信念，就可能千辛万苦、委曲求全以取悦他人，以获得每个人的欣赏；但结果必定会使他感到失望、沮丧和受挫。
2	个人是否有价值，完全在于他是否是个全能的人，即能在人生中的每个环节和方面都能有所成就。	这也是一个永远无法达到的目标，因为世界上根本没有十全十美、永远成功的人。一个人可能在某方面较他人有优势，但在另外方面却可能不如别人。虽然他以前有过许多成功的境遇，但无法保证在每一件事上都能成功。因此，若某人坚持这种信念，他就会为自己永远无法实现的目标而徒自伤悲。
3	世界上有些人很邪恶、很可憎，所以应该对他们做严厉的谴责和惩罚。	世上既然没有完人，也就没有绝对的区分对与错、好与坏的标准。每个人都可能会犯错误，但仅凭责备和惩罚则于事无补。人偶然犯错误是不可避免的。因此，不应因一时的错误就将他们视为“坏人”，以致对他们产生极端排斥和歧视。
4	如果事情非己所愿，那将是一件可怕的事情。	人不可能永远成功，生活和事业上的挫折是很自然的，所以一经遭受挫折便感到可怕，就会导致情绪困扰，也可能使事情更加恶化。
5	不愉快的事总是由于外在环境的因素所致，不是自己所能控制和支配的，因此人对自身的痛苦和困扰也无法控制和改变。	外在因素会对个人有一定影响，但实际上并不是像自己想象的那样可怕和严重。如果能认识到情绪困扰之中包含了自己对外在事件的知觉、评价及内部言语的作用等因素，那么外在的力量便可能得以控制和改变。
6	面对现实中的困难和自我所承担的责任是件不容易的事情，倒不如逃避它们。	逃避问题虽然可以暂时缓和矛盾，但问题却始终存在而得不到解决，时间一长，问题也便会恶化或连锁性地产生其他问题和困难，从而更加难以解决，最终会导致更为严重的情绪困扰。
7	人们要对危险和可怕的事随时随地加以警惕，应该非常关心并不断注意其发生的可能性。	对危险和可怕的事物有一定的心理准备是正确的；但过分的忧虑则是非理性的。因为坚持这种信念只会夸大危险发生的可能性，使人不能对之加以客观评价和有效地去面对。这种杞人忧天式的观念只会使生活变得沉重和没有生气，导致整日忧心忡忡，焦虑不已。
8	人必须依赖别人，特别是某些与自己相比强而有力的人，只有这样，才能生活得好些。	虽然人在生活中的某些方面要依赖于别人，但过分夸大这种依赖的必要性则可能使自我失去独立性，导致更大的依赖，从而失去学习能力，产生不安全感。

续表

序号	不合理信念	对应的分析
9	一个人以往的经历和事件常常决定了他目前的行为,而且这种影响是永远难以改变的。	已经发生的事实是个人的历史,这的确是无法改变的。但是不能说这些事就会决定一个人的现在和将来。因为事实虽不可改变,但对事件的看法却是可以改变的,从而人们仍可以控制、改变自己以后的生活。
10	一个人应该关心他人的问题,并为他人的问题而悲伤、难过。	关心他人,富于同情,这是有爱心的表现。但如果过分投入他人的事情,就可能忽视自己的问题,并因此使自己的情绪失去平衡,最终导致没有能力去帮助别人解决问题,却使自己的问题更糟。
11	对人生中的每个问题,都应有一个唯一正确的答案。	如果人找不到这个答案,就会痛苦一生。人生是一个复杂的历程,对任何问题都有完美的解决办法是不可能的事。如果人们坚持要寻求某种完美的答案,那就会使自己感到失望和沮丧。

在改变这些不合理信念时,最常用到的方法是与之辩论揭示出你的想法的不正确性,并向自己证明你的想法是夸大其词或是根本错误的,然后,不合理的信念就会越来越少地出现。对不切实际的解释最有效的挑战工具就是自我反驳。

比如,针对绝对化要求的观念,你可以直接问自己:“有什么证据表明你必须成功?”“别人有什么理由必须友好地对待你?”“事情为什么必须按照你的意志来发展？如果不是这样,那又会怎样?”等等。对于以偏概全的观念,可以这样提问自己:“你怎么证明自己是一个一无是处的人?”“你怎么就毫无价值了?”“你能保证每个人在每件事情上都可以不出差错吗？如果他们做不到这点,那有什么理由表明他们就无药可救了?”等等。对于糟糕至极的观念,相应的问题可以是:“这件事到底糟糕到什么程度了?”“你怎么证明你真的受不了了?”等等。

一般来讲,要放弃自己固有的信念很难,我们经常会寻找各种理由为自己辩解。这就需要我们时刻保持清醒、客观、理智的头脑,通过不断重复的辩论,让自己维护的信念理屈词穷。一般从“按你所说……”,推论“因此……”,再推论到“因此……”,即所谓的“三段式”推论,甚至产生谬误,形成矛盾。这样不得不承认的矛盾,迫使求助者改变不合理信念,最终建立合理信念。因此,ABC 理论也被扩展为 ABCDE 理论。D(Disputing)指对个体的不合理信念进行辩论;E(Effecting)指辩论后的效果。

表 3.2　合理自我分析报告步骤

基本步骤	具体分析
事件 A	失恋,女友/男友离开自己和别人好。
情绪 C	抑郁和对女友/男友的怨恨。
信念 B	我那么爱她/他,可是她/他却不再爱我,做出这样的事,真是太不公平,太让我伤心了。

续表

基本步骤	具体分析
驳斥 D	①有理由要求她/他必须爱我吗？难道仅仅是因为我曾爱过她/他？ ②我爱她/他那是我自愿的，她/他并没有强迫我这样做，那我有什么理由强迫她/他？难道这样对她/他公平吗？ ③她/他作出这样的选择一定有她/他的原因，我有什么权力要求她/他必须按照我的意愿做事？ ④如果我爱过她/他，就要她/他一定一直爱我，那简直是不可能的事。这种绝对的要求真是太不合理了。
新观念 E	①个人都有选择爱的权利，她/他可以去选择别人，而我也可以有新的选择。 ②要像希望别人如何对待我那样去对待别人。而不是我对人怎样，别人就必须对我怎样。 ③虽然互相爱慕相守一生是件好事，但并非每个人都能做到这一点，这就要看各人的缘分了。 ④感情上始终如一是值得赞赏的，但人的感情也会变化，不能要求事情必须按照自己希望的那样始终不变地发展下去。

通过这样多次的练习，改变自己平时没有注意的，对自己或对他人的不合理信念，不要让它控制了你的情绪生活。乐观不像节食，它很容易坚持下来的。改善你的情绪，改变你的解释风格，让你以乐观的态度积极看世界，你会发现你快乐了很多。

二、转移注意力

拿起一张空白的纸，然后在纸上重重地描上一个黑点。问问自己，你看到什么了？是只看到了纸上的黑点，还是黑点之外那么大一片待你续写的留白。悲观的人很容易只盯着黑黑的那一点，却看不见其他生活之美，而乐观的人眼界和心怀都更大。所以，请将你的注意力放在其他美好的白色空间，忽视那无伤大雅的小黑点。

做个小小的游戏吧。现在请你想象面前有一个巧克力蛋糕，旁边陪着冰激凌。两种美味相得益彰，让人垂涎。你可能发现自己无法一开始就不去想这个美味，但是你绝对有能力转移你的注意力。

再想一次冰激凌，想到了吗？流口水了吗？现在用手用力拍打桌子并大声说："停！"

那个冰激凌的影像消失了，对吗？

这是停止思维的一个简单有效的方法，许多人都用类似的方法停止或中断他们习惯性的思维。有的人大声摇铃；有的人随身带一张卡片，上面用红笔写着"停"；有的人在手腕上带一条橡皮筋，当他们开始悲观地胡思乱想时，就用橡皮筋弹自己。

如果你将这种方式与转移注意力的方法结合起来，那么效果会很好而且很持久。当你用橡皮筋或其他方法中断你的消极想法后，为了防止这个想法再回来，你要把你的注意力转移到别的地方去。演员在需要转换情绪时，也用这个方法。试试下面这个方法：拿起一个小物件，仔细地研究几秒钟，摸摸它、尝一尝、闻一闻，用手指弹它，听听它的声音，你会发现这种方式能加强你注意力的转移。

最后你可以利用消极想法的本质来对付反刍。这种消极想法就是要萦绕在你的心头，使你不能忘怀，照它的意思去做。当不好的事情发生时，安排一个时间去集中地想它。比如说，当一个念头一直在你的心中翻来覆去、阴魂不散时，你可以对自己说："停住，我不要现在想它，我要等到今晚6点再想"。

还有就是当消极的想法一出现，就立刻把它写下来。写本身就是一种发泄，"写"加上"以后再去想"会很有效。消极的想法利用反复思虑的特性提醒你它们的存在。如果你把它写下来，以后再去想它，它就失去了萦绕在你心中的目的，没有目的的东西是没有威力的，你会发现你将掌控它，而不是被其左右。在心理困境中，人的大脑里往往形成一个较强的兴奋灶。当兴奋中心转移了，也就摆脱了心理困境。

三、积极暗示

所谓暗示，是指一个人在不知不觉中接受了语言和行为的影响所产生的"认同"。暗示有积极消极之分，凡受到暗示使人增加力量、勇气、快乐和信心的是积极暗示，反之则是消极暗示。

1960年，哈佛大学的罗森塔尔博士曾在加州一所学校做过一个著名的实验。

新学期，校长对两位教师说"根据过去三四年来的教学表现，你们是本校最好的教师。为了奖励你们，今年学校特地挑选了一些最聪明的学生给你们教。记住，这些学生的智商比同龄的孩子都要高。"校长再三叮咛：要像平常一样教他们，不要让孩子或家长知道他们是被特意挑选出来的。

这两位教师非常高兴，更加努力教学了。

我们来看一下结果：一年之后，这两个班级的学生成绩是全校中最优秀的，甚至比其他班学生的分数值高出好几倍。

知道结果后，校长不好意思地告诉这两位教师真相：他们所教的这些学生智商并不比别的学生高。这两位教师哪里会料到事情是这样的，只得庆幸是自己教得好了。

随后，校长又告诉他们另一个真相：他们两个也不是本校最好的教师，而是在教师中随机抽出来的。

这其中是这样起作用的，大心理学家运用自己的权威有意暗示了老师，老师流露的兴奋和积极又不知不觉暗示了孩子及父母，孩子的心理接受了来自大心理学家、老师和父母的赞美、肯定和期待，他的上进心、理想和信心像注入了“激素”一样，情绪饱满，愉快活泼，积极勤奋，这就是“罗森塔尔效应”，也就是信任和期待的效应，积极暗示的效应。

上述的罗森塔尔效应告诉我们，对一个人传递积极的期望，就会使他进步得更快，发展得更好；反之，向一个人传递消极的期望则会使人自暴自弃，放弃努力。

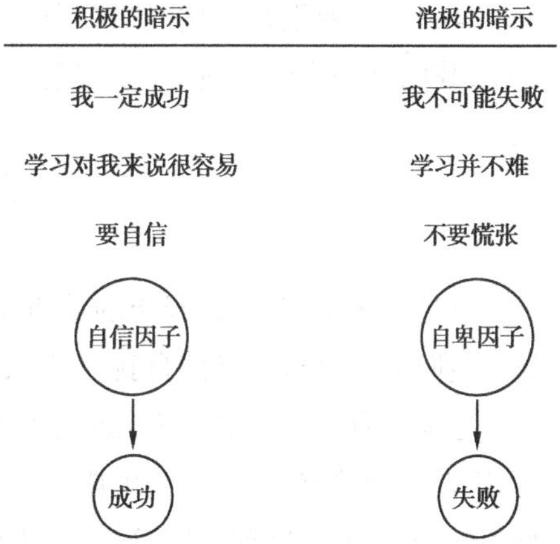

积极的暗示
消极的暗示
我一定成功
我不可能失败
学习对我来说很容易
学习并不难
要自信
不要慌张
自信因子
自卑因子
成功
失败

心理暗示不仅对人们的心理或行为发生影响，还会引起人们的生理变化。消极的暗示能扰乱人的心理、行为以及人体的生理机能；而积极的暗示能起到增进和改善的作用。古有“望梅止渴”，曹操这位历史上出色的军事家和政治家，有意无意间利用了心理学中十分重要的一种心理现象——暗示，用积极暗示的方法，让士兵“望梅止渴”，从荒漠中走了出来。而消极的心理暗示，却能让人失去生命，许多生机勃勃的人，一旦知道自己患了某种疾病后（特别是“不治之症”如癌症等），精神立刻萎靡不振、卧床不起、不思饮食，病情迅速加重，甚至在短时期内死去，其中很大部分原因就是由于消极心理暗示的缘故。给自己积极的心理暗示，你将拥有健康的自我。

走路时挺胸抬头，会觉得自己很有精神；出门的时候照照镜子整理好仪表，会对自身形象有个积极的评价；工作学习的时候整理好桌面，摆放好物品，让自己感到很从容很有条理；说话的时候清晰大方，让自己感到自信沉稳……这些看似微不足道的地方，其实都会不知不觉地影响你的精神风貌，这就是积极暗示的作用。

而消极暗示就像是心灵的腐蚀剂，让你情绪低落，产生自卑和自弃的心理，由此产生的作用也是不可估量的。

于丹教授在《百家讲坛》解读《论语》时，说过这样一个事情：英国网球明星吉姆·吉尔伯特小的时候曾经经历过一次意外。一天，她跟着妈妈去看牙医，这本来是个很小的事情，她以为一会儿就可以跟妈妈回家了。但是我们知道，牙病是会引发心脏病的。可能她的妈妈之前没有检查出来存在这种隐忧，结果让小女孩看到的是惊人的一幕：她的妈妈竟然死在了牙科的手术椅上！

这个阴影在她的心中一直存在着。也许她没有想到要看心理医生，也许她从没有想过应该根治这个伤痛，她能做的就是回避、回避、永远回避，在牙痛的时候从来不敢去看牙医。

后来她成了著名的球星，过上了富足的生活。有一天她被牙病折磨得实在忍受不了，家人都劝她，就请牙医到家里来吧，咱们不去诊所，这里有你的私人律师，私人医生，还有所有亲人陪着你，你还有什么可怕的呢？于是请来了牙医。

意外的事情发生了：正当牙医在一旁整理手术器械、准备手术的时候，一回头，吉姆·吉尔伯特已经死去。当时伦敦的报纸，记述这件事情时用了这样一句评价：吉姆·吉尔伯特是被四十年来的一个念头杀死的。

因此,生活中的我们要时刻给自己积极的心理暗示。在遭遇不顺和失败的时候,对着镜子笑一笑,试着对自己说:"这是最糟糕的情况了,不会再有比这更倒霉的事情发生了。既然最糟糕的事都已经发生了,那么以后就该否极泰来了"。这样做会给自己以信心,增强心中的安全感。不要把自己贴上"这不行、那不行"的失败"标签",告诉自己:"我可以,试一试也无妨,我的状态会越来越好"。反复多次,或许你会发现你的心情真的有所改变!

第四节　希　望

总是心怀希望的人,经历的挫折不比别人少,但发展了自己能迎接挑战、走出逆境的信念。他们坚持进行积极的自我对话,更关注成功而非失败。

心中没有多大希望的人,遇到不可逾越的障碍,情绪就会按一个相对可预测的模式变化:从希望到愤怒,从愤怒到失望,从失望到绝望。心中有较大希望的人,遇到看似不可解决的、定义模糊的大问题,就会试着把大问题分解成一个个能够解决的明确的小问题。

一、希望

"希望"常常被挂在嘴边,它是与乐观密切相关的一个概念。它是个体对于一事的渴望与坚持,并且设法去达到目标的行动过程。根据 Rick Snyder 教授的理论,希望是一种目标导向的思维,它包含个人对自己有能力达到目标的有效途径的认知与信念(路径思维)和个人对自己激发沿着既定目标前进的必要动机的认知及信念。简单来说,他认为希望包含两个重要部分:能力和动力。

我们是否抱有希望是由我们解释风格的两个维度决定的:普遍性和永久性。为不幸的事找到暂时的和特定的原因是获得希望的艺术。暂时的原因限制了无助的时间,而特定的原因将无助限制在特有的情境中。反过来说,永久性使无助感延伸到未来,而普遍性使无助感扩散到你生活的各个层面。为不幸的事找永久性和普遍性的原因是在练习绝望。

对挫折采取永久性和普遍性解释风格的人容易在压力下崩溃,这个崩溃是长期的,而且是全面的。当他碰到压力时就容易垮掉,而且很难东山再起。但如果他对坏事的解释是暂时的、特定的,那么当他遇到挫折时,他会很快重新振作起来,当他成功时,他会继续努力。因此,希望是非常重要的。

1982 年 12 月 4 日,尼克·胡哲出生于澳大利亚墨尔本。他天生没有四肢,只在左侧臀部以下的位置有一个带着两个脚指头的小"脚"。尽管身体残疾,但父母并没有放弃对他的教育。胡哲的父亲是一名工程师、母亲是一名护士。在他 6 岁时,父亲教他如何用身体仅有的“小鸡脚”打字。而母亲则为他特制了一个塑料装置，好让他学会“握笔”写字。8岁时，胡哲的父母把他送入小学。因身体残疾，胡哲饱受同学的嘲笑和欺侮。10岁时，他曾试图在家中的浴缸溺死自己，但没能成功。

在胡哲19岁的时候，他打电话给学校，推销自己的演讲。被拒绝52次之后，他获得了一个5分钟的演讲机会和50美元的薪水，开始演讲生涯。

2003年，胡哲大学毕业，并获得会计与财务规划双学士学位。2005年，出版DVD《生命更大的目标》。同年胡哲被提名为“澳大利亚年度青年”。2008年，胡哲担任国际公益组织“Life Without Limbs（没有四肢的生命）”总裁及首席执行官。同年出版DVD《我和世界不一样》。2009年，出版DVD《神采飞扬》。在2008—2009年，胡哲两次来到中国演讲，在清华大学、首都师范大学和复旦大学举行演讲。2010年，出版自传式书籍《人生不设限》。

尼克·胡哲通过难以置信的勇气、智慧的头脑、对生命坚定的信仰、风趣的幽默感将自己克服困难的故事传递给大家，最终成为一名励志演讲大师。在尼克·胡哲自己看来，所有的痛苦都是人生的宝贵财富，在他心中，自己所做的一切只要能改变一个人的生命，那么一切都是值得的。或许连他自己都不知道，他已经产生了多么大的影响力，他已经让数以万计原本消极对待生命的人，重新对生活充满希望。

目标、路径思维和动力思维是希望的三个重要概念。目标是希望的方向和终点。为了达到目标，个体必须意识到他们有能力找到实现既定目标的有效路径，包括实际有效的路径，以及对找到路径能力的感知，这个过程被称为路径思维。像“我肯定能找到解决问题的办法”这类内部语言，正是路径思维的表现。希望理论中的动机激发成分，就是动力思维。它反映出个体启动并沿着路径不断开拓进取的心理能量，以及对这种能量的感知和信念。具体的表现有“我能做到”“我一定要坚持下去”等内部语言。

二、希望的作用

Snyder教授认为个体的希望水平影响他面临问题所采取的应对方式，当个体认为解决问题的希望比较大时，我们会采取积极的应对；反之，如果希望水平低，则倾向于使用消极的应对方式。还有研究表明，希望能够帮助个体有效解决困难和帮助个体尝试更多的方式应对困难。在面对压力时，希望水平高的人倾向于使用更多积极的应对策略，有更少的不切实际的妄想、自我批评和社会退缩，表现出更多的求助意识和求助行为，因此也更容易尽快摆脱忧伤、焦虑、孤独等不良情绪。

国外大量定性和定量研究表明，希望能淡化疾病造成的痛苦和身体功能障碍；心理方面，希望能使人相信目前的处境能够改变，带给人面对困境的勇气；社会功能方面，希望有助于使患者维持生活，增强社会功能的适应性，获得较多的社会支持。同时国内通过对疾病患者进行希望水平的研究，结果发现，希望是疾病治疗过程中的一个重要心理功能，可使患者减轻痛苦树立信心，缓解应激状态，是患者应对疾病的重要策略。

基于希望理论,心理学家们提出了希望疗法。它通过灌输希望,树立目标,加强路径思维和动力思维,提高希望水平,是预防心理疾病、提高心理能量的有效手段。主要方法是帮助来访者形成清晰的目标,找出实现目标的多条路径,激励自己去追求目标,把障碍视作挑战。

三、希望的发展

希望是人类适应环境和应对环境的一种重要特征,它的发展有一定的阶段性,具体可概括如下:

0~1岁:婴儿产生了探索实现目标之路径的想法,开始学会表现他们的目标。

1~2岁:学会做出目标定向行为,开始尝试通过自己的努力达到期望的目标。并开始认识到,克服障碍的路径和方法,可以自己计划和主动实施。在成人帮助下,幼儿形成坚韧和充满希望的品质。

3~6岁:身心的发展使儿童能找出解决问题的途径,具备把各种计划付诸实施的能力。儿童开始意识到自己对目标的追求有时会帮助或阻碍他人对目标的追求,这帮助儿童在自己的计划中也考虑别人的愿望和想法。

童年中期和青春期前:身心的发展使青少年增强了谋划的复杂程度,以及紧随目标路径向前推进的能力,并在各种社会关系背景中实现目标。

青春期:抽象推理能力不断增强,这有利于复杂问题的解决。自主性的发展,亲密友谊的形成,职业计划的发展,也都给计划的过程,以及如何克服困难实施计划提供了机会和条件。

发展出了希望的个体,他们的父母一般也总是心怀希望,充当了他们的榜样。这些个体与父母形成了安全型依恋关系,父母为他们提供了一个良好的家庭环境,充满温暖,也立有规矩,严格按照规矩一致地、可靠地、公平地奖励或惩罚他们。

★实践练习:

想一想最近一段时间最让你心烦和悲伤的事情,然后利用ABC理论写下针对该事情的ABC分别是什么。接下来,与你不合理的信念(B)辩论,并且改变该信念,形成新的合理的观念(E),完成自己的合理自我分析报告。你会发现当你对该事件有了不一样的解读之后,你对事情的看法和心情也截然不同了。你甚至可以每天利用几分钟时间来完成你的ABC日记,写下这些事情,并坚持乐观地去解读这些事情,每天几分钟的习惯会大大地改变你!

第四章　积极情绪

没有一件东西是非好即坏的，但思维令其如此。

——莎士比亚

我们每个人都是情绪方面的专家，因为我们日复一日地体验着它们——悲伤、喜悦、恐惧、愤怒。它们就像呼吸一样自然和普遍，积极情绪对我们来说更熟悉，因为一般而言，绝大多数人感觉良好的时候比感觉不好的时候多。尽管积极情绪充满我们的生活，比如我们阅读的书籍以及我们观看的电影，但是在心理学中，诸如“爱”“喜悦”“感恩”等词汇也不仅仅是文学词汇，更是被精准定义和测量的科学术语，积极情绪亦是如此。

如果你正陷入消极情绪的泥潭中，你或许感觉火冒三丈、头脑发热、身体变得僵硬，身边的人也都躲着你走。对于它，我们天生没有抵抗力。

而积极情绪让我们感觉良好，改变我们的思维和我们的未来，抑制消极情绪。最重要的是，我们可以通过努力来改善自己的情绪，让我们更多地体验积极情绪。

第一节　积极情绪的概述

一、情绪与情感

情绪和情感是对客观事物与个人需要之间关系的体验过程，是人对客观事物是否符合自身需要而产生的态度体验。情绪和情感同认识活动一样，仍然是人脑对客观现实的反映，只不过反映的内容和方式上有所不同。但情绪和情感又有别于认识活动，它具有特殊的主观体验、显著的身体—生理变化和外部表情行为。

情绪和情感两个词常可通用，在某些场合它们所表达的内容也有不同，但这种区别是相对的。人们常把短暂而强烈的具有情景性的感情反应看作是情绪，如愤怒、恐惧、狂喜等；而把稳定而持久的、具有深沉体验的感情反应看作是情感，如自尊心、责任感、热情、亲人之间的爱等。实际上，强烈的情绪反应中有主观体验；而情感也在情绪反应中表现出来。通常所说的感情既包括情感，也包括情绪。

在个体发展中，情绪反应出现在先，情感体验发生在后。新生儿一个月内就出现了愉快、痛苦的情绪反应。他们最初的面部表情具有反射的性质，而随后发生的社会性情绪反应就带有体验的性质，产生了情感。

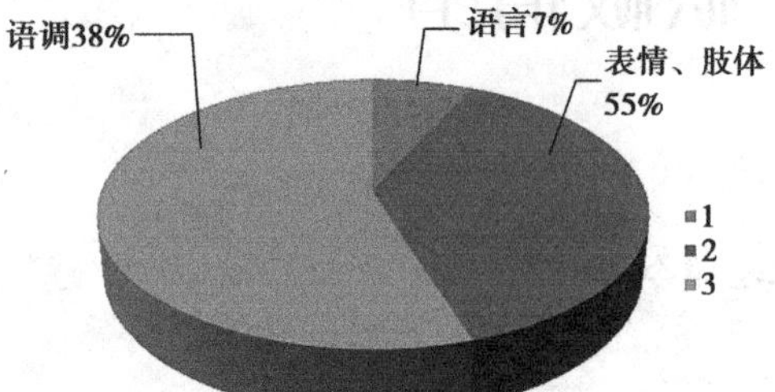

在母子交往中，母亲哺乳引起婴儿食欲满足的情绪；母亲的爱抚引起婴儿欢快、享受的情绪。当婴儿与母亲形成了依恋时就产生情感了。这种依恋具有相对稳定而平缓的性质。然而，已经形成的情感，常常要通过具体的情绪表现出来。对成人来说也是这样，爱国主义的情感，在具体情境下是通过情绪得到体现的。一个人对祖国的成就欢欣鼓舞，对敌人仇恨，这都是表达情感的情绪；而每当这些情绪发生时，又体验着爱国主义情感。

情绪以表情形式表现出来，包括面部表情、言语声调表情和身段姿态表情。面部表情是情绪表现的主要形式。面部表情模式是在种族遗传中获得的。面部肌肉运动向脑提供感觉信息，引起皮层皮下的整合活动，产生情感体验。表情对儿童认知和社会性发展以及对成人的交际具有重要的意义。

情绪的身体—生理反应是由中枢和外周神经系统以及内分泌系统的活动产生的。中枢神经系统对情绪起调节和整合的作用。大脑皮层对有关感觉信息的识别和评价在引起情绪，以及随后的行为反应中起重要作用。网状结构的激活是活跃情绪的必要条件。边缘系统的结构与愤怒、恐惧、愉快、痛苦等强烈情绪有关。自主神经系统与情绪的身体—生理反应密切相关。

神经系统和脑的化学过程对情绪的发生和变化有直接的影响。特别是脑垂体—下丘脑—肾上腺系统的活动，对情绪的调节起着显著的作用。脑垂体和下丘脑既参与中枢和外周神经系统对情绪的整合，又调节内分泌腺，特别是肾上腺的功能。

情绪和情感复杂多样，很难有准确的分类。荀子的“六情说”把情感分为好、恶、喜、怒、哀、乐六大类。R. 笛卡尔认为爱、憎、喜、悲、称赞、期望是基本的情感，其他情感是由这些情感派生的。B. 斯宾诺莎提出基本情感是喜、悲、愿望 3 种。一般认为愉快、愤怒、恐惧和悲哀是最基本的原始情绪。近年对情绪发展的研究以面部表情区分出 10 种基本情绪，它们是兴趣、愉快、痛苦、惊奇、愤怒、厌恶、惧怕、悲哀、害羞和自罪感。前 8 种在 1 岁内均已出现，后两种在 1 岁半左右才会发生。成人除基本情绪以外，还有许多复合情绪。例如对自己的态度有骄傲感与谦逊感；与他人相联系的有爱与恨、羡慕与妒忌；对情境事件有求知、好奇心等，都是两种以上基本情绪的混合。焦虑和忧郁等可能带有异常性质的情绪，也是几种基本情绪的合并或模式。焦虑包括恐惧、痛苦、羞耻、自罪感等成分；忧郁包括痛苦、恐惧、愤怒、厌恶、轻蔑和羞耻等成分。人类复杂的情绪情感蕴含着社会内容。

二、消极情绪与积极情绪

消极情绪是指在某种具体行为中,由外因或内因影响而产生的不利于你继续完成工作或者正常思考的情感。消极情绪包括:忧愁、悲伤、愤怒、紧张、焦虑、痛苦、恐惧、憎恨等。消极情绪的产生是因人因时因事而异的,产生的原因可能是,对"应激源"产生的错误反应,在工作、学习或生活中遭受了挫折,受到了他人的挖苦或讽刺等,或者莫名其妙的情绪低落等。

小故事

1965 年 9 月 7 日,世界台球冠军争夺赛在美国纽约举行。

刘易斯·福克斯以绝对优势将其他选手甩到身后。决赛时也非常顺利,已经胜利在望了,只要再得几分他便可以稳拿冠军了。可是,就在这时,一只苍蝇落在了主球上,于是他赶忙挥手将苍蝇赶走了。当他再次俯身准备击球的时候,那只苍蝇又落到了主球上,这时,刘易斯·福克斯的情绪发生了一些变化,他开始因这只讨厌的苍蝇不断落到主球上而生气。更让他生气的是,那只苍蝇仿佛是有意要与他作对,只要他一回到球台准备击球,那只苍蝇就会重新落到主球上来。

这时,刘易斯·福克斯的情绪恶劣到了极点,他终于失去理智,难以抑制的愤怒使得他突然用球杆去击打苍蝇,结果球杆触动了主球,裁判判他击球,他也因此失去了一轮机会。经过这一番折腾,刘易斯·福克斯一下子方寸大乱,在后来的比赛中连连失利,而他的对手约翰·迪瑞却越战越勇,迅速赶了上来并将其超越,最终赢了这场比赛。

第二天早上,人们在河里发现了刘易斯·福克斯的尸体,他投河自杀了!

可见,一个人的情绪有多么重要,它可能让你与机会失之交臂,也有可能让你重获新生。

积极情绪即正性情绪或具有正效价的情绪[①]。许多研究者对积极情绪给出过具体的描述或定义,如罗素曾提出"积极情绪就是当事情进展顺利时,你想微笑时产生的那种好的感受"。孟昭兰认为"积极情绪是与某种需要的满足相联系,通常伴随愉悦的主观体验,并能提高人的积极性和活动能力"。

情绪的认知理论则认为"积极情绪就是在目标实现过程中取得进步或得到他人积极评价时所产生的感受"。概括地说,积极情绪即正性情绪是指个体由于体内外刺激、事件满足

① 郭小艳,王振宏.积极情绪的概念、功能与意义[J].心理科学进展,2007,15(5):810—815.

个体需要而产生的伴有愉悦感受的情绪。

当你感到脚步轻快,止不住的微笑或者有一束暖融融的光线照在你身上时;当你感觉自己是那么的幸运而心理美滋滋时;当你感到完全的平和与宁静,真正地对自己觉得满意时;当你感到一种强烈的欲望去更多地探索和学习,将自己完全地投入到你的新发现中,并且享用一场新思想的盛宴时;当你经历挫折和不幸之后,你仍然相信生活会朝好的方向发展时;当你为自己感到骄傲,对自己的能力充满信心和自我肯定时;当你和其他人发现和激起了某种不可预见的些许幽默时;当你遇到真正的成就或美德,或是看到某个人表现得比你预期的还要好时;当你感到强烈的好奇和惊讶,真正地对你的周围环境感到惊叹时;当你享受挚爱的人陪伴的感觉,从而珍惜他们或是在他们的怀抱中笑容满溢时,这些让你不由自主地产生的情绪都是积极情绪,它们会打开你的心扉。

最初,人们经常把重点放在消极情绪上,因为最初心理学是以问题为取向。近来,心理学对积极情绪的兴趣开始于弗雷德里克森的研究。她并不是将积极情绪设定在消极情绪的研究模式里,而是指出我们应该充分重视积极的情绪,比如高兴、感兴趣、感到满足和爱意等。

积极情绪与消极情绪不仅仅是感觉上的不同,其机制也是不同的。比如消极情绪提醒我们注意环境的危险。当我们感受到消极情绪时,我们的反应选择会变得狭窄,我们会匆忙地去躲避危险。相反,积极情绪代表着安全,我们对积极情绪采取的内在反应,不是限制了我们的选择范围,而是扩大了选择的范围。积极情绪所起的进化性决定作用,不是表现在当前,而是表现在未来。

在一项具有代表性的研究中,弗雷德里克森证实了积极情绪体验者表现出了在认知能力上的变化,比如注意力的宽度更广了,工作记忆能力提高了,语言表达更流畅了,对知识的感受性也增强了。同时,积极情绪能够消除消极情绪所导致的生理学反应。

三、积极情绪类型

汤姆金斯认为积极情绪包括兴趣和快乐,拉扎勒斯认为愉快、自豪、希望和爱 4 种情绪为积极情绪。而弗雷德里克森在《积极情绪的力量》一书中详细地介绍了他所区分的 10 种积极情绪:快乐、感激、满足、兴趣、希望、自豪、逗趣、激励、敬佩和爱[①]。

(一)快乐

快乐、喜悦、愉快、高兴等的意义基本上是一致的,可以互换。快乐是在对环境评价为安全的和熟悉的情况下产生的一种情绪体验,事情的发展是按照个人的目标而进行的,甚至比你期待的更好,目前的形势不要求你付出多大的努力,这些都是引发快乐的条件。

---

① Barbara Fredrickson. 积极情绪的力量[M]. 北京:中国人民大学出版社,2010.

当你收到理想大学寄来的录取通知书时，你高兴得奔走相告；当你等来心中白马王子的告白时，你高兴得手舞足蹈；当你接到知名公司的面试电话时，你的喜悦掩饰不住；当你阅读远方友人的来信时，你脸上的笑容无比灿烂。

快乐的感觉，既明亮又轻松，周围的世界看起来更生动。你会脚步轻盈。你的脸被微笑照亮，散发着内在的光芒。你会觉得社会活动非常有趣，想参与进去，你想要接纳一切。

（二）感激

感激是人们在人际交往中的不同社交情境里，当接受别人的恩惠时，所产生的可能的情绪反应之一。它是个体由于接受他人善意提供的具有一定价值的恩惠，而诱发的一种愉快的、心怀感激而意欲报答的积极情绪。

你的导师，温和地给你提出建议，使你得以将自己的职业生涯调整到正确的方向；你的伴侣，在你最忙碌的日子里打扫卫生，准备晚饭，使你免于这些琐事；商店的一位售货员，在你退换有问题的商品时，表现得十分友善；你的朋友，在某天下午主动提出愿意陪孤单的你出去散散心。

或许，给你带来巨大利益的，甚至不是一个具体的人。我们体验到感激，可以是因为呼吸到清新的空气，拥有健康的身体，或许是拥有一个安全舒适的住所，让我们在疲惫的时候可以休息。任何时候，当我们常怀感恩之心面对身边的人和事时，感激就出现了。

不过，我们说当我们接受恩惠的时候，感激是我们可能的情绪反应之一，而另一个可能的反应便是：亏欠。如果你觉得你必须报答这个人，那么你就不是在体验感激了，你正体验着亏欠，而这往往令人觉得很不快。亏欠往往是以吝惜的方式作出回报。与此相反，感激则是毫不吝惜的、充满创意地给予回馈。这是一种交织着喜悦和由衷赞赏的真正的积极体验。

（三）满足

弗雷德里克森认为，当环境被评价为安全的，熟悉的自身不需要付出太多努力时，就会产生满足，也可称为宁静。满足能促使个体去体会他们当前的生活环境和最近的成功事件，整合近期的事件和成果使他们自己总在自我概念中。还有研究者认为，满足这种体验也不仅仅是被动的，而且它还能扩展个人的见解和世界观。

满足，它是当你叹着那长长的、舒爽的一口气时，感到目前的状况是如此舒服和顺畅；它是当你经过辛苦而有意义的一天后，躺在被林荫遮蔽的吊床上小憩的感觉；它是在一个明媚的早晨，随着大海的声音撞击脑海，凉爽的微风轻触肌肤，你在沙滩上散步的感觉；它是当你捧着一本好书蜷缩在沙发上，腿上趴着一只温暖的猫咪，身边放着一杯你最爱的清茶时的感觉；它是瑜伽练习中的放松体式那样，沉入心灵之中的感觉。

满足让你想要坐下来，沉浸到里面。这是一种聚精会神的状态，带着这样一股冲动，去品味当前的感觉。弗雷德里克森认为满足是夕阳余晖式的情绪。它往往紧接着其他形式的积极情绪而来，比如喜悦、自豪、逗趣和敬佩。

(四)兴趣

兴趣和好奇、疑惑、兴奋或惊奇往往具有一致的情绪信息意义。当环境被评价为安全的,有新奇性的,并伴有一种可能性的神秘感时兴趣就产生了。它需要意志的努力和注意的参与,用一种带着可能性和神秘性的感觉将你填满。你完全被吸引了,被牵引着去探索,将自己沉浸于你正在接触的事物当中。

当你在树林里看见一条新路,你就想找出它通向哪里;当你发现了一套能提升你能力的新挑战,无论是烹饪还是舞蹈,你都会乐此不疲地投入其中;当你发现了一本充满新观点的新书,你就会废寝忘食地去阅读;当你看到一家店人满为患时,你甚至会通宵达旦地排队预订。

当你感兴趣的时候,你会感到心胸开阔和充满生机。你能够实实在在地感觉到,你的视野此时此刻正在扩大,而你自身的可能性也正与它同行。兴趣的强烈牵引力召唤着你去探索,去接纳新的观点,去了解更多。

(五)希望

如果一切都已经按照你希望的方式发展,那么你基本上就没有什么需要希望的了。也就是说,希望不像其他积极情绪,它并非在你感到安全和满足的时候出现,是在你境况紧迫的时候发挥作用,比如事情的发展对你不利,或者是关于事情将如何发展存在着相当的不确定性。希望就是在这样绝望的情况下产生的,害怕最糟的,却渴望更好的。

当你感到充满希望和乐观,受到一个美好结果的可能性的鼓舞时;当你面临不确定性,你对最坏的结果感到恐惧,却又在某种程度上仍然相信事情会往好的方向发展时;当你真真切切地渴望某些更好的情况发生时;当你发掘你的创造性为一个更好的未来作出努力时,这些都是你对未来充满希望的体现。

希望是无论你的处境是多么恶劣和不确定,你仍然相信事情能够有好转的机会。它支撑着你,让你免于在绝望中崩溃,它激励你发掘自己的能力和创造性来扭转局面。

(六)自豪

当我们应该为一些坏事情负责时,羞耻和内疚这些痛苦情绪就会占据我们的感受。而自豪恰恰相反,我们需要为一些好事情“负责”。可是我们经常听到“骄傲使人落后”,或者“骄兵必败”,这是不是很矛盾呢。其实任何情绪都可能过火,也许对于自豪尤其如此。如果任其泛滥,自豪就会变成骄傲自大。但是,当我们针对具体的情况,带着恰当的谦虚来调节时,自豪显然是一种让我们很惬意的积极情绪。

自豪因为你的成功而绽放,你投入了努力,并取得了成功。

它是一种完成一项房屋装修带给你的良好感觉:无论是购洗衣机,挑选家具,还是重新设计你的卧室;或者是当你在学校和工作中实现了什么时的感觉:考试得高分,在比赛中获胜,完成一笔销售或是发表了你的观点;又或者是,当你意识到你的帮助和友善的指导,对某个人产生重要影响时的感觉。

我们的成就和行为被社会或他人所重视，这让我们自豪，并且让我们有了这样一种冲动：想要与他人分享关于我们的成就，无论是通过语言还是姿态，或者是两者兼备。实验还证明，当人们感到自豪时，他们更有可能完成艰巨的任务，它点燃我们的成就动机。

（七）逗趣

逗趣和生活中的开玩笑、幽默意义相近，它能给你带来无限欢乐，生活中总有一些意想不到的事情让你忍俊不禁。

一个朋友在品尝你最新创作的菜品后，做了个有趣的鬼脸；你失误地指导你的孩子"先把牙齿吃掉，再刷饼干"；一位邻居与你分享他近来最喜欢的笑话；一个同事针对一天中最差的开会时机开玩笑。

我们事先并没有打算要从这些傻事中来获得快乐，而国外社会科学家们把这种情况描述为"娱乐性社会不协调"。其中有两点需要作重要说明：首先，逗趣是社会性的。虽然有时候我们也独自发笑，但那些笑只是我们的笑声的苍白演奏。事实上如同打哈欠一样，笑是有高度感染力的。其次，逗趣只有发生在安全的情况下才会是有趣的，而不是在危险和具有威胁的情境中。如果你的朋友是因为生病咳嗽而面部扭曲，那这个时候别人的笑就具有冒犯性，你就不会觉得有趣了。

由衷的逗趣带来抑制不住的冲动，使你想要发笑，并与他人分享你的快乐。分享笑声表明，你发现你目前是安全和轻松的，并且你想要利用这个得天独厚的时机来与人建立联系。

（八）激励

激励是你被真正的卓越而启发和振奋。它能激励你集中注意力，温暖你的心，并吸引你更加进入状态。它不仅仅只是感觉很好，它让你想表达什么是好的，并亲自去做好事。

也许，你看到同事从他紧迫的时间表中抽开身，耐心地帮助一位迷路的老人在医院的迷宫里找到他的目的地；或者你阅读一位似乎看见了人类灵魂深处的诗人的作品；或者你目睹你的榜样做着他最擅长的事情。

当你看见别人做事格外出色时，可能产生的反应不只是激励，还可能是怨恨或嫉妒。也就是说，当我们看见卓越的成就，也可能产生消极的反应。比如发牢骚、嘲笑、诋毁别人，或是因为自己没有做到同样出色痛贬自己。对于卓越，你以积极情绪还是消极情绪作出反应，完全取决于你自己的选择。而你作出的选择将决定你踏上一种良性循环还是一种恶性循环。

（九）敬佩

它在你大规模地邂逅善举时产生，与激励的关系密切。你被伟大的人和事给彻底征服了，相比之下，你感觉到了自己的渺小和谦卑。对于所遇到的人和事，你面临着吸收和容纳他的挑战。

有时我们敬佩大自然，像是惊叹于大峡谷中的夕阳，或是看到、听到和感受到海浪拍击、冲蚀海岸线上岩石峭壁的力量。其他的时候我们敬佩人性，例如，当我们看到宇航员迈出他在宇宙中的第一步时，或是看到贫困又平凡的老人，将他所有的财产都捐给贫困大学生时，我们的内心被久久激荡。

作为积极情绪的一种形式，敬佩有时也让我们闻到了消极情绪的味道。当我们目睹台风或者看见汹涌而来的洪水时，敬佩和恐惧掺杂在一起。敬佩，就像感激和激励一样，让我们试图自我超越。

（十）爱

许多理论认为，爱不是一种单一的情绪，通常人们体验的都是各种不同的爱，比如浪漫激情的爱，伙伴的爱，照顾者的爱，依恋的爱等。它是所有这些快乐、感激、满足、兴趣、敬佩等积极情绪转变而来的。当这些良好的感觉与一种安全的，并且往往是亲密的关系相联系，扰动我们的心理时，我们称为爱。

因为最初特别的吸引力，你对某个人的一言一行都产生了浓厚的兴趣。你们一起分享逗趣，并一起欢笑。随着你们之间关系的建立，他带来巨大的快乐，甚至也许超出了你的期望。你们开始一起分享对未来的希望和梦想。随着关系变得更加牢固，你沉浸在相爱的安全感所带来的温馨的满足中。你感谢你的挚爱为你的生活所带来的快乐；你为他的成就感到自豪，就像成就是你自己的一样；你被他良好的品质所激励；并且你可能敬佩使你们俩走到一起的力量或缘分。这些时刻中的每一点一滴，都可以被描述为爱的瞬间。

爱是一种独特的非语言表现，他也改变了我们身体里的化学反应，比如它提高了催产素和黄体酮的水平，这些生理反应是与终身的牵绊、信任以及亲密相联系的，这正是你心中爱潮涌动的时候。

第二节 积极情绪的作用

一、扩展—建构理论

扩展—建构理论解释了积极情绪的进化适应价值，呈现了积极情绪促进个体向上发展的作用机制，其中扩展功能和构建两大功能是模型的核心部分。

（一）扩展功能

积极情绪能扩展个体即时的思维—行动范畴，包括扩展个体注意、认知、行动等的范围①。弗雷德里克森认为消极情绪、积极情绪均具有进化适应的意义。消极情绪能使个体在

① 高正亮，童辉杰. 积极情绪的作用：拓展-建构理论[J]. 中国健康心理学杂志，2010，18(2).

威胁情境中获益，当个体体验到生命受威胁时，消极情绪会使个体产生一种特定行动的趋向（如体验到恐惧时，流经肌肉群的血液增加，从而为逃跑作好准备），并窄化个体的思维行动资源，从而使个体更加专注于即时的境况迅速作出决定并采取行动，以求得生存。而积极情绪具有完全不同的适应价值，当个体在无威胁的情境中体验到积极情绪时，会产生一种非特定行动的趋向，个体会变得更加专注并且开放，在此状态下，产生尝试新方法、发展新的解决问题策略、采取独创性努力的冲动。积极情绪通过促使个体积极地思考诸多行动的可能性的过程，从而扩展个体的注意、认知、行动的范围。此为积极情绪的“扩展”功能。例如兴趣，通常产生于安全且具有新奇、挑战和神秘的情境，会驱使个体对情境作出注意和努力，并激发个体探索的认知行动趋势，不断获取有利于目标实现的知识和经验。在此保持开放的过程中，新的想法、经验和行动极大地扩展了个体的思维和行动。

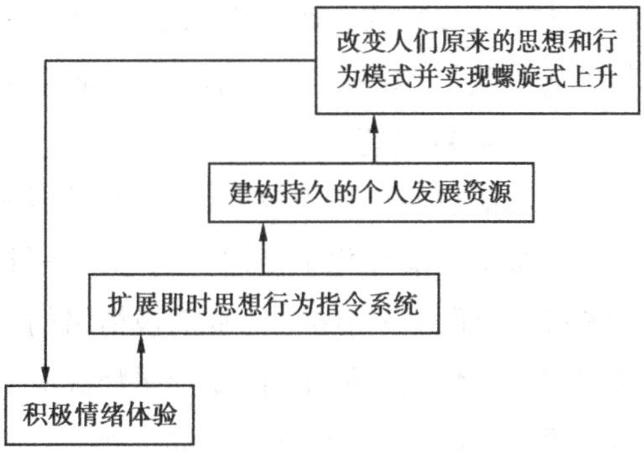

科学家利用眼动跟踪技术，已经重复验证，积极情绪扩展了人们的注意力。被试者在计算机屏幕上看图片的同时，一部摄像机以每秒钟60次的频率记录了他们的眼球运动以及他们头部作出的任何运动。通过随机分配，被试者或者被注入积极情绪，或者没有。每一幅图片都包括三张照片，一张放中间，两张放旁边。被试者自然地观看图片放映，随意地看他们感兴趣的任何东西，就像他们在看电视一样。通过追踪他们眼睛定向的位置，这些科学家们证实，在积极情绪的影响下，被试者更多地环顾四周，并更频繁地注视周边的照片。也就是说，积极情绪改变了你对生活的视野，它扩大了你的世界观，使你吸纳了更多东西。相反，在看这些令人厌恶的图片时，消极情绪应运而生，破坏了扩展的注意力。

积极情绪这样的扩展作用，带来的一个实际效果就是增加创造力，并且改变你与世界互动的方式。带着积极情绪，你的思想和行动将更加自发地浮现出来，你更加擅长计划前景和双赢的办法，你变得更善于建立持久的关系，吸引友善而不是怨恨。

（二）建构功能

积极情绪能构建个体持久的资源。消极情绪通过窄化个体的认知行动范畴使个体在战斗—逃跑的情境中获益，其收益是直接的、瞬时的；而积极情绪却能给个体带来间接的、长远的收益，它能够帮助个体建构持久的身体、智力、心理和社会资源，这种建构的功能是在“扩展”的基础上实现的。思维—行动范畴的扩展，提供了建设个人可持续的资源的机会。如快乐可出现玩耍的冲动，对某种动物的研究表明，幼崽在追逐的玩耍中经常会有爬上柔韧的树枝上的举动，而这一行为同样出现在成年个体在逃避肉食动物的追猎中，此即为构建身体资源的一个证据。玩耍同样可构建持久的社会资源，集体的玩耍，并同其他成员共享愉悦、兴奋，可增强个体的社会联结和依附，并成为日后社会支持的重要依据。对儿童的研究表明，玩耍可通过提高创造性水平而构建个体的智力资源并促进大脑的发育。已构建个体资源可以长期储存,以供日后的提取,从而改善个体在将来的应对和提高个体存活的机会。

当我们表达感激时,无论是用语言、好意,还是礼物的形式,这都滋养了我们的关系,帮助它们变得更坚固,更紧密。当你收到挚爱给你精心安排的情人节礼物时,你对爱人所表达的感激,能够让你们的关系持续更久;当你的大学新室友向你表达善意的微笑,而你也作出感激的回报时,你们会成为亲密的朋友;当你与他人一起分享你的快乐时,这会让你更加融入身边的世界中。积极情绪对于建构你的社会联系有惊人的效果。

除此之外,积极情绪,还能够建构良好的心智习惯以及心理优势,同时健康的身体也需要积极情绪作为建构基础。你一定听到过身边总有人被称赞"好年轻",在这些"好年轻"的人们背后,一定有个好心态。也就是说,在他们的生活中,像快乐、满足、感激之类的积极情绪是占绝大多数的。而从生物水平上来看,消极情绪导致细胞衰退,积极情绪促进细胞生长。这也就是"好年轻"背后的真正原因了。总之,积极情绪让我们变得更好。

(三)缓释功能

此功能也叫作撤销效应,并不是扩展—建构理论的主体部分,该部分由扩展功能衍生而来。消极情绪能窄化个体即时的思维—行动范畴,而积极情绪能扩展个体即时的思维—行动范畴,因而积极情绪可消解消极情绪的滞存影响,弗雷德里克森等称这种消解功能为积极情绪对消极情绪的撤销、修复和缓释效应。借助扩展个体即时的思维—行动范畴的作用,通过缓释和解除进行特定行动(如逃跑)的准备,放松了消极情绪引起的在个体躯体和精神上的束缚。积极情绪的缓释功能主要体现在两个方面:一是在消极情绪唤醒作用后,能通过修复使自主神经平静。诸如愤怒、恐惧、焦虑等消极情绪能唤醒个体的自主神经系统,导致心跳加快、心血管扩张、血压升高,积极情绪可以起缓释作用,使躯体平静。二是积极情绪可以在消极情绪体验后修复灵敏的思维。积极情绪可以放松消极情绪对个体思维的控制,促进个体探求思维和行动的新路径。

克里森做了一个实验。被试者被带到实验室,坐在舒服的椅子上,一名研究人员会将微型传感器贴在他们的皮肤上,以便随时追踪他们的心率、血压以及血管收缩的变化。当被试者慢慢适应这个有些陌生的情况以后,将继续追踪这些心血管指标几分钟。然后,再向他们施加一定的压力——研究人员要求这些被试者必须准备一个演讲来谈谈"为什么你是一个很好的人"。为了进一步构造心理压力,他们被告知会对他们的演讲进行录像,并让他们的同伴来进行评分。这时所有的被试者心血管都发生了变化,每个人都心跳加快、血压上升。

当达到让每个人都焦虑的目标后,真正的实验就开始了。接下来,研究人员让被试者将其注意力从演讲任务上转移到其他的事情上:一个简短的电影片段。研究人员准备了4个不同的电影片段,其中两个是积极的:一个通过展现海浪来唤起宁静和满足;另一个通过展现一只小狗与花朵玩耍来唤起轻微的逗趣。第三个片段是消极的,通过展现一个小男孩为所爱之人的去世而哭泣,来唤起悲伤的情绪。最后一个片段是中性的,只是一个老式计算机的屏幕保护程序，显示着色块运动的抽象画面。

对于实验所准备的两个积极电影片段，非常的简单，当人们在正常观看条件下观看时，也就是说，当他们没有为公开演讲感到焦虑时，这些电影片段是不会引起被试者心血管指标的任何变化。

而在实验中，只要电影片段一开始，就意味着他们摆脱了发表那个可怕演讲的困境。从电影片段开始的那刻起，研究人员就开始追踪被试者积极情绪的反应。结果发现，一部分人的心跳加速在几秒钟内就平息了，而另一部分人则需要一分钟以上才能平静下来。最终，被随机选中来观看积极片段的被试者，心血管恢复得最快；而观看中性和消极情绪片段的那些人，恢复得最慢。

由此可见，积极情绪可以平息和撤销消极情绪的心血管“后遗症”。当你面对压力和消极情绪时，你无法阻止心脏跳得更快、更剧烈。但是带着积极情绪，你可以约束这些反应，并很快恢复一颗平静的心。

（四）螺旋式上升

积极情绪同思维扩展、资源建构的关系并不是单向的，它们是相互影响、相互引发的，早期的积极情绪体验拓宽了个体的注意和认知，这有利于个体对逆境的应对和资源的建构，而良好的应对又预示着未来的积极情绪的产生。这是一个循环的过程，对个体发展而言，是朝着螺旋式上升的方向。通过不断的螺旋式上升过程，个体的心理幸福感不断提升，并实现个人的成长。

二、积极情绪的作用

（一）积极情绪与心理健康

1. 积极情绪能够提高主观幸福感

积极情绪扩展了心理活动空间，扩展了个体的瞬间思维活动序列，而心理活动空间的扩展增加了个体对于后来有意义事件的接受性，进而增加了体验积极情绪的机会和可能性。积极情绪体验不仅促进了挑战的应对，缓解了消极情绪，而且积极情绪的反复体验，增加了个体的心理弹性，提高了社会关系的质量，能够增进个体的主观幸福感。大量的有关压力与应对的研究发现，积极情绪促进了以问题为中心的应对策略的运用，而以问题为中心的应对策略能够促进压力的有效解决，进一步提高积极情绪的水平，促进主观幸福感。用“情绪体验取样法”研究也表明，在日常生活中报告的积极情绪或心境高于消极情绪或心境的个体具有更高的心理弹性，更有活力，生活得更幸福。

2. 积极情绪的表达能够促进心理健康

研究认为，所有积极情绪共享一种表情符号即杜兴式微笑——嘴角上翘并伴有眼周肌肉收缩。国外学者研究了在对死去的同伴进行描述时发现杜兴式微笑的人和非杜兴式微笑的人相比，前者报告了更少的消极情绪和压力，特别是更少的愤怒；同时他们报告了更多的积极情绪，特别是喜欢。研究结果表明，杜兴式微笑减少了人的痛苦而且使人能够更好地调整自己。也有学者在对女性情绪研究中发现，20～21 岁时照片上多杜兴式微笑的女性在 30 年后感到更多的幸福。许多研究也表明情绪表达对健康有显著的促进功能，特别是把积极情绪的内容写下来时，如运用积极情绪词汇记录比较温和的压力和创伤，有利于个体面对创伤和压力，使个体感受到更多的积极气氛和更少的抑郁心境。

知识窗

"杜兴微笑"是以纪念法国神经病学家杜兴·德·布伦而命名的。他对相貌如何产生面部表情感兴趣，并认为那与人的灵魂有直接关系。

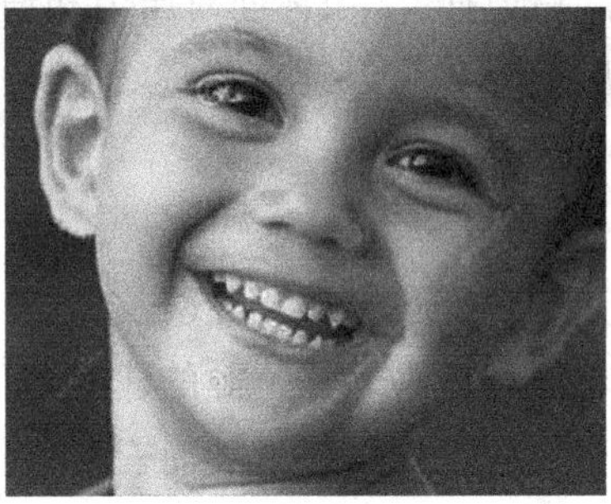

19 世纪，杜兴在治疗一个因为营养不良导致面部表情丧失的病人时，发现用电刺激面部的相关肌肉收缩能够产生特定的表情。比如刺激眼角与颧骨附近的肌肉运动组合，便使病人产生了微笑的表情，此后这被称作"杜兴微笑"。

再后来的研究表明，"杜兴微笑"——包括颧骨和眼周部分肌肉形成的微笑才是真正的微笑。当一个人发自内心地微笑时，眼角周围的肌肉收缩，产生"乌鸦脚似的"皱纹；而假笑只牵动颧骨附近的肌肉，使嘴角向上翘。尽管我们皱眉的时候也会使眼角周围的肌肉收缩，但是所运用的肌肉比起微笑来说要少得多。

（二）积极情绪与生理健康

积极情绪对于身体健康的重要意义也受到大量研究的关注，研究发现积极情绪对于疾病的预防和治愈起着重大的作用。

1. 积极情绪有利于身体康复

研究表明乐观和希望对于健康非常重要，在心脏移植手术后，积极的期望预示着更佳的健康。外科手术和其他疾病之后也发现乐观者比悲观者恢复得更快。在对失去配偶的人研究中发现，能发现生活意义、有积极情绪的人更能战胜以后的困难，生活的时间更长。

有一个老奶奶已经快 90 多岁了，心态特好。做完全子宫切除手术的第二天，一大早她就下地，忍痛坚持走到太阳底下，而和她同时做手术的其他病人，包括不少二三十岁的小姑娘，都还躺在床上嗷嗷叫！最后，老奶奶是术后恢复最快，也是出院最早的。快 90 岁的老人，却比一般年轻人痊愈更快，问起原因，她说主要原因是心态好："每天早上我一看到那灿烂的阳光，就觉得这世界特别美好，仿佛有使不完的力量。"这种力量支撑着她走出老伴过世的阴霾，支撑她在如此高龄顺利地做完手术，健康乐观地活到现在。

还有很多研究也证实了积极情绪在患者康复中的促进作用。比如，团体心理治疗项目就显示了社会和积极的情感支持对患有乳腺癌的女性有多种效果:降低焦虑和抑郁,延长存活时间和降低复发率。此外在疾病治疗当中众所周知的一个现象是当主要的病症消失之后,并不意味着完全的康复,疾病的复发率很高。有国外学者针对这一现象,在这一时期完成了一个"健康治疗",主要是增加参与者对日常生活积极方面的认识。两年的治疗表明参加治疗的人比接受正常医学治疗的人表现出了更低的复发率。这从另一方面也说明了积极情绪也是一种认知现象,因而可以从认知改变的方向去影响健康。

2. 积极情绪的预防作用

研究发现,积极情绪对于心血管疾病的预防具有重要的影响。乐观的、焦虑少的成人比悲观的、焦虑的成人表现出更低的不稳定血压和更多的积极心境。个体如果和父母一起生活在温暖和亲密的关系中,35 年以后,即中年诊断出疾病减少(如冠心动脉疾病、高血压、溃疡、酗酒)。大量的医学研究也显示了积极情绪对于疾病的预防能力,坚强、乐观、自信和冷静地对待疾病,可以通过大脑对丘脑、胸腺的调节,影响体内植物神经和内分泌的功能,增加细胞免疫、体液免疫和体内其他功能,从而增强体内抵抗疾病的能力。在情绪与癌症的大量实践中都证明了积极情绪不仅能有效预防癌症的发生,而且对于癌症的治疗以及降低复发率都有很明显的作用。有学者通过访谈研究发现,在心脏病人第一次心脏病突发时,如果想到了生命的意义,改变了他们的生活方式,变得能够乐观生活,后来心脏病发作的次数大大降低。

据美国"网络医学博士"报道,美国卡耐基·梅隆大学的心理学教授希尔顿·科恩的研究显示,那些快乐、热情、镇定的人,患传染病的几率较小。他们调查了 193 名健康人,发现情绪乐观的人感冒症状少,对上呼吸道疾病也有更强的抵抗力。"这是一种稳定的人格特征。人们不患感冒并非因为他们受到病毒侵袭的那天有多快乐。"科恩说。当一种想法出现,身体会随之发生一连串的生化反应。积极的态度会提高氧化亚氮的水平,让神经递质得到平衡,免疫力得到改进,从而预防疾病。

3. 积极情绪促进生理健康

积极情绪促进生理健康主要是积极情绪可以提高人的免疫系统功能,这主要体现在对主观幸福感以及笑和幽默的研究中。众多研究表明,人的主观幸福体验能够通过影响人的免疫系统来影响人的身体健康,与那些缺乏主观幸福感的人相比,一个主观幸福感体验更强的人,其免疫系统的工作也更为有效,更能确保人的身体健康。关于笑和幽默的研究表明,笑能增加人的积极情绪和增加免疫系统功能的改善,更重要的是,这种免疫系统功能的改善是通过积极情绪的主观体验来调节的,尤其对于老人。这表明通过笑这种行为产生的积极情绪能促进健康。与笑相联系的幽默更多地被视为一种认知结构。

人们常用幽默来应对生活中的压力,经常使用幽默来应对压力的人更容易有积极心境。而且,在应对压力时,经常使用幽默的人增加了唾液—免疫球蛋白 A 水平,是呼吸系统疾病的第一道防线。实验表明自我报告的积极情绪预示着唾液—免疫球蛋白 A 水平的提高,因而增强了免疫功能。这些结果表示能获得和维持积极情绪的人当面对生活压力时，可以通过笑、幽默来改善免疫系统功能，促进健康。另外，国外大量研究表明，积极情绪有利于长寿，他们研究发现具有积极情绪体验的、幸福的人的身体机能状况明显好于那些不具有积极情绪体验的、不幸福的人，幸福的人在65岁以后的寿命时间几乎是不幸福的人的两倍。

“积极的性格，如乐观、有活力、价值、主观生活质量满意度对人们来说极其重要。”心理学家斯科特·巴里·考夫曼博士在最近发表于《科学美国人》博客中的一篇有关乐观和心脏健康的文章中写道。

比如，感激也有益于心脏健康和免疫系统的功能，而且也被证明能够提高睡眠质量。研究表明，感激在很多方面改善我们的健康状况，因为它可以降低压力水平，压力是许多慢性疾病的主要根源之一。感激之情可以缓冲压力给健康所带来的负面影响，从而促进身体健康。

敬畏可以减少与自身免疫性疾病相关的炎症产物。加州大学伯克利分校的一项新研究表明，敬畏不仅使人愉悦，而且对个人的身体健康和心理健康极其有益。该研究发现那些最近有过敬畏感觉的人们体内的细胞因子和炎症标记物浓度降低，长期处于高水平的细胞因子和炎症标记物预示着自身免疫性疾病及其他疾病（如心脏病、阿尔茨海默病和抑郁症）的发生。这表明敬畏感能促使细胞因子处于更健康的水平。

第三节　积极情绪与消极情绪

一、消极情绪是必需品

从上一节的内容，我们可以看到积极情绪可以由内而外地改善我们的生活，让我们的感觉更好。但我们在乐观这一章中也讲过消极情绪的益处。所以，我们究竟该怎么做呢？多少的积极情绪才够？就像医生开药一样，我们也需要一个合理的配方。

想象一下，你在一个阳光明媚、鸟语花香的清晨醒来。首先你伸了伸懒腰，用几分钟的时间清醒了一下。然后你轻轻地推了一下你的配偶，并向他靠拢。你的配偶显然被你从沉睡中唤醒，他翻过身，不耐烦地推开你，并叫道：“你疯了吧，这才几点，让我睡觉！”你对配偶出乎意料的反应，微微一笑，从床上跃起，愉快地去洗漱了。洗漱完，你走到厨房去做早餐。你刚刚捧着一碗麦片坐下来，就发现你的老猫昨天晚上在你最喜爱的地毯上呕吐了。你就在那一堆呕吐物的旁边坐下来吃早餐。你对自己说，可怜的猫咪，我希望你现在感觉好一点了。至于这个地毯，脏了就脏了吧，反正它本来就不可能用一辈子。

上述的例子是在体验百分之百的积极情绪，这就像你把自己的脑袋埋在了沙子里，不现实也不真实。所以，百分之百的积极情绪体验，几乎是违背和否认人的天性的，也是不可能实现的。即使是最快乐的人，也会在失去他们所珍惜的某个人或某件东西时哭泣。他们也会因不公而愤怒，因威胁而恐惧。等他们看见令人作呕的事物或目睹人类暴行的时候，他们也会反胃。缺失了消极情绪，你会变得轻狂、不踏实、不现实。缺失了积极情绪，你则会在痛苦中崩溃。

二、积极率

根据弗雷德里克森的推荐，将积极情绪与消极情绪的比值称作积极率。这个比率是指一段时间内体验到的情绪频率而不是情绪的强度。

弗雷德里克森和他的朋友根据数学模型计算出来的积极率临界点在3∶1，他之后也作了大量数据研究，也证实与该比率相符合，但是该说法目前还有争议，这里仅作为参考。不过将积极率作为变量的研究，还是很多。研究主要集中在探究积极率与情绪稳定性、创造性、收入、教育、政治参与、风险行为与长寿等变量的关系。弗雷德里克森的研究表明，那些欣欣向荣的人们（即积极率大于3∶1的人们）确实和其他人在日常生活中的积极情绪体验是不同的。正是欣欣向荣人群相对多的积极情绪和由此增加积累的个人资源，能够为他们带来欣欣向荣的状态。根据统计检验，发现积极率较高者相对较低者可能会有一个更好的生命结果。还有研究发现，积极率在乐观与创造性中起到中介作用。

积极率这一指标，比起单一的用积极和消极情绪作评价指标，能更全面和生态地反映出个体是欣欣向荣还是衰落失败。在3∶1以下，积极情绪很可能是惰性的，被消极情绪的影响所淹没。也许只有达到3∶1以上时，积极情绪才拥有了足够的力量站起来，压倒消极情绪。

当然了，我们的积极率可以达到3∶1，4∶1，5∶1甚至更高，那是不是意味着我们需要无穷尽地扩大我们的积极率？答案是否定的。根据弗雷德里克森和他的朋友所建立的数学模型来看，积极率的上限是11∶1。但是这个临界点还有待现实生活中的数据进行检验，人们对于积极率的最佳范围在3∶1和11∶1之间的说法还有很大争议。不过我们不必纠结于具体的数值，但你可以试想一下，如果你在房间里跳得足够高，那你的脑袋会撞到天花板上。可现实是，无论我们寻求与否，消极情绪总有找到我们的办法。所以当我们试图竭尽全力跳到自己的最高水平时，我们仍然发现自己更接近的是房间的地板，而不是天花板。

在生活中的许多方面也是如此，更多的，不一定总是更好的，积极情绪过多也会产生问题。但是我们一定要记住，在我们情绪配方中，消极情绪是一个必要的组成部分。这里的消极情绪，并不是指所有的消极情绪，而是合适的消极情绪。

生活给了我们足够的理由去感到害怕、愤怒、悲哀以及别的很多情绪。如果没有消极情绪，你就成了盲目乐观的人，你脸上始终挂着小丑般的微笑，与现实失去了联系，你不是真实的，早晚，你会让别人远离你。

积极情绪和消极情绪的比例，就好像浮力和重力间不可思议的平衡。浮力是一种把你举向天空的无形的力量，而重力则是把你拉向地面的力量。不加抑制的浮力让你轻狂、不踏实和不现实;而不加抑制的重力,则让你在大堆的痛苦中坍塌。但是一旦这两者适当地结合起来,它们会让你振作、灵活、现实并为一切做好准备。

第四节　增加积极情绪

一、合理释放消极情绪

情绪是带有能量的,这股能量如果能有个合适的出口让它释放、宣泄出来,那么与之相应的情绪自然也会消失。

你有没有过这样的体验?当你遇见生活中的负面事件,引起了你相应的消极情绪时,你沉浸在整个过程当中,不停地回忆其中的细节。然后你告诉自己生气是不值得的,我不要再想了,你试图平复自己的情绪。但是你发现,等你去做其他事情的时候,这些消极事件和情绪,又会时不时地从你脑海里冒出来,扰乱你的心绪,越是不想这样却越是这样想了。因此,当你试图平复、压抑这些消极情绪时,只会适得其反。你应该给它提供一个合适的渠道让它释放出来,而显然,光在脑袋里想,不是个好办法。就像我们在积极自我这一章中所提到的一样,对于消极经历,想象只会让我们的感觉更糟糕,而将所经历的消极事件和消极感受写出来是合适并且有效的释放、宣泄方法之一。

林肯每次受了他人的气之后,都会利用自己手中的笔,一"写"为快。将发生的事情记下来,并写一封言辞激烈的信将惹恼自己的人数落一番。等到第二天,家人要为他发信的时候他却不让:"写信时我都已经出了气,何必把它发出去惹是生非呢。"他说这样做既不会伤害到使自己心情变糟的人,也不会让消极情绪在自己心中停留,岂不两全其美。

生活中难免会有些消极痛苦的情绪反应,我们也需要适当地发泄一下自己内心的积郁,使不快的情绪彻底排解。但是千万不要不分青红皂白地把自己的情绪发泄到他人的身上。

释放自己消极情绪的正确方法还可以有很多,比如:

倾诉——将我们所经历的事情娓娓道来,将我们的感受和盘托出。然后试着对事情的来龙去脉进行整理和分析,理一理我们为什么会有这样的情绪反应。我们选择倾诉的对象一定要是值得我们信任的,比如亲人、朋友、老师或者心理咨询师等。通过这样对事情和情绪的整理和分析,我们会让自己冷静下来,感觉更轻松。

运动——就像之前提到的,所有的情绪都是带有能量的,所以能量还有一个很好的释放渠道,那就是运动。有研究表示,缺乏运动是造成消极情绪的原因之一。而跑步可以作为释放消极情绪的运动的首选。因为有研究表明,我们消极沮丧的原因是脑神经中缺乏副肾髓质以外组织分泌出的荷尔蒙,而跑步时,该荷尔蒙增加,从而消除沮丧。美国威斯康星大学的教授运用跑步对沮丧病人进行治疗后得出结论:跑步是许多情绪消沉者的合理药方,因为它简单易行又不会引起副作用,还能强身健体。

哭泣——哭能排除人情绪紧张时所产生的化学物质,从而把身体恢复到放松的状态,缓和紧张的情绪。当你悲痛、悔恨、愤怒的时候你的身体是会产生一些有害物质的,而这些“毒”会在你哭泣时随着泪水释放出来。哭泣是愈合创伤的必要过程。

美国生理学家爱尔马不久前也做过实验,他收集了人们在不同情况下的“气水”,即把有悲痛、悔恨、生气和心平气和时呼出的“气水”做对比实验。结果又一次证实,生气对人体危害极大。他把心平气和时呼出的“气水”放入有关化验水中沉淀后,则无杂无色,清澈透明,悲痛时呼出的“气水”沉淀后呈白色,悔恨时呼出的“气水”沉淀后则为蛋白色,而生气时呼出的“生气水”沉淀后为紫色。把“生气水”注射在大白鼠身上,几分钟后,大白鼠死了。由此,爱尔马分析:人生气(10 分钟)会耗费大量人体精力,其程度不亚于参加一次 3 000 米赛跑;生气时的生理反应十分剧烈,分泌物比任何情绪的都复杂,都更具毒性。

释放消极情绪的方法还有很多,比如怒吼、画画、听音乐等,但是一定要在不影响和不伤害他人的前提下进行,这样的方式才是正确合适的方式。

二、反驳消极思维

“今天是 1 月 24 号,回家半个月了,我才写了一万多字。连着的这两天,我几乎没挤出一页,我要怎么完成这一章呢?白天我要带孩子,每次都只有等睡着了,我才能坐在电脑面前写作。如果继续这样的状态,在电脑前坐了一个又一个小时,却仍写不出几个字的话,那么就不能按计划完成书稿了。等到一开学,我就会更忙,那我永远也无法完成这本书了。一想到这,我就觉得很失败,我的喉咙变得越来越僵硬,胃痛,手指几乎没有力量来打字,我今天又毫无进展。”

你有过这样的感觉吗?没有赶上最后期限,或是没有按照自己设定的计划来完成任务。这也许是个工作目标,就像我的一样;或者是一个个人目标,比如买回清单上的全部食品,以便你能够为你的家人煮一顿美食;或者也许你站在体重秤上,发现自己长了 5 千克。无论发生什么原非本意、出乎意料的事情,消极情绪都能很快地失控,使你焦虑或抑郁。

实际上在我的例子当中,我的消极情绪是由我的消极思维所触发的。这两天的缓慢进展,让我对我的写作成果感到失望,我就笼统地概括为:我永远也写不完这本书。我完全否认了我已经完成的成果,感觉好像要想写出新的一页是没有指望了。我放大了我的挫折,而这些消极的思维,扭曲的逻辑,也扭曲了我的身体,使我难以呼吸。我变得极其缺乏写作动机,甚至我的手指都感到泄气。我把自己困在了一团焦虑、绝望和抑郁的糟糕之中。消极思维和消极情绪就这样相辅相成,把我拉入了它们的深渊。

我知道我不能继续这样陷入消磨生命的循环,那么一个最有利的方法就是反驳消极思维。我重新审视我的情况,会发生什么呢?以前,我发现我的思维最清晰、工作最有效率的时间是在晚上。所以每天晚上孩子睡着之后,我都会再工作两个小时。在最有效率的时候,一晚上能够写三四千字。而现在气温骤降,当我晚上坐在窗边电脑前,听着外面的北风呼呼地响,我连脑子都冻住了。于是,我把写作改在中午进行,仍按计划每天完成两千字左右,这样的速度足以让我按期完成我的任务。当我考虑到这些事实时,我的呼吸变得轻松了,打字速度也更快了。我觉得充满希望和活力,我允许自己有一些效率低的日子。

当你反驳消极思维时,你就只剩一点轻微的失望,它能让你带着希望继续奋勇向前;当你无法与之反驳时,你就沉浸在失望中,伴随着焦虑、绝望、羞愧、恐惧以及其他很多消极情绪,并在这些消极情绪的土堆中,没有容纳希望或是其他良好感觉的空间,这让你喘不过气来。

反驳你的消极思维,就像我们在乐观这一章中讲到的"与不合理信念辩论"一样,这并不是让你制止它们,把它们推出脑海或是粉饰它们。相反,这是让你对照现实来考虑它们,是实实在在地化解它们,形成全新的、积极的、合理的思维。

三、增加积极情绪

(一)打造你的幸福圈

生活中有没有什么事情是你很喜欢做的?你期待着周末一放假就要去享受一番,从繁杂的工作和生活中脱离,让自己充充电,重新充满能量地应对接下来的生活。运动让你酣畅淋漓,唱歌让你激情四射,读书让你冷静思考,旅游让你心旷神怡,你有让自己快乐幸福起来的清单吗?或者你有过这样的体验吗?当你去练歌房唱了一下午的歌之后,接下来的几天时间里,那些你唱过的歌的旋律始终在你脑海里回荡。你跟着这些曲调反复吟唱,连手头的工作都变得如此轻盈、高效。你感叹时间过得真快呀!试着列出你的清单,写下那些让你能充满能量,感受幸福的事情,然后周末将它付诸行动吧!

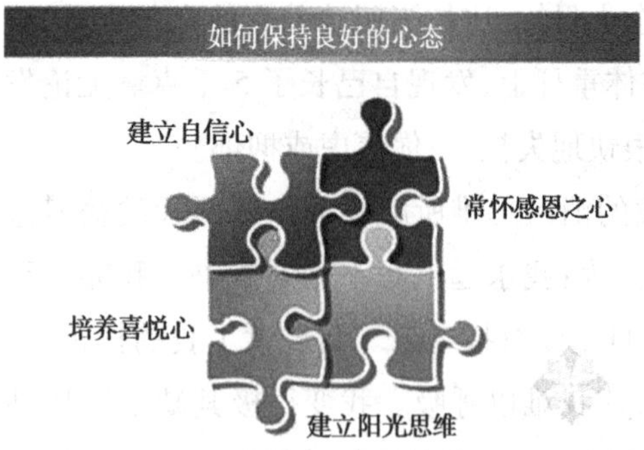
如何保持良好的心态
建立自信心
常怀感恩之心
培养喜悦心
建立阳光思维

除此之外,还有一点值得注意,那就是,真正到了假期,你真的这么做了么?我们经常犯的一个错误就是,真正到了那个时候,我们不是什么都不做,就是整天坐在电视机或电脑前。跟朋友约好的打球,临了你谎称自己受伤了;跟同事约好的聚会,你说自己搞忘了,等等。你很容易地给了自己一个理由"我太累了",与其积极地去追寻幸福,不如暂时地安逸一番。殊不知,完成一项令人愉快的任务才是最好的休息,因为,它不仅给你带来快乐和幸福的体验，更能给你带来旺盛的精力①。

想象一下，工作日一结束，我立刻从房间逃离出来。我要忙里偷闲地放松一下自己，调试一下自己。我去了熟悉的咖啡馆，却只要了一壶冰茶，那种沁人心脾的凉意浸透我的全身。在轻音乐的环绕下，随意翻翻当前最流行的时尚杂志。这种环境没有暧昧，身在其中感受到的是踏实，心灵就会得到小小的休憩。我心无旁骛，来到这里，工作与生活里那些杂七杂八的事不属于这里，不属于此时的我。远离压力，独自上街"吃吃喝喝"，已经成为多数年轻人减压的方式。在熟悉的城市寻觅一处任心灵短暂出逃的地方，虚度一下时光，是为了更专注地感受生活。

打造属于你自己的幸福圈，你可以试着去做一些日常的事情，比如，和家人朋友相聚、阅读等。你也可以做一些有新鲜感、可能改变生活的事情，比如去参加公益活动。将它们坚持下来，看这些事情能不能成为改变生命的动力，让它们成为习惯，成为你的幸福圈。这样，当你忙碌一周后，当你遇上悲伤洪流后，你也知道该往哪走可以让你再向幸福出发。

（二）善于感恩

你可以选择一些平凡的、普通的，甚至沉闷的事情，让他们迸出新的火花。让你日常生活中曾经看似被遮掩着，或是完全平凡的方面，作为名副其实的值得珍惜的礼物重演。

你每天乘公交车上学的路上，都会经过附近的店铺。也许你从来都没有真正注意过摆放在水果摊前的鲜花。但是有一天你注意到了，你意识到鲜花给人们带来喜悦。这些新花可能在今天晚些时候会被不同的人，买回家插进不同的花瓶里，带给人们不同的喜悦。但此时此刻，这满满的喜悦全都是你的。你欣赏着鲜花生动的颜色和浓郁的香气，你觉得生机勃勃，你的步伐加快了，你发现自己对每天都需要经过这个店铺而觉得感恩，你发现自己期待着看到每一天的新生活。当你日复一日地经过这家店时，你感受到了幸福。

感恩看似平凡的事物，所带来的收获可能在你的人际关系中更加显著。善意在人际关系中很普遍，以至于有时甚至会褪色成背景。然而，当你识别出并真正理解了别人对你的善意时，你会觉得感激。他们的体贴触动你的心，当你用语言或行动表达你的感情时，你不仅提高了自己的积极情绪，而且也提高了他们的，进而也加强了你们之间的关系。

泰勒本沙哈尔在哈佛讲课时曾讲过一个关于他的导师的例子。他的导师在20来岁时，离开以色列，在欧洲生活了几年，最后住在荷兰。过了一段时间后，他变得无家可归，住在一棵树下面，寒冬腊月，身无分文，也没有朋友，悲惨极了。他抑郁了几周时间，然而出于某种原因，他说，"好吧，我不如试试"。他拿出一张纸，在这张纸上，写下让他感激的一切。他写

① Tal Ben-Shahar. 幸福的方法[M]. 北京：中信出版社，2013：111.

下来的东西包括：贝多芬第五交响曲，因为他酷爱音乐；他写下在以色列的父母；他写下香草冰淇淋，至今仍是他的最爱；他想到家乡的朋友们……所有这些事，他写了长长的一个名单，写下世上让他感激的事物。他将那次经历视为他人生的转折点，为什么？因为他开始专注于别的事物，不再对无奈可悲的处境耿耿于怀，而是专注于各种可能和美好的事物。他现在五十几岁了，仍随身携带这张纸，虽已褶皱，但仍装在他的钱包里，提醒他世上有太多美好的事物。

想想我们所过的生活，就在200年前，谁有钱听最爱的音乐家的演奏，欣赏最爱的演员的表演，最爱的戏剧？谁有钱做那些事？只有皇室。即使是他们也不能随心所欲，只能看在城里的音乐家演奏，只能看逗留在城里的演员，而今天这一切都在我们的指尖上，在我们的手机和电脑上，想想我们的奢侈生活，皇帝和皇后也望尘莫及。

然而我们习惯了，我们适应了。有时这是件好事，因为我们也适应困难的经历，问题是我们如何在学会适应痛苦时，也能保持感恩之心。那就是要用心，思考我们拥有的美好的东西，不论是在朋友身上，或是在一部我们想看的电影中，我们不妨做一做这样的练习。

（三）表达并记录善意

另一个可以提高你的积极情绪，却简单而不费成本的方式，就是表达并记录你的善意。你的善意可以是对别人的赞美，或是帮助了别人，还可以是对别人的尊重，等等。这些善意的表达，对于接受者和施予者都有好处。所以当对你每一个善意的举动都保持日常统计时，你的积极情绪也会大大地提高。

你可能会觉得这种干预措施很可笑，我们不是经常提倡“做好事不留名”吗？但是当你发展出一种眼光来欣赏自己的善意时，你会注意到它的更多的方面。你会看到自己如此地友善，也会记得你的善意之举给他人带来的积极作用，这种相互作用还会促进你增加善意举动。“赠人玫瑰，手有余香”，你也因此有着更好更积极的情绪体验，甚至收获更多。

曾经有一个卖花的小姑娘在卖完大部分的花之后，发现天色已晚，所以决定早点回家，这时她发现手上还有一朵玫瑰花没有卖完，这时她看到路边有一个乞丐，于是就把那朵玫瑰花送给了乞丐，然后就开开心心地回家了！

也许你会觉得故事到此就结束了，但我要讲的故事才刚刚开始！

这个乞丐从来没有想过居然会有这么好的事情发生在自己身上，从来没有想过居然会有美女给自己送来玫瑰花，当真是太阳从西边出来了，也许乞丐从来没有用心爱过自己，也没有接受过别人对自己的爱。于是他做了一个决定，当天不行乞了，回家！

回到家之后，他在家里找出一个瓶子装上水，把玫瑰花插进去养起来，然后把花放在桌子上静静地欣赏着玫瑰的美丽。忽然他似乎想到什么，然后他马上开始把花拿出来，把瓶子拿去洗干净后再把花插进瓶子里！原来他突然间觉得，这么漂亮的花怎么能随意插在这么脏的瓶子上，所以他决定把瓶子洗干净，这样才配得上这么美丽的玫瑰！

做完这些工作后，他又坐在边上静静地欣赏着美丽的玫瑰，突然间他感觉这么漂亮的花和这么干净的瓶子怎么能放在这么脏乱的桌子上，于是他开始动手把桌子擦干净，把杂物收拾整齐！处理完之后他又坐在边上静静地欣赏眼前的一切，突然间他感觉到这么漂亮的玫瑰和这么干净的桌子怎么能放在这么杂乱的房间里呢？于是他做了一个决定，把整个房间打扫一遍，把所有的物品摆放整齐，把所有的垃圾清理出房间……突然间整个房间因为有了这朵玫瑰花的映射而变得温馨起来！这时他仿佛忘记了自己所在何处，正在陶醉时，突然发现镜子中反射出一个蓬头垢面、不修边幅、衣衫褴褛的年轻人，他没想到自己居然是这个样子，这样的人有什么资格待在这样的房间里与玫瑰相伴呢？

于是他立刻去洗了几年来唯一洗过的，也是第一次澡，洗完之后找出几件虽然显得有点旧，但稍微干净的衣服，刮完胡子之后，把自己从头到脚整理了一番，然后再照照镜子，突然间发现一张从未有过的年轻帅气的脸出现在镜子中！

这时候，他突然间觉得自己也很不错，为什么要去当乞丐呢？这是他当乞丐以来第一次这样问自己，他的灵魂在瞬间觉醒了，“其实我也很不错”，再看看房间中的一切，再看看这朵美丽的玫瑰，他当下立刻做出了一个人生中最重要的决定：他决定第二天不再当乞丐而是去找工作。因为他不怕脏和累，所以第二天他很顺利地就找到了一份工作，或许是因为他心中盛开的玫瑰花激励着他，随着他的不懈努力，几年后他成了一个非常有成就的企业老板！

若干年后，他终于寻找到当初送花给他的小姑娘，并把他一半的财产送给了小姑娘，不为别的，只为感激在他沦落为乞丐时送他的一朵玫瑰！

值得注意的是，表达善意的时机很关键。每星期在单独的一天里做几件大好事会好过把它们分散在整个星期当中的每一天。创造一个固定的“善意之日”，能让你感觉这不是例行公事或是司空见惯，你可以让你的善举新鲜而且不平凡。你可以选择，在一般日子里，对于善意进行一般表达，但是选择在特定的一天，将之提高到一个高得多的水平。比如专门用一天或一个下午来做志愿者工作，无论是每周一次或是每个月一次，都能产生很多的积极情绪。

（四）发挥你的优势

每天都有机会做自己最擅长的事情，凭着自己的优势行事，你能收获更多的积极体验。当你站在讲台上侃侃而谈的时候，当你耐心细致地为每一个人服务的时候，当你在舞台上生龙活虎的时候，当你在纸上奋笔疾书的时候，你的优势让你作出了突出的贡献。你看到别人会心的关注和微笑，你也感受到自己精力充沛，你的优势给你带来了一个高峰体验。

帕瓦罗蒂1935年出生于意大利的一个面包师家庭。他的父亲是个歌剧爱好者，他经常把唱片带回家听，耳濡目染，帕瓦罗蒂也喜欢上了唱歌。

小时候的帕瓦罗蒂就显示出了唱歌的天赋。长大后他依然喜欢唱歌,但是他更喜欢孩子,并希望成为一名教师。在师范学校学习期间,一位专业歌手收帕瓦罗蒂为学生。

临近毕业的时候,帕瓦罗蒂听从了父亲的意见,选择了当教师。但不幸的是,初执教鞭的帕瓦罗蒂因为缺乏经验而没有权威。学生们就利用这点捣乱,最终他只好离开了学校。于是帕瓦罗蒂决定发挥自己的优势——唱歌。

17岁时,帕瓦罗蒂就跟随合唱团在各地举行音乐会。他经常在免费音乐会上演唱,希望能引起某个经纪人的注意。可是将近7年的时间过去了,他还是无名小辈。眼看着朋友们都找到了适合自己的位置,也都结了婚,而自己还没有养家糊口的能力,帕瓦罗蒂苦恼极了。在一次音乐会上,他因为声带上长个小结,唱起歌来就像脖子被掐住的男中音,最终他被满场的倒彩声轰下了台。

失败让他产生了放弃的念头。但是想着自己在舞台上引吭高歌的感觉,他坚持了下来。

几个月后,他在一场歌剧中崭露头角,赢得了观众雷鸣般的掌声。随后他开始出唱片,担当男高音独唱者,名气节节上升,最终成为活跃于国际歌剧舞台上的最佳男高音。

当记者问帕瓦罗蒂成功的秘诀时,他说:我的成功在于我在不断的选择中选对了属于自己的那把椅子,在属于自己的平台上,我才能把优势发挥到最好。

在现实生活中,比起发挥自己的优势更难的是,很多人都不清楚自己的优势在哪里。一个可以用来了解你自己优势的很好的方法,是咨询对你比较熟悉的人,并让他们来描述处于最佳状态时的你。通过这个反映最佳自我的练习,你可以提取很多关于你高峰体验时的关键信息,这样你就能更加频繁地应用你的优势来重塑你的工作和日常生活。

★实践练习:

建立积极情绪档案袋。写下最近你在体验感激、满足、爱等积极情绪时,是具体在什么时候,发生了什么事,将与之相关的文字或图片存于你的档案袋。

比如今天我感受到了满足,有一种懒懒的就像享受当下的生活的感觉。我沐浴着阳光,手里拿着一本书,看着眼前的生活很符合我的期望和计划,因此我感到满足和惬意。写下这一切,还可以将这一刻用照片记录下来,最后保存在你的档案袋。当然,这个档案袋可以是纸质的也可以是电子档的,重要的是,丰富你的积极情绪档案袋,就像丰富你的财富一样!

第五章　积极自我

也许在每一天的早晨，我们都会面对我们自己，面对着镜子，看看我们自己，可是我们是否真的能看清我们自己呢？

每一天都在看自己，而后在某一个时刻突然停下来，再认真地看看自己，那是自己吗？为什么自己看起来那样的陌生呢？每次伫立在镜子前，只为了在这个陌生而又熟悉的面孔中，看清自己，看清一个真正的自己，更加深刻地去认识自己、了解自己。

自我，是一个"陌生的朋友"，既十分熟悉，又常常令人困惑。它是你"自己手中的东西"，然而我们往往对其熟视无睹，似乎它远在天边，神秘缥缈。

第一节　自我意识的概述

自我意识是一个人在社会化过程中逐步形成和发展起来的，对自我以及自己周围环境关系的多方面多层次的认知、体验和评价，是个体关于自我全部的思想、情感和态度的总和。包括认识自己的生理状况，如我的身高、体态、相貌是怎样的？也包括了解自己的心理特征，如了解自己的兴趣、爱好、气质、性格、能力等；还包括知道自己与周围环境及他人的关系等，如知道自己与周围人们相处的关系以及自己在集体中的位置和作用等。

一、自我意识的含义

自我意识是个体对自己身心状态及对自己同客观世界的关系的意识，包括对自己的生理状态、心理状态、人际关系及社会角色的认知。

小故事

有个叫张三的解差，押送一名生性狡猾的和尚服役，途中解差为避免出现闪失，就每天早晨把所有的重要的东西全部清点一遍。他先摸摸包袱，自言自语地说："包袱在。"又摸摸押解和尚的官府文书，告诉自己说："文书在。"然后他再摸摸和尚的光头和系在和尚身上的绳子，又说道："和尚在。"最后他摸摸自己的脑袋说："我也在。"

张三跟和尚在路上走了好几天了，每天早晨都这样清点一遍，不缺什么才放心上路，没有一天漏掉过。和尚对张三的一举一动都看在眼里。一天和尚灵机一动，想出一个逃跑的好办法。一天晚上，他们俩照例在一家客栈里住了下来。吃晚饭的时候，和尚一个劲儿地给张三劝酒："长官，多喝几杯，没有关系的。顶多再有一两天，我们就该到了。您回去以后，因为押送我有功，一定会被上级提拔，这不是值得庆贺的事吗？不是值得多喝几杯吗？"张三听得心花怒放，喝了一杯又一杯，慢慢地，手脚不听使唤了，最后终于酩酊大醉，躺在床上鼾声如雷。和尚赶快去找了一把剃刀来，三两下把张三的头发剃得干干净净，又解下自己身上的绳子系在张三身上，然后就连夜逃跑了。

第三天早晨，张三酒醒了，他迷迷糊糊地睁开眼睛，就开始例行公事地清点。他先摸摸包袱说："包袱在。"又摸摸文书说："文书在。""和尚……咦，和尚呢？"张三大惊失色。忽然，他瞅见面前的一面镜子，看见了自己的光头，再摸摸身上系的绳子，就高兴了："嗯，和尚在。"不过，他马上又迷惑不解了："和尚在，那么我跑哪儿去了？"

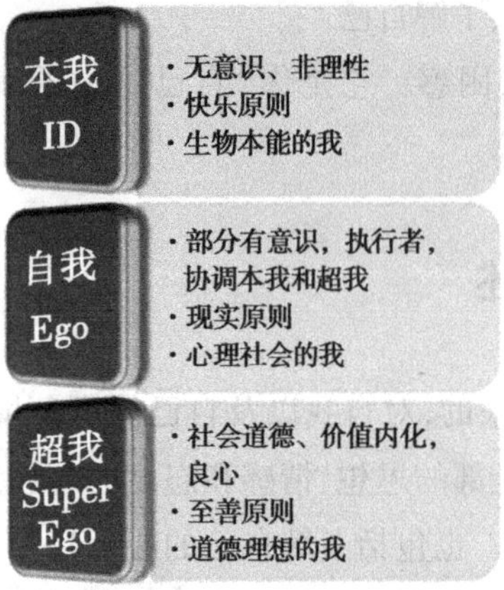

根据弗洛伊德的观点，"我"是由本我、自我、超我构成。"本我"是指本能的我、原始的我，在社会生活中表现出追求各种个人欲望的满足和追求个人利益实现的特征，它的行事原则是：快乐原则，怎么高兴怎么来。"自我"是指现实的我，它代表的是理性和常识，它的行事原则是：现实原则。"超我"是指理想的我，它是由社会道德文化所塑造的一种完美的我，它来自社会文化，是个体在成长经历中已经内化为自身价值观念的种种文化信念，其中以道德、信仰为主要内容，超我是个人化的社会道德原则。它的行事原则是：理想原则，以理想为目标。

根据人本主义罗杰斯的观点，自我可分为理想自我和现实自我。"理想自我"代表个体最希望拥有的自我概念、理想概念，即他人为我们设定的或我们为自己设定的特征。它包括潜在的与自我有关的、且被个人高度评价的感知和意义。而现实自我包括对已存在的感知、对自己意识流的意识。通过对自己体验的无偏见的反映及对自我的客观观察和评价，个人可以认识现实自我。罗杰斯认为，对于一个人的个性和行为具有重要意义的是他的自我概念，而不只是现实自我。

自我意识在个体发展中有十分重要的作用。首先，自我意识是认识外界客观事物的条件。一个人如果还不知道自己，也无法把自己与周围相区别时，他就不可能认识外界客观事物。其次，自我意识是人的自觉性、自控力的前提，对自我教育有推动作用。人只有意识到自己是谁，应该做什么的时候，才会自觉自律地去行动。一个人意识到自己的长处和不足，就有助于他发扬优点，克服缺点，取得自我教育积极的效果。再次，自我意识是改造自身主观因素的途径，它使人能不断地自我监督、自我修养、自我完善。可见，自我意识影响着人的道德判断和个性的形成，尤其对个性倾向性的形成更为重要。

二、自我意识的结构

(一)从表现形式看

自我意识可以分为自我认识、自我体验和自我调控①。自我认识是指主我对客我的认知和评价,包括对自己的身高、体型、样貌等外形特征的认识,对自己正在进行的记忆、分析、判断等的心理活动的认识,还包括对自己的言谈举止、仪态风度等外显行为的认识。比如,我是怎样一个人,为什么是这样的?自我体验是个体对自己怀有的一种情绪体验,即主我对客我所持有的一种态度。这种情绪体验既可以是正面的,比如自尊、自爱、肯定、接纳、优越感等,也可以是负面的,比如自卑、否定、不满意等。自我控制是个体对自己行为、思想和言语等的控制,即主我对客我的制约作用。自我控制有两个方面的表现,其一是发动作用,例如学生克服贪睡的欲望,晨起跑步早读。其二是制止作用,例如,身患感冒的学生,在上课时强行压制自己避免咳嗽。

小故事

山上的寺院里有一头驴,每天都在磨房里辛苦拉磨,天长日久,驴渐渐厌倦了这种平淡的生活。它每天都在寻思,要是能出去见见外面的世界,不用拉磨,那该有多好啊。

不久,机会终于来了,有个僧人带着驴下山去驮东西,他兴奋不已。到山下,僧人把东西放在驴背上,然后返回寺院。没想到,路上行人看到驴时,都虔诚地跪在两旁,对它顶礼膜拜。一开始,驴大惑不解,不知道人们为何要对自己叩头跪拜,慌忙躲闪。可一路上都是如此,驴不禁飘飘然起来,原来人们如此崇拜我。当它再看见有人路过时,就会趾高气扬地停在马路中间,心安理得地接受人们的跪拜。

回到寺院里,驴认为自己身份高贵,死活也不肯拉磨了。僧人无奈,只好放它下山。驴刚下山,就远远看见一伙人敲锣打鼓迎面而来,心想,一定是人们前来欢迎我,于是大摇大摆地站在马路中间。那是一队迎亲的队伍,却被一头驴拦住了去路,人们愤怒不已,棍棒交加……驴仓皇逃回到寺里,已经奄奄一息,临死前,它愤愤地告诉僧人:“原来人心险恶啊,第一次下山时,人们对我顶礼膜拜,可是今天他们竟对我狠下毒手。”

僧人叹息一声:“果真是一头蠢驴!那天,人们跪拜的,是你背上驮的佛像啊。”

(二)从心理成分看

自我意识可分为生理自我、社会自我和心理自我。生理自我又称为物质自我,指个体对自己生理属性的意识,包括个体对自己的身高、容貌、舒适感、病痛感等方面的意识,是一个人对自己身躯的认识,包括占有感、支配感和爱护感;社会自我指个体对自己的社会属性的

① 聂衍刚,丁莉.青少年的自我意识及其与社会适应行为的关系[J].心理发展与教育,2009(2).

意识,包括个体对自己在各种社会关系中的角色、地位、权利、义务、人际距离的意识等,主要是在家庭、学校、社会中所扮演的各种角色而形成的;心理自我就是个体对自己的心理属性的意识,包括对自己的人格特征、心理状态、心理过程、行为表现等的意识。

镜子测试是一个自我认知能力的测试,它基于动物是否有能力辨别自己在镜子中的影像而完成。该测试是由戈登盖洛普在1970年部分基于查尔斯达尔文的观察结果所提出的。在参观动物园时,达尔文向一只猩猩举起一面镜子,并记录了该动物的反应,包括作出一系列面部表情等。

戈登盖洛普基于这些观察制定了一个测试,试图通过判断动物是否能够辨别出它在镜中的像是它自己而判断其自我认知的能力。在实验中,实验者在动物身上标上两个无味的颜料斑点。测试斑点被置于动物身体上在镜中可见的部分,而对照斑点则放在动物身体上可触及但不可见的地方。科学家们观察到动物的许多反应可以显示它意识到测试斑点是在自己身上,而同时忽视对照斑点。这些反应包括转身和调整身体姿势以便更好地观察镜中的标记,或在看镜子的时候用肢体试图触碰自己身上的标记。

已经通过镜子测试的动物包括:人类及所有类人猿种(侏儒黑猩猩、黑猩猩、猩猩、大猩猩)、猕猴、瓶鼻海豚、逆戟鲸、大象和欧洲喜鹊。

(三)从自我观念的角度

自我意识分为现实我、投射我和理想我三个部分。现实我是个体站在现实的角度所认识到的真实的自我,是对个体的现实状况和实际行为的最真实的反映;投射我是个体想象中的他人眼中的自我,它与现实我可能存在差距,但是,对于现实我的形成却起着非常重要的作用,因为人们总是把他人对自己的看法和评价作为重要参考,来形成对自我的认知;理想自我是指个体经由理想或为满足内心需要而在意念中建立起来的有关自己的理想化形象,由于人们总是按照理想自我来塑造自己,因此理想自我往往是现实自我努力的方向。在正常情况下,当理想自我的形成建立在对现实自我有较为客观的认识之上时,理想自我和现实自我就会慢慢协调一致,从而使自我意识得到健康良好的发展。

有这么一篇文章就很好地体现了理想自我和现实自我的差别。

理想中的我,应该是体格魁梧、仪表堂堂的人物,可现实中的我却“小巧玲珑”,实在有损男子汉气派。个子小不说,脑袋也不大,“心灵的窗户”又太窄。大家还亲切地喊我“教授”(较瘦)。

理想中的我,应该是口才出众,议论时,滔滔不绝。可现实中的我,非但不善雄辩,遇事反而结结巴巴,甚至令人生疑、费解。一个简单的问题,想辩白一下,可往往事与愿违,不辩还好,越辩越不“白”,每遇这种尴尬时刻,便干脆沉默,把“沉默是金”在心中唠唠叨叨念了一遍又一遍。

理想中的我性格上应该是很随和很世故的，可现实中的我非但不圆滑，还有棱角，是出了名的"刺猬"，挺不讨人喜欢。我欣赏过一首短诗，现在还清清楚楚记得："我是块山石，生来就棱角分明，如果有一天我被磨圆了，那就不再是我，只有重新跳起。奋力将自己打碎，重塑一个有棱角的我！"我就像诗中描写的山石，真拿自己没办法。

理想中的我是这样，而现实中的我却是那样，要变那样为这样，须在心中架设一座理想的"桥梁"，变现实为理想，只有这样才会使自己心满意足。

不可否认的是，无论我们从哪个角度来分析自我意识的结构，都要清楚地认识到自我意识的内部结构是错综复杂的，自我意识本身是一个各种"我"相互作用的综合心理系统。

三、自我意识的偏差

（一）自卑

自卑是对自己缺乏信心，对自己不满和否定。把目光总盯着自己的缺点、不足和失误，从而遇事就心虚胆怯、逃避、退缩或过分补偿；拒绝接纳自我，缺乏独立主见，遇事从众，其结果捍卫的是虚假的、脆弱的、不健康的自我。有的不但不接纳自己，反而拒绝自己，甚至摧残自己，处处与自己为敌。他们不是通过积极地改变现实的自我去实现理想的自我，而是在一定程度上放弃理想的自我，趋同现实的自我，其结果是更为自卑。

中央电视台某著名节目主持人，年轻时曾非常自卑。他从一个北方小镇考进了北京的大学，上学的第一天，他邻桌的女同学第一句话就问他："你从哪里来？"而这个问题正是他最忌讳的，因为在他的逻辑里，出生于小城，就意味着没见过世面。就因为这个女同学的问话，使他一个学期都不敢和女同学说话！很长一段时间，自卑的阴影一直占据着他的心灵。每次照相，他都要下意识地戴上一个大墨镜，以掩饰自己的自卑心理。但后来，他成功了。就是因为他没有怨天尤人，没有自暴自弃。因为自卑而产生的动力使他比别人更努力，付出更多。所以，自卑并不可怕，可怕的是永远沉溺其中，不能自拔。

（二）自负

自负是一种自我膨胀，即过度的自信。大多数年轻人有强烈的自尊心、好胜、好强、不甘落后，但如果不把握好"度"的问题就会物极必反，导致骄傲、自大、自我膨胀，缺乏自我批评、自省，而且不允许别人批评。唯我独尊，盛气凌人，把自己的意志强加在别人身上，不能与人和睦相处，自己也容易受伤害。由于缺乏自知之明，对现实的自我认识和评价过高，虚假的理想自我占优势，在不自量力的情况下所追求的目标、事业、友谊、爱情，都因自己的主观条件远逊于客观现实，而失败几率较大。由于他们盲目自尊、爱慕虚荣、心理防卫意识过强，容易发生心理行为障碍,个别人可能还会用违反社会道德规范和犯罪的手段去实现理想的自我。

三国鼎立的局面形成之后,魏、蜀、吴三国各占一方地盘,但每一家又都想吞并对方。关羽受命据守荆州,伺机北进。关羽出师北进,俘虏了魏国将军于禁,并将魏国征南将军曹仁围困在了樊城,取得了显赫的胜利。

当时镇守陆口的吴国大将吕蒙的部将陆逊比较了解关羽,被推荐代替吕蒙前去陆口镇守。陆逊一到陆口,马上给关羽写信道:"你大败魏军,立下赫赫战功,这是多么了不起的事啊!……我刚来这里任职,学识浅薄,经验不足,一直很敬仰您的美名,所以恳请您多多指教。"

关羽接到陆逊的信,自然被信中的好话吹捧得晕晕乎乎,而且由此想当然地认为陆逊不过是无名之辈,不足为惧,对后方吴国也就放心了。陆逊在稳住关羽后,暗中加快军事部署,待条件具备后,指挥大军,一举攻克蜀中要地南郡。关羽败走麦城,终遭杀害。就这样,关羽为他的自负与轻敌付出了沉重的生命代价。

(三)自我为中心

随着自我意识的发展,青年人越来越多地把关注的重心投向自我,可是在一部分青年,尤其是独生子女身上比较容易出现自我中心倾向。想问题和做事情都从"我"字出发,而缺少对客观环境及人际关系的冷静思考和分析,从而造成在集体的生活环境中适应不良,难以赢得别人的好感,人际关系不和谐。

马加爵用了3天的时间连续杀害4名同学的事件震惊全国,而事后心理学家对其进行测试和分析发现,他杀人的原因中还有"自我中心"的性格缺陷。一个最突出的表现就是谈论任何事情时都以"我"为主题词,"我"的出现频率极高,从不会站在别人的角度上换位思考。当他被抓住之后,他要求看看他的通缉令,看的时候他说,没想到我还值20万元。显然,在这个时候,他仍然在想,他值20万元。这种任何事以我为中心的性格缺陷是许多犯罪人所共有的心理特征之一!

需要指出的是,上述自我意识偏差是心理发展尚未成熟的表现,虽然是正常的和普遍的,但是必须加以调整与纠正。否则将影响心理的发展和成熟,妨碍心理健康水平的提高。

第二节　自我评价

在积极心理学中,与自我有关的重要概念是自我评价和自我调节。其中,自我评价包括自尊和自我效能感,自我调节是通过采取一些防御机制和应对策略得以实现。

自我评价的研究表明，高自尊和高自我效能感促进个体的优势和韧性。自尊与自我效能感是不同的。自尊反映的是个体对自我价值的总体评价，而自我效能感反映个体对具体领域能力高低的评价。当我们能够积极评价自己（高自尊），相信自己有能力把事情做好（高自我效能感），便能促进我们积极自我意识的形成。

一、自尊

（一）自尊是什么

自尊是个体对其社会角色进行自我评价的结果。自尊水平是个体对其扮演的每一个角色进行单独评价的综合。如果个体把他予以积极评价的角色看得比较重要，他就具有高水平的自尊。

詹姆斯认为：自尊作为自我价值的感受，取决于实际情况与自己设想的可能性的比值，他提出了著名的公式：自尊=成功/抱负。该公式的意思是说，自尊取决于成功，还取决于获得的成功对个体的意义。根据这个公式，增大成功和减小抱负都可以获得高的自尊。成功或许有许多制约因素，不是很容易就能做到的，但我们可以降低对工作和生活的期望值，这样一个小的成就就可能使我们欣喜不已。

而国内外大多学者认可的是：自尊是一种包含着个体自我认知的价值判断，是个体对自我价值、重要性和成功的积极情感体验。

一位双腿残疾的中年男人在热闹的火车站附近摆摊卖铅笔。由于他衣衫褴褛，过往的行人都把他当成了乞丐，纷纷把兜里一角两角的零钱扔给他。半天过去了，他手里的那把铅笔虽然一根也没卖出去，但地上的毛票却已经有了不小的一堆。

这时，一位商人经过这里，也和大家一样漫不经心地丢下了一块钱，然后迈步远去。但是没几分钟，那位商人又回来了，他迅速从残疾男人手里抽了一根铅笔，并连连道歉："对不起，对不起，您是一个生意人，我竟然把您当成一个乞丐了，对不起。"看着商人远去的背影，残疾男人似乎若有所思。

几年后，当商人再次经过这个火车站时，一家饭馆的老板在门口微笑着向他打招呼："终于又见到您了，我可是一直在期待您的出现。"

"你是？"商人糊涂了。

"我就是几年前在这里卖给你铅笔的那个'生意人'。"饭馆老板有意地加重了"生意人"这几个字，"在遇到您之前，我一直认为我自己是个乞丐，是您，让我意识到了我原来是个生意人。您看，现在我真的是一个生意人了。"

你是做什么的？是一位商人还是一位卖铅笔的乞丐？如果你只是把自己当成一位乞讨者，那你将永远是一名四处流浪的乞丐；而一个乞丐如果从内心里不把自己当成乞丐看，而决意把自己定位于一个商人，尽管暂时他是个乞丐，但他会尽一切努力慢慢改变现状，经过重重磨难，最终走上无限光明的人生之路。

(二)自尊的渐成模型

有时候,我们觉得自己表现得很优秀,受到很多表扬,但自尊上升后,很快又回落到基本水平,甚至更糟,因为我们要尽更大努力才能让自尊回到基本水平,我们要得到更多的赞扬、取得更多的成就,那就做什么都不够了。

渐成模型,它的意思就是必须实现了一层,或者至少部分实现了一层,才能达到下一层。这三层分别是:依赖型自尊、独立型自尊和无条件型自尊。

依赖型自尊,它有两个构成部分。第一,有高度依赖性自尊的人时刻需要他人的赞扬,不管是选择职业还是决定下午做什么样的小事,都是根据他人的认同来做决定的。第二,有依赖型自尊的人总是拿自己跟别人比较:我比他们好还是差?比他们优秀还是不如他们?

独立型自尊是一种取决于自我的自尊,这样的人在评价自己时,用的是自己的意见。他们的能力感取决于自己认为自己进步了多少、改善了多少,觉得自己的潜力发挥了多少。这就是独立型自尊,并不取决于他人的言论或想法。

无条件型自尊是最高层次的自尊,指我们的自尊高到让我们对自己感觉良好。所以,我们并不在乎别人怎么看我们,甚至不在乎自己怎么看自己。在比较方面,我们不会比较,我们是相互依存的、相互联系的。

假设我出版一本书,当我是一个高度依赖型自尊的人。首先,我写这本书,出版这本书是为了得到赞扬。我的首要动机是获得外界认同。我是想出版一本比别人的书都好的书,相比较而获得的能力感取决于外界。

假设我写了一本书,我是一个高度独立型自尊的人。我写了书,我自己评价:"这是一本好书"或者"这本书不怎么样,需要修改"。在比较方面,我跟自己比较:"我比起刚开始写时进步了很多,这本书比我之前一本要好,我的书写得更真实了"。这是独立型自尊的评价。

无条件型自尊是我们所知的最高层次的自尊。我写了一本书,我不在乎评价,不管它是好是坏,我当然想变得越来越好,但这并不影响我对自己的感觉。我就是我。我写了这本书,我处于心流状态,我体验这种经历,至于这本书是不是比别人的好,或者是否比我以前写得好,这都不重要,我高兴的是:我写成了一本书。如果别人也写了一本书,我也会同样替他感到高兴。别人写了一本更好的书,我会同样高兴,甚至更高兴,因为我看到这本书更能帮助到人。

研究表明,当我们有独立型自尊时,我们的幸福感会更高。我们会更平静,我们不会不停地向别人证明自己。总是处于警惕状态是一件很劳心劳力的事。这个人会喜欢我吗?我怎么得到他们的认同……"让我表达自己,没错,我也许会受伤害。如果他们不喜欢我,我会伤心。没问题,我承受得住。我很坚强,我可以接受。"当我们这样想时,我们会更平静。当我们表达自己，而不是时刻想着表现自己，想象一下，我们的生活会变得多轻松。如果当我们在教室时，或者当我们走出教室时，我们越来越多地有这样的感觉，那我们就可以越来越多地单纯地存在，感激我们的存在，作为一个整体的存在。

（三）自尊的作用

自尊是自我的很重要的组成。当我们对自己有很高的评价，即高自尊时，这也就构建了我们积极自我的一部分。高自尊不仅是积极自我的表现形式之一，同时又促进积极自我的形成。有研究表明它与我们的健康、成功有关，低自尊通常与犯罪、药物滥用、心情低落、焦虑、抑郁有关。你自尊的总体健康水平决定你的心理的坚强或脆弱、活泼或沮丧以及心理的承受力、自控力、觉察力的有无等。

1. 自尊与学业成就

有研究显示：自尊与学业成就之间是正相关，即高自尊也能带来好成绩；自尊能通过直接的指导而得到改变，并且通过指导而改变的自尊，能促进学业成就的提高。

2. 自尊与人际关系

自尊可以作为人际关系的监控者。有心理学家认为，自尊的一个功能就是提供一个相对快的和自动的关于被别人接纳或排斥的反应的评价，即自尊是某个人的关于被接纳和排斥的社会关系质量的一个指示物。作为人际关系指示物，自尊的功能是监控个体被别人接纳和排斥的程度，并且触动人们以某种方式行动，使被排斥和拒绝的可能性减少到最低程度。

个体如果得到重要人物的尊重、承认，他也易尊重自己，赋予自己价值；如果受到重要人物的否定、轻视，他也易否定、轻视自己。可以说，自尊不仅可以调解人际关系，使之更加和谐融洽，而且自尊与人际关系之间可能存在互为因果的关系，高自尊能带来融洽的人际关系。

3. 自尊与心理健康

自尊是心理健康的核心。一般来说，任何对个人价值感和意义感的冲击和威胁都会引起焦虑、抑郁，从而殃及自尊。自尊作为焦虑的缓解器，受到威胁和冲击时，会诱发一定的社会行为，去防御和补救。冲击和威胁过重，时间过长，自尊的社会适应机制就会受损，从而引起适应不良和障碍，导致各种心理和生理的健康问题。有研究显示，高自尊被认为具有自我防御功能，可用以避免对自己的威胁，如失败和社会排斥等；低自尊会使人在面对高压力时，更可能出现焦虑、抑郁、恐惧等心理问题[①]。

由此可见，高自尊能带来各方面好的行为表现和心理感受，从而强化了个体积极的自我意象，促进积极自我的形成。

---

① 张静. 自尊问题研究综述[J]. 南京航空航天大学学报：社会科学版，2002(6).

二、自我效能感

(一)自我效能感是什么

自信应该来源于内在的能力,而不应该来源于外在的修饰。

自我效能感这一概念是美国著名心理学家班杜拉在社会学习理论中提出的一个核心概念。它是指个体对自己能否在一定水平上完成某一活动所具有的能力判断、信念或主体自我把握与感受。换句话说,就是对自己能做什么和不能做什么的认识,是对自己有效地组织和完成某一项特殊任务的主观评价。自我效能感是一种积极的自我信念。

初一(8)班是晓园中学的一个普通班,在今年体育节上,他们要参加学校的一场拔河比赛。班主任觉得这是形成和加强新的班集体凝聚力的一个良好契机,如果能赢得年级第一名将会提高班级成员的自信。

班主任分析了一下,这一次任务难度大,我们班的男生平均身高不高,体格也看起来没有其他班壮。女生的身体素质虽然不错,但一般来说女生比男生力量小些,优势也不明显。第一场比赛对抗一个相对弱一点的班,同学们一开始也心里没底,我们称为自我效能感比较低。可是,轻松赢得了第一场比赛后,同学们的自我效能感被增强。班杜拉认为:"如果任务难、外援少且自身努力不够,这时的成功会增强自我效能感。"而第二场比赛对一个我们认为很强的班,这时班主任在技术上加以指导,在思想上进行言语暗示:"虽然他们班人高又有力,但拔河比赛比的是团结和技术,而不只是几个人的力量,我们班很团结,我们班有技术指导,所以我们一定可以成为另一班的强有力对手。即使他们能赢,那也决不能让他们轻松地赢。"我们班的同学用尽了全力,这个强大对手竟意外地被我们在半分钟解决,这让所有人都没想到。

同学们的自我效能感经过亲身经历的两场胜利得到进一步加强。这符合班杜拉的理论:"个体主要是通过亲身经历获得关于自身能力的认识,因为靠自己的经历得到的关于自身的认识最可靠,所以它成为自我效能最强有力的信息源。"

(二)自我效能感的影响因素

班杜拉与他的学生对自我效能的形成条件及其对行为的影响进行了大量的研究后发现,自我效能感的形成主要来自 4 种不同的途径:一是通过以往的成败经验;二是通过他人的示范效应;三是通过社会劝说,告诉人们他们具备获得成功的能力;四是通过情绪状况和生理唤起。

这 4 种不同的自我效能感信息常常综合对自我效能的形成产生影响。

1. 以往的成败经验

以往成败的经验对于个体自我效能感的形成影响最大，成功的经验可以形成较高的自我效能感，失败的经验则可能降低个体的自我效能感，尤其是当个体尚未形成较强的自我效能感之前。特别需要注意的是，最初的成功经验对于人们在今后取得更大的成就来说是很重要的，而这一点可以用在现代企业的管理中，管理者们可以将复杂的任务分解成几个阶段或小块，鼓励员工循序渐进、一步步地完成每一个小任务，以此增加他们的成功经验，进而提高其自我效能感，最终在今后的工作中获得更大的成功。

2. 替代性经验

替代性经验也叫作示范效应，对于自我效能感的形成有重要影响的是由那些社会“模范”所提供的替代性经验。如果人们看到跟自己相似的人通过持续的努力获得成功，他们就会相信自己也有能力成功。相反，对失败者的观察会使个体怀疑自己进行相似活动的能力，进而会降低动机水平。同时，班杜拉还强调了榜样与个体越相似（如在年龄、性别、身体特征和教育等人口特征学特征，以及地位和经验等方面相似），要完成的工作的关联性越大，对观察者自我效能感形成过程的影响就越大；相反，如果观察者发现榜样跟自己很不相同的话，那么榜样的行为选择以及所产生的结果就不会对他们的自我效能感的形成产生较大的影响。我们平时所说的“榜样的力量是无穷的”，指的就是示范的巨大效应。

3. 社会劝说

社会劝说是加强自我效能感的信息来源之三。当人们被劝说他们拥有完成任务和工作的能力时，他们更有可能投入更多的努力和毅力坚持下来；当人们在做一项工作的过程中开始感到举步维艰或是怀疑自己的时候，这样的社会说服的作用就更加明显。因此，社会劝说的作用在自我效能感的形成过程中是不可忽视的。公司的管理者对绩优员工及时给予表扬和称赞，对于提高员工自我效能感是很有帮助的；学校老师对于表现良好或者有进步的学生时不时地给予言语表扬，对于提高学生的学习自我效能感来说也是很有必要的。当然，并非所有的表扬都会提高自我效能感，也并非所有的批评都会降低自我效能感。贬低性的批评会降低自我效能感，而建设性的批评反而会提高人们的自我效能感。

4. 情绪状况和生理唤起

班杜拉认为情绪和生理状态也会影响自我效能感的形成。人们在评估自己的能力时，常常会依赖于当时生理和情绪上的感觉。他们往往将受到的压力视为是业绩不良的征兆，而把耐力活动中的疲惫感和疼痛看作是生理缺陷。同时，情绪也会影响人们对自身能力的判断，积极的情绪状态可以增强自我效能感；消极的情绪状态则可能削弱自我效能感。

（三）自我效能感的作用

自我效能感直接影响到个体在执行某项活动的动力心理过程中的功能发挥。一般而言，高自我效能感的人，生活中表现得更自信积极，工作效率高，学习良好；而自我效能感低的人与之相比就要差一点。所以，它对我们无论是生活还是工作都是有较大的影响。班杜拉等人的研究结果表明,自我效能感的这种对自我的作用主要体现在以下4个方面,即行为选择、动机性努力、认知过程以及情感过程。

1. 自我效能感影响个体的行为选择

正如班杜拉所说:“人在一定程度上是环境的产物;同时,人们也通过自我效能感选择某些特定的活动和环境,并对所处的环境加以改造。”人们尽量回避进入那些自认为超出自身能力的环境,而去选择自感可以应付的环境或活动。人们通过自己所作的各种选择,培养出不同的技能、兴趣和社会关系网,而这些方面对其人生观和价值观的形成有着重要的影响。大量的研究结果显示,具有较低自我效能感的人,在生活中面临挑战时,往往将其视为一种威胁,因而采取回避的态度;具有较高自我效能感的人,对于环境中的挑战则采取积极的应对态度,在他们看来,正是这些挑战为其提供了各种学习新技能的好机会。

1972年,尼克松竞选连任。由于他在第一任期内政绩斐然,所以大多数政治评论家都预测尼克松将以绝对优势获得胜利。

然而,尼克松本人却很不自信,他对于这样的挑战没有多少把握,自我效能感低。由于他走不出过去几次失败的心理阴影,极度担心再次出现失败。在这种潜意识的驱使下,他鬼使神差地干出了后悔终生的蠢事。他指派手下的人潜入竞选对手总部的水门饭店,在对手的办公室里安装了窃听器。事发之后,他又连连阻止调查,推卸责任,在选举胜利后不久便被迫辞职。本来稳操胜券的尼克松,就这样因为自我效能感低而毁掉了自己的政治前程。

2. 自我效能感影响个体动机性努力的程度

在工作和学习中,总会遇到困难和挫折,自我效能感的高低会影响到人克服困难的毅力和决心,影响人行为的坚持性和努力的程度。当人们感觉自己在某项工作上有较高自我效能时,就会干得更加卖劲;而如果认为自己在某项工作上的效能较低时,就不会付出那么多的努力。同时,高自我效能感者所付出的努力与任务难度成正比,低自我效能感者则相反。

有这么一个真实的故事,一个农民的孩子,家里穷,从小就跟着父亲下地种田。每次休息时,他都望着远方出神。父亲问他想什么,他说,将来长大了,不要种田,也不要上班,天天待在家里,有人往家里寄钱。父亲笑着说,别做梦了。后来他上了学,从课本上知道有个金字塔。他就对父亲说,长大了想去看金字塔。父亲又笑着说,别做梦了。十几年以后,这个孩子当上了作家,写文章,出书,每天坐在家里写作,出版社、报社就往他家里寄钱。有了钱,就去看了金字塔。站在金字塔下,他默默地说,爸爸,人生没有什么不可能。这个孩子就是后来台湾最受欢迎的作家林清玄。

3. 自我效能感影响个体的思维过程

当人们遇到困难和挫折时,他们的思考过程有可能是自助性的,也可能是自我阻碍性的。那些拥有较高自我效能感的人,一般都会在脑海中勾勒出一幅成功者的剧情,使他们采取更加积极主动的行动,他们所注意的焦点是怎样更好地解决问题;相反,那些低自我效能感的人,则总是在担心所有可能会出差错的地方,脑海中总是构造失败者的剧情,这样必然会降低其努力水平。

1832年，林肯失业了，这显然使他很伤心，但他下定决心要当政治家，当州议员。糟糕的是，他竞选失败了。在一年里遭受两次打击，这对他来说无疑是痛苦的。接着，林肯着手自己开办企业，可一年不到，这家企业又倒闭了。在以后的17年间，他不得不为偿还企业倒闭时所欠的债务而到处奔波，历经磨难。

随后，林肯再一次决定参加竞选州议员，这次他成功了。他内心萌发了一丝希望。认为自己的生活有了转机："可能我可以成功了！"1835年，他订婚了。但离结婚的日子还差几个月的时候，未婚妻不幸去世。这对他精神上的打击实在太大了，他心力交瘁，数月卧床不起。

1836年，他得了精神衰弱。

1838年，林肯觉得身体良好，于是决定竞选州议会议长，可他失败了。

1843年，他又参加竞选美国国会议员，但这次仍然没有成功。

林肯虽然一次次地尝试，但却是一次次地遭受失败：企业倒闭、恋人去世、竞选败北。林肯没有放弃，他也没有说："要是失败会怎样？"

1846年，他又一次参加竞选国会议员，最后终于当选了。两年任期很快过去了，他决定要争取连任。他认为自己作为国会议员表现是出色的，相信选民会继续选举他。但结果很遗憾，他落选了。因为这次竞选他赔了一大笔钱，林肯申请当本州的土地官员。但州政府把他的申请退了回来，上面指出："做本州的土地官员要求有卓越的才能和超常的智力，你的申请未能满足这些要求。"接连又是两次失败。

然而，林肯没有服输。1854年，他竞选参议员，但失败了；两年后他竞选美国副总统提名，结果被对手击败；又过了两年，他再一次竞选参议员，还是失败了。林肯一直没有放弃自己的追求，他一直在做自己生活的主宰，积极采取行动。

1860年，他当选为美国总统。

4. 自我效能感影响人们的情感过程

在面临可能的危险、不幸、灾难等厌恶性情境条件时，自我效能感决定了个体的应激状态、焦虑反应和抑郁的程度等情感过程。这些情绪反应又通过改变思维过程的性质而影响个体的活动及其功能发挥。高自我效能感的人，不会在应对环境事件之前忧虑不安。自我效能感低的人，则怀疑自己处理、控制环境的潜在威胁的能力，因而体验到强烈的应激状态和焦虑唤起，并以各种保护性的退缩行为或防御行为被动地应对环境。这些行为方式既限制了个体人格的发展，又妨碍了其主体性在活动中的功能发挥。

由此可见，高水平的自我效能感激发人的动机和情感，开发潜能，就像高自尊一样能促进个体采取积极行动，让个体更接近成功，从而带来积极愉快的心理感受和成功的体验，对促进积极的自我意识发展都是有很大的作用。

知识窗

阿尔伯特·班杜拉(1925—)是美国当代著名心理学家。班杜拉对心理学的最大贡献就是提出了自我效能感理论、社会学习理论与行为矫正技术。班杜拉的社会学习理论包含观察学习、自我效能、行为适应与治疗等内容。他把观察学习过程分为注意、保持、动作复现、动机四个阶段,简单地说就是观察学习须先注意榜样的行为,然后将其记在脑子里,经过练习,最后在适当的动机出现的时候再一次表现出来。他认为以往的学习理论家一般都忽视了社会变量。他们通常是用物理方法来进行的动物实验以此来创建他们的理论体系,这种研究方法对于作为社会一员的人的行为来说,没有多大的研究价值。因为人是生活在一定的社会条件下,所以他主张在自然的社会情境中来研究人的行为。事实上,人们在社会情境中通过观察和模仿,学到了许多行为。班杜拉在1977年提出"自我效能"的概念,用以指个体对自己在特定的情境中是否有能力得到满意结果的预期。他认为个体对效能预期越高,就越倾向作出更大努力。班杜拉指出了四点影响自我效能形成的因素,即:直接的成败经验、替代性经验、言语劝说和情绪的唤起,这四方面的内容影响了自我效能感的形成,同时也对教育中学生学习兴趣的唤起有很大的影响,自我效能感在教育心理学领域对教师心理的研究和学习动机的研究中颇受关注。

第三节　自我调节

有效的自我调节能帮助我们在遇到挫折或创伤时,避免产生对自我的否定等消极评价。研究表明,有效合理的自我调节会促进健康和幸福。自我调节一般通过防御机制和应对策略来实现。这两个概念都可以解释我们如何保护自己不被强烈的消极情绪击垮,防御机制的使用一般是无意识的,而应对策略的使用一般是有意识的。

一、防御机制

(一)定义

防御机制是精神分析学派提出的概念,指个体如何无意识地调节自身因素,如创伤性记忆,或者不可接受的性冲动或攻击冲动所引起的消极情绪。心理防御机制是个体面对挫折、心理冲突和压力的应对与调节的反应体系,是维系个体身心健康的重要活动方式。

一般而言,挫折由个体的动机和目标遇到障碍或受到干扰所造成的,它往往与个体的心理冲突相联系,导致相应的心理压力。积极的防御机制是把挫折变为前进动力的重要方式。

防御机制的理论有一个核心的观点:人们无意识地运用多种多样的心理手段来驱赶、歪曲和掩盖不可接受的本能和想法,阻止它们进入意识。

防御机制似有自我欺骗的性质,即以掩饰或伪装我们真正的动机,或否认对我们可能引起焦虑的冲动、动作或记忆的存在而起作用。因此,自我防御机制是借歪曲知觉、记忆、动作、动机及思维,或完全阻断某一心理过程而防御自我免于焦虑。实际上,它也是一种心理上的自我保护法。

(二)适应性防御机制

在众多的防御机制中,有些防御机制比起其他防御机制更有利于适应。这些防御机制调节消极情感的方式是,在不可接受的冲动与亲社会愿望之间或者在情境要求与应对资源之间实现平衡。

1. 压抑

压抑是各种防御机制中最基本的方法。本我的欲望冲动常常与超我的道德原则相对立并发生冲突,又常常不被现实情境所接受,于是个体(自我)把意识中对立的或不被接受的冲动、欲望、想法、情感或痛苦经历,不知不觉地压制、潜抑到潜意识中去,以至于个体对压抑的内容不能察觉或回忆,以避免痛苦、焦虑,这是一种不自觉的选择性遗忘和主动抑制。与因时间久而自然忘却的情形不同,它是一种"动机性的遗忘"和有目的地遗忘;这与否认事实也不同,压制机制并非有意识地否认事实,而是无意识地"忘却"事实。

压抑在潜意识中的这些内容并未消失,而仍然存在,会无意识地影响人类的行为,以至于在日常生活中,我们可能做出一些自己也不明白的事情。

中国文化中的"忍""隐忍"是一种压制,形成忍的习惯可能会成为无意识的自动机制,忍无可忍时,就超出了自我的控制,不能忍而强忍,对心身有害;中国成语中"触景生情"有时是因为压抑而被唤醒;"口误、笔误"也是压制内容不小心冲破了自我的控制;梦是很重要的释放压抑的方式,以减少自我的压力,所以,如果做了很荒诞、很不道德的梦,不必自责,不必焦虑,应该是一件很值得庆幸的事,因为你的压抑在梦中得到了释放。

有时压抑还表现在决定推迟上,虽然在意识中出现了想解决矛盾冲突的冲动,但在困难面前却半有意半无意地作出予以推迟的决定,让自己的不舒服感受尽量缩小,在困难面前想方设法予以推迟但并不回避。例如说:"我明天会考虑这件事情的。"第二天也确实记得考虑此事。

2. 升华

升华一词是弗洛伊德最早使用的,他认为将一些本能的行动如饥饿、性欲或攻击的内驱力转移到一些自己或社会所接纳的范围时,就是"升华"。升华是一种本能的力量以一种非本能的方式予以释放的过程。在这个过程中,将社会所不能接受的、指向原始的、生物学对象和行为的本能力量置换到较少本能色彩的、社会所能接受对象和行为上;同时,与这些对象和行为相伴随的情感转换成去性的、去攻击性的情感。

换句通俗的说法,升华是被压抑的不符合社会规范的原始冲动或欲望另辟蹊径用符合社会认同的建设性方式表达出来,并得到本能性满足。简言之,即把社会中所不能接受的转为所能接受的,以获得内心的宁静与平衡。

升华是最积极、最富建设性的防御机制。有一种观点认为:所有的升华都依赖于象征化的机制,而所有的自我发展都依赖于升华机制。如果没有它将一些本能冲动或生活挫折中的不满怨愤转化为无损世人的行动,这世界将增加许多不幸的人。

在学校被人欺负,所以努力考进警校,以维护社会正义;有打人冲动的人,借锻炼拳击或摔跤等方式来满足;喜欢骂人,以成为评论家来满足自己;用跳舞、绘画、文学等形式来替代性本能冲动的发泄;西汉文史学家司马迁,因仗义执言,得罪当朝皇帝,被判处宫刑,在狱里,他撰写了《史记》;《少年维特的烦恼》作者歌德,失恋时创作了此书,他们都是悲恼中之坚强者,将自己的"忧情"升华,为后世开创一个壮观伟丽的文史境界。

3. 幽默

幽默是指当事人面临困境时,并不转移在场其他人的注意力,而是以幽默的方式化解当事人自己的窘困处境。这也是最为积极、成熟的防御机制之一。

以幽默的语言或行为来应付紧张的情境或表达潜意识的欲望,以表面的开心欢乐来不知不觉化解挫折困境、尴尬场面和内心的失落。通过幽默来表达攻击性或性欲望,可以不必担心自我或超我的抵制,在人类的幽默表现(如笑话)中关于性爱、死亡、淘汰、攻击等话题是最受人欢迎的,它们包含着大量的受压抑的思想。当然,过度的幽默也是一种心理疾病的掩饰。

苏格拉底在和朋友讨论学术问题,他的夫人突然跑来,先是大骂,接着泼上一盆水,把他全身弄湿了。而苏格拉底只是笑笑说:我早知道,打雷之后一定会下雨。这本来很尴尬的场面,经此幽默,立即化解。

马克·吐温在著名画家惠斯勒的画室参观时,伸手去摸了一下一幅油画。惠斯勒装着生气地喊道:"当心!难道你看不出这幅画还没干吗?""啊,没关系,反正我戴着手套。"马克·吐温答道。

4. 利他

"替代性且建设性地为他人服务,并且本能地使自己感到满足。"个体通过自觉的不图回报的利他行为,获得社会赞赏和他人感激(无意识动机),最终获得自我的满足。一个人为了别人的利益放弃自己的冲动或利益,这些自己的冲动或利益对他来说是可恶的,接着他通过认同的方式获得一种替代性的快感。

社会学家认为,利他的原因,可能是动物以个体的"自我牺牲"换取物种存在和延续的一种本能;利他是一种社会交换,其收益是自我价值的提高和焦虑的减小。交互性规范是社会交换的基本原则。

某人看到小孩就产生浓厚的兴趣,希望与之接近。假如她想办法去从事一种工作,如去幼儿园做保育员或者幼儿教师,就可天天与小孩子在一起,照顾小孩,满足自己的兴趣。同时,又对孩子们有好处,可以说是利他作用的表现了。在社会生活中,许多从事社会福利工作的人员,往往也是应用利他作用的机制既满足自己又满足他人的。

利他在对象有一定选择性,被帮助者与利他者态度与价值观相似、未伤害过利他者或更有吸引力的人,更容易让人产生利他。利他有两种形式,一种是无条件的利他,一种是有条件的利他。无条件利他行为相对不受社会的奖励和惩罚的影响。但可以预期,无条件利他服务对象是利他者的最近亲属。随着这种亲属关系的疏远,无条件利他主义越来越少见了。有条件利他行为,实质上是自私的。"利他者"期望从社会上为自己或其亲属获得相应的补偿,其利他行为往往是一种有意识行为。但不是所有的利他行为都是防御机制,雷锋、白求恩的利他行为至少有一部分是在意识层面下的信念的指引下做出的行为。

除了上述详细介绍的四种适应性防御机制外,还有预见、亲和、果敢和自我观察也是适应性防御机制。这些防御机制调节内心冲突和外在威胁引发的焦虑或抑郁情绪的方式都是:把消极情感转化成积极行动。积极的适应性防御机制让我们"化悲愤为力量",进而给我们的生活带来好处。

二、应对策略

应对策略是认知行为学派提出的概念,指个体如何有意识地应对那种外部要求(如考试)超过个人资源(如对考试内容的记忆)的情境。

1. 问题解决

研究显示,问题解决型应对策略有助于改善身心健康状况,提高幸福水平,同时促进心理适应。解决问题可参考以下几个步骤:第一,定义你的问题。详细、准确地定义这个问题是什么,它的本质是什么,精准找出最根本的问题。第二,寻找可行的方案。现在你已经定义了问题,接着就可以去寻找所有可行的方案。在一个团队中,这一步骤常常以头脑风暴会议的方式进行。作为个人,还可以向你的家人朋友寻求指导和意见。在寻找方案的同时对它们进行评估,择优选择几个最优的方案。第三,作出决定。在这个步骤中,评估某个方案被投入实践会产生的可能结果。选择一个能产出最佳结果的方案,并作出决定去把最终选择的方案投入运行。第四,解决你的问题。采取行动去解决问题,将选定的方案尽早落实,这样就能尽早得到结果。第五,评估结果。初次尝试可能失败了,但最重要的是获得了反馈。从反馈中能掌握哪些有用的信息去帮助你最终解决你所面对的问题?也许前期尝试取得了成功,但还是要去评估得到的结果并获得必要的反馈。对结果的评估报告将会帮助我们保持进度,按时或按计划解决问题。

2. 社会支持

社会支持通常是指来自社会各方面包括父母、亲戚、朋友等给予个体的精神或物质上的帮助和支持的系统。社会支持网络越大、与网络成员的社会连接越强的人,其身心健康状况越好,越少生病和抑郁,越容易从身体疾病和心理问题中恢复过来。

社会支持从性质上可以分为两类:一类为客观的、可见的或实际的支持,包括物质上的直接援助和社会网络、团体关系的存在和参与,后者是指稳定的婚姻(如家庭、婚姻、朋友、同事等)或不稳定的社会联系如非正式团体、暂时性的社会交际等的大小和可获得程度,这类支持独立于个体的感受，是客观存在的现实；另一类是主观的、体验到的情感上的支持，指的是个体在社会中受尊重、被支持、理解的情感体验和满意程度，与个体的主观感受密切相关。有学者将其分别命名为社会支持的可利用度和自我感觉到的社会关系的适合程度，在进行心理学的科学评定时用以评定其社会支持大小。

3. 宣泄

宣泄是指排解或释放紧张情绪的过程，从情绪本身出发，通过减少或排除不良情绪而解决情绪问题的方法。对自己情绪释放的适应性表达，包括替代表达和直接表达。替代表达指通过间接表达情绪，使情绪得到释放的一种情绪调节方式。例如，通过倾诉、哭泣等方式宣泄不快的情绪，从而使情绪恢复平静。直接表达指面对激发情绪的事物，直接表达自己情绪的一种情绪调节方式。现实生活中宣泄的方法很多，从小小的一声叹息，大到痛苦、疾呼、怒吼以及运动、散步、聊天等都可以起到宣泄的作用。

引用国外所做的研究，研究者邀请参与者谈论，分享生活中最糟的经历和最好的经历，并将被试者分成四组。第一组，写出来，写出三方面：一是影响，也就是情感；二是行为，即当时你做了什么；三是认知，即当时的想法，连续三天，每天一次，每次15分钟。第二组对着录音机说，讲述最好的经历，另一组讲述最糟的经历。第三组，只是去想，连续三天，每天沉思15分钟。研究者观察他们身体和心理的健康状况。观察期是实验前和实验后的四周。还有第四组，是一个对照组，在实验期间正常生活，不作任何处理。

研究结果发现，书写最糟经历的人事实上感觉更好了，身体上也更健康，这是经过四周后与对照组相比的结果；对着录音机说的那些人，连续三天，在谈论之后感觉更好了；那些想的人，沉思的人，不去谈论，不去书写，他们感觉更糟了，一个月后身体状况也更糟。

写下或讲述消极事件是怎么促进健康的呢？原来，分析和重现之间是有区别的。当我们分析一次经历时，当我们试图整理它时，对于痛苦和消极的经历来说，它真的有帮助。因此，当我们觉得可以谈论或者分析痛苦情绪时，我们感觉更好，身体更健康。当我们只是坐下来，沉思痛苦的情绪却不去理清它时，我们经常感觉更悲哀。

4. 放松

放松训练是指使有机体从紧张状态松弛下来的一种练习过程。可以通过多种方法达到肌肉放松和消除紧张的效果。一般常用而且简单易行的放松方法有呼吸放松法、肌肉放松法、想象放松法等。

肌肉放松训练：(1)将两手抬到水平位置，用力向前伸直，用力握紧拳头，逐次用力后再放松，把两手慢慢放回大腿内侧。然后感受肌肉放松的情形。(2)把额头往上扬，拉紧额头的肌肉，也是逐次用力再放松。(3)将眉头往中间拉紧，鼻子和嘴也往中间拉紧，形成鼻子和嘴都撅起来的情形，逐次用力后放松。(4)咬牙的动作，用力咬紧牙齿，亦是逐渐用力后放松。(5)用力张开嘴巴，再把舌头用力抵住下面的门牙约10秒，逐步用力后放松。(6)要把身体坐正，低头把下巴抵住前胸，两手向后用力，使胸膛挺出来，也是用力后放松。(7)向后弯腰的动作,也一样要将身子坐正,第六、七两个步骤放松时要恢复原来的坐姿。做两个深深的深呼吸。(8)最后一个动作是将两脚抬到水平位置,脚尖向下压,拉紧腿部的肌肉,再逐渐放松。(9)持续整个身体放松的状态5~10分钟。

5. 转移注意力

注意是心理活动对一定对象的指向和集中,是伴随着感知觉、记忆、思维、想象等心理过程的一种共同的心理特征。当生活中充斥着负面消极的事件困扰你,占据你的注意力,那么不妨试试转移注意力。因为注意力是有一定的广度的,当你的注意力被其他事件或焦点给占据时,那么自然难以容下消极事件。而且通过对成人和儿童的研究表明,对某些接受痛苦的治疗、遭受疾病折磨的人来说,转移注意力是种有效的短期应对策略。但是长期来看会损害健康,具体来说,免疫系统机能会变差,患病风险更高。

卡文迪许是英国著名的科学家,他发现了水的组成,揭开了化学反应之谜。有一次,卡文迪许请了四个朋友吃饭。仆人问他做点什么菜肴,当时卡文迪许正坐在房间里,两眼直愣愣地盯着天花板思考问题,听到仆人问他,卡文迪许想了一下,说:"一只羊腿吧。"仆人觉得一只羊腿做菜太少太单调了,就问卡文迪许是否再加点什么。当时,卡文迪许正沉浸在思考问题当中,他听到仆人问他,就想也不想顺口回答:"那就两只羊腿吧!"

第四节　大学生积极自我的培养

一、大学生自我意识的特点

大学生比较关注自我及其发展,从原因来看大致可以归为以下三点:一是身体成熟,就必然会关心自己的身体及内部需求;二是人际关系的扩大,会把自己的内在能力与他人进行比较,从而引起对自己的素质、天赋等问题的关心;三是认识能力的发展,就必然会引起其对自己行动的原因、结果以及自己的存在价值和人生意义进行思考。但是对内部世界的关心并未削弱对外部世界的注意力,相反对外部世界的看法更加深刻,是建立在探讨自我的基础上。

(一)自我认识方面

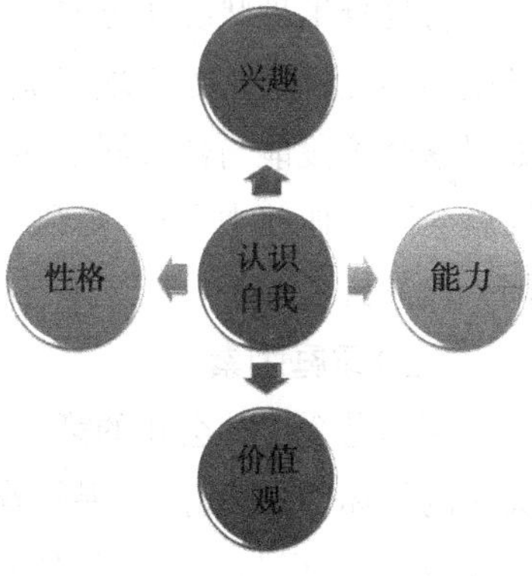

大学生自我认识的广度和深度相比童年期而言,有了进一步的发展与提高,对自我的认识由关注外界评价转变为更加注重内在认同,并开始思考自己在社会中的地位与角色。经过四年的大学生活,大学生通过自我观察、自我反省等手段,多角度、多层次地分析评价自身的优缺点,他们的自我认识趋于平衡,自我评价的能力逐渐增强。但是由于知识能力的局限以及外界信息的表面化、多元化,大学生的自我认识并不全面与客观,加之自我意识分化明显,大学生的理想自我偏高,在理想自我与现实自我发生冲突时,自我调试能力还不足,容易出现自卑或自负等问题,妨碍了积极自我概念的形成与发展。

(二)自我体验方面

丰富多彩的校园生活,增强了大学生的情感体验。随着生理的成熟和心理的发展,大学生的独立感开始增强,有着强烈的成人感,希望成为独立的个体,与他人互相尊重。但是经济上的不独立,导致必须依靠家庭的资助,社会经验的缺乏,导致必须依靠老师和同学的帮助,所以大学生经常处于矛盾的情感体验之中。有的大学生自我体验的封闭性增强,尽管他们内心希望与别人交流思想感情,但现实生活的复杂性,使得大学生不会像儿童那样坦率,他们可能以更加含蓄的方式来表达内心的看法与情感,这无疑加大了别人理解的难度,使自己体验到孤独感。

(三)自我控制方面

随着自我认识,自我体验能力的增强,大学生在规划自己的人生时,已经摆脱了父母、老师的安排,希望按照自己的想法去设计自己的未来。他们的自我调控能力有所提高,其自觉性、持久性、独立性和稳定性显著发展。根据李德显的研究成果,大一新生的自我概念来自于他人评价而非自己的经验,因此其自我概念水平较高;到大二,经过一年时间的学习与生活,发现自己还有很多的不适应,并且与别人相比存在着除了学习成绩以外其他方面的差距,自我概念水平降低;大三是大学生学习生活全面发展与深化的时期,随着对环境的适应,年龄的增长,经验知识的丰富,他们的自我概念水平开始回升;到大四,面对毕业论文和即将脱离学校踏入社会等压力与难题,大学生自我概念的总体水平又开始下降。总的来看,大学生自我概念的发展是一个由上升到下降再上升的曲折发展过程,但这同时也是大学生自我概念的发展走上成熟走向积极的过程。

二、大学生自我意识形成的影响因素

(一)个体因素

对自身生理状况认可的人能自我接纳,正确评价自己,引起和促进自我的积极发展。大学生的心理发展正处于埃里克森人生发展八个阶段中的第六个阶段,即亲密感对孤独感。如果这个阶段能与他人同甘共苦,相互关怀,就能产生亲密感,与他人建立友谊和爱情。相反就会陷入孤独中,只有顺利度过这个阶段才能很好地进入下一个人生阶段,从而度过自我同一性危机。

(二)家庭因素

家庭是个体社会化的第一堂课,父母是孩子的第一任教师,因此父母的教养方式与亲子关系的好坏,对自我的发展起着极其重要的作用。研究显示,民主型的教养方式是最理想的教养方式,父母与子女是朋友关系,平等和谐,在父母的正确引导下促使孩子积极的自我形成。自我形象积极的家庭成员能在潜移默化中给大学生树立一个自信自强的榜样，使大学生更容易在理想自我与现实自我之间找到一个平衡点，并以此作为其自我意识发展的良好开端。

（三）学校因素

学校是个体社会化的正规场所，负责从正面将社会规范、道德价值观、知识、技能传给新一代人。进入学校后，教师的影响开始超越家长，一言一行都对孩子起着榜样作用。教师的评价往往是学生进行自我评价所依赖的主要外部评价之一。而到了大学阶段，教师自身丰富的学识和高尚的人格魅力成为大学生学习和模仿的榜样，对大学生积极自我的发展同样起到重要的影响作用。这些事实表明，在人一生的发展过程中，教师对个人自我意识的形成与发展发挥着长期、重大而持续的影响，而且很难被其他人所替代。

（四）社会文化因素

文化是个体社会化的大背景，深刻影响着人们价值观的形成，进一步影响大学生自我意识的内容。西方文化中个人主义盛行，而东方文化中集体主义却凸显重要。不同文化背景下的社会个体价值取向不同，因此个体自我意识形成与构建也不尽相同。在个人价值观取向的文化中，成人注重培养孩子的独立性和创造性，鼓励他们自我实现。而在集体价值取向的文化中成人强调孩子要学会顺从他人，从而促进了孩子集体自我的发展。这些年随着文化相互交融，多种文化、多种价值观的冲突，对于大学生积极自我的形成无疑是一个挑战。

三、大学生积极自我的培养

积极的自我概念有助于大学生的心理健康，有助于大学生完善人格的形成，有助于大学生的职业规划和未来事业有所成就。大学生积极自我概念的养成关键要从大学生自身入手。

（一）全面客观地认识自我，评价自我

积极自我概念的形成，需要大学生全面客观地认识自我、评价自我。具体可从以下几点入手：

第一，合理运用社会比较策略。大学生在通过社会比较认识自我时，应学会横向和纵向比较两种方法，运用辩证的观点认识和评价自己。认清自己的优势和劣势，对于能改变的劣势，如不良习惯、脾气不好，要坚持去克服，对于不能改变的，如身材高矮、生理缺陷，要勇敢去接受现实。

第二，留意他人对自己的态度和评价。一个人对自己的看法与评价往往带有主观色彩，而别人的评价则相对客观公正。大学生要留意他人对自己的认识与评价，尤其是来自家长、老师、朋友等周围重要他人的意见和建议，通过对这些信息进行分析和整合，了解别人眼里的自己是怎么样的，从而形成全面客观的自我认识。

第三，通过对活动成果的社会评价来了解自我。个人对自己在实践活动中的表现和成

果可以为个体认识自我提供途径，在活动中表现出的才能、意志等品质，有利于大学生客观地认识自己，进一步发挥自己的长处，弥补自己的短处。

第四，通过内省认识自我。论语曰："吾日三省吾身"。大学生可以通过自我反省，经常对自己的心理和行为进行反思和剖析，使自己既是观察的主体又是观察的客体，通过自省发现自己的不足并有的放矢地加以改进，在自省中加深对自己的认识。

(二)努力发现优点和长处，积极悦纳自我

古语云："金无足赤，人无完人"，完美无缺和一无是处的人都是不存在的。大学生要努力发现自身的优点和长处，增强自信心，积极地悦纳自我。而悦纳自我就是对现实自我的接纳与认同，无论自己是好是坏，是对是错，是成功还是失败，都要无条件地接受自己的一切。悦纳自我不是要放任自流，无视自己的不足，而是要大学生学会积极地评价自己，正确对待挫折和失败，对于优点要肯定，并继续发扬，对于缺点也要敢于承认，并勇于改正。此外，一个人能否积极地悦纳自己还与个体的成就期望有关。当一个人的成就期望过高，脱离了客观实际，往往就会导致理想自我与现实自我的差距增加，使个体产生自我否定的评价，而成就期望过低，同样也会因为达不到社会和自我的要求，产生消极的自我评价。因此，大学生要学会调控自己的成就期望，建立适当的期望值，这对大学生自我接纳态度的形成具有重要意义。

在一个漆黑的夜晚，一个可爱的小女孩出生在一个贫穷的家庭里。全家人显然没有因为她的诞生而增添一分喜悦，因为这个家实在是太穷了。女孩的父亲外出打工，死于一场车祸。只剩母女俩相依为命，她们靠为人织毛衣生活，就这样过去了18年。女孩已经是亭亭玉立的少女了，在圣诞节的早上，妈妈给了她20美元。她很惊讶，妈妈却说："这是你18年来的辛苦换来的。"女孩握着这20美元就去了商店。因为她没有什么漂亮衣服，所以她低着头走在城市的道路边上，女孩看见了她心仪许久的男孩，女孩想：今天晚上，他的圣诞舞伴会是谁呢？

走着走着，她已经到了商店。进入商店，她的视觉被刺激了一下，好多漂亮的发卡，一个服务员说："小姑娘，你看你这亚麻色的头发配这个绿发卡多么漂亮！"女孩看了一下标签：16美元！她刚刚想说买不起，服务员已经帮她戴上了发卡，女孩子说："我没有那么多钱。"服务员说："小姑娘，你看一下！"女孩子看了一眼镜子，她简直不认识镜子里的这个人了！女孩下了决心，拿出了20美元，买下了发卡，拿着剩下的4美元飘飘然地走了。

出门口的时候，女孩撞到了一位老奶奶。她隐隐约约听见老人在叫她，她没有回头，一

路上她挺胸抬头,又蹦又跳。她看见了那个她心仪许久的男孩,男孩想:原来镇上还有这么漂亮的女孩!他走向女孩对女孩说:“我能否有幸邀请你做我圣诞舞会的舞伴?”女孩很高兴地答应了。女孩想:这是我一辈子做梦也不敢想的事情。今天的发卡买得真好,真的让我变得更美丽动人了。就这样,女孩因为美丽的发卡自信骄傲了一晚上。

女孩回家路过商店时,老人还在那里,她对女孩说:“小姑娘,我知道你会回来的。刚刚你出门的时候,把发卡掉在了地上。”她这才发现自己在晚上的舞会根本没有戴上漂亮的发卡,她心里一紧:那男孩为什么还……

其实,美丽不是因为发卡,而是因为心灵,因为自信。

(三)在社会实践活动中,不断完善和超越自我

人都是在实践中不断成长,在各种社会实践活动中,大学生不仅可以发现自己的长处和潜能,深入对自身的认识,还能培养自己独立分析问题和解决问题的能力,逐步改造和完善自我。每个人都有自己的理想和抱负,要让大学生学会制定切实可行的奋斗目标,按照社会的需要和自己的特点,科学建构“理想的我”,从小事做起,从行动开始,积极主动地提高“现实的我”,在长期奋斗的过程中依靠顽强的意志力,对自我进行有效的监督和控制,使现实自我与理想自我的差距逐渐减少,并最终超越自我。

有一个生长在旧金山贫民区的小男孩,从小因为营养不良而患有软骨症,在6岁时双腿变成“弓”字形,小腿严重萎缩。然而在他幼小的心灵里一直藏着一个除了他自己没有人相信的梦——那就是有一天他要成为美式橄榄球的全能球员。

当时的明星吉姆·布朗是他的偶像。他13岁时,有一次在布朗斯队和四九人队比赛之后,在一家冰激凌店里终于有机会和心中的偶像面对面地接触,那是他多年来所期望的一刻。他大大方方地走到这位大明星的跟前,说道:“布朗先生,我是你最忠实的球迷!”

吉姆·布朗和气地向他说了声“谢谢”。这个小男孩接着又说:“布朗先生,你知道一件事吗?”吉姆转过头来问:“小朋友,请问什么事呢?”男孩一幅自若的神态说:“我记得你所创下的每一项纪录、每一次的布阵。”

吉姆·布朗开心地笑了,说:“真不简单。”这时,小男孩挺了挺胸膛,眼睛闪烁着光芒,充满自信地说道:“布朗先生,有一天我要打破你所有创下的每一项纪录!”

听完小男孩的话,这位美式橄榄球明星微笑地对他说道:“好大口气,孩子,你叫什么名字?”小男孩得意地笑了,说:“布朗先生,我的名字叫奥纶索·辛浦森。”

奥纶索·辛浦森日后的确如他少年时所说的,在美式橄榄球场上打破了吉姆所保持的所有纪录,同时创下一些新的纪录。

(四)学习有效的自我调节,改善消极自我意识

大学生正处于从青春期向成年早期转变的关键时期,其生理、心理正经历着巨大的变化,自我概念的发展也表现出复杂性、多样性和矛盾性等特点。利用有效的应对策略和防御机制,客观地评价自我,积极地悦纳自我,达到自我的和谐统一。自我概念消极的大学生,往

往有过多次的失败经历和挫折体验,由于缺乏正确的成败归因,他们倾向于将这些失败和挫折完全归结于自我因素,如能力不强、智商不高、性格软弱等,长期的负性评价是消极自我形成的重要原因。因此,针对大学生已经形成的消极自我概念,需要使用各种有效的自我调节来促进大学生心理健康、人格发展和积极自我的形成①。

华罗庚是我国著名的数学家。不过,在他读小学的时候,他的学习成绩并不好,所以,小学并没有拿到毕业证书,只是拿到一张修业证书。读初中一年级的时候,数学课还是经过补考才及格的,所以,同学们都讥笑他,叫他是"废物"。同学们的嘲讽并没有让华罗庚灰心,他暗暗下决心:一定要学好数学,他也一直相信自己能够学好数学。信心树立起来,就会产生无穷无尽的力量。他知道自己并不比别人聪明,就用"以勤补拙"的办法:别人学习一小时,他就学习两小时。最后,他终于成为我国著名的数学家。

★实践练习:

请在6~7分钟内写出15个"我是谁"的叙述句。要求:这些句子是为你自己而不是为别人写的,同时按照你思考时的顺序来写,不必考虑其中的重要性和逻辑关系。这些"我"可以包括生理自我,如我的个子很高,有一米七五;社会自我,如我是老师的小助手;心理自我,如我是一个乐观积极、遇事沉着冷静的人。

以上的15个"我"是基于你对自己的了解,你所认为的"我",接下来继续按照上面的要求写出你理想中的"我"是什么样的,以及请同学帮忙写下他们眼中的你是什么样的。最后,将三种"我"进行对比,你可以更清楚、全面地认识自己,以更加接近理想中的积极自我。

① 陈晓红.大学生积极自我意识的培养[J].成长之路,2011(16):2-3.

第六章　洞悉情商

长期以来,人们把成功和智力因素的关系绝对化了,使得对孩子进行的整个教育都是针对智力的教育。然而我们在无数成功者的案例中发现,他们具有一些共同的非智力因素的特征。如清醒的自我认识、稳定的情绪和不屈不挠的勇气等,这些共同的素质就是情商。哈佛大学心理学博士戈尔曼在现代心理学研究表明,一个人成功的80%在于情商,智商只占20%。卡耐基也曾说过,一个成功的管理者,专业知识所起的作用是15%,而交际能力却占85%。放眼现实世界,我们确实可以感受到:成功的管理者或企业家都具有很高的情商。而且,拥有高情商的人在工作生活中,更能感到幸福快乐。

第一节　情商的概述

实验:1960年,著名心理学家瓦尔特·米歇尔在斯坦福大学附属幼儿园里选择了一群4岁的孩子,这些孩子多数为斯坦福大学教职员工及研究生的子女。老师让这些孩子走进一个大厅,在每一位孩子面前放一块软糖,并对孩子们说:老师出去一会儿,如果你能在老师回来时还没有把自己面前的软糖吃掉,老师就再奖励你一块。如果你没等到老师回来就把软糖吃掉了,你就只能得到你面前的这一块。

下面的图片来自一次棉花糖实验的视频。

阶段一:有一种想见不敢见的伤痛

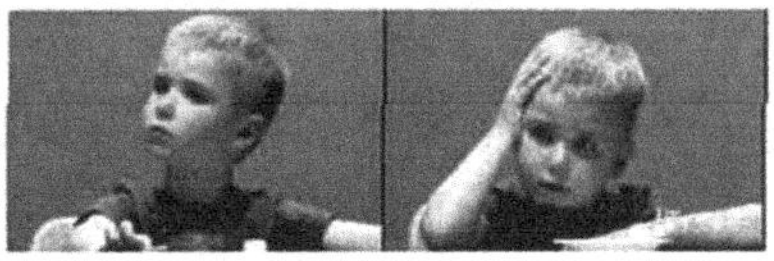

阶段二:你的甜蜜变成我的痛苦

阶段三:我已经无能为力,无法抗拒

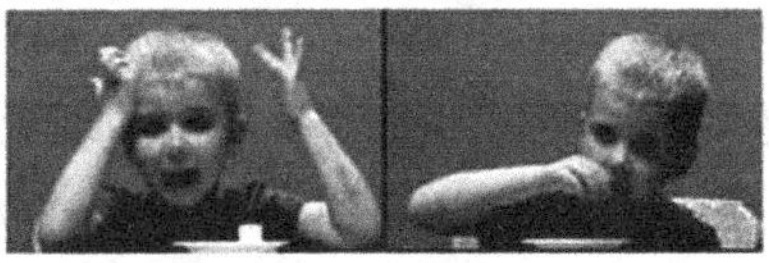

15分钟后,研究员回来了。大约有30%的孩子等到了那个时候,拿到了第二块零食奖励。

在十几分钟的等待中,有些孩子缺乏控制能力,经不住糖的甜蜜诱惑,把糖吃掉了;而有些孩子领会了老师的意图,尽量使自己坚持下来,以得到两块糖。他们用各自的方式使自己坚持下来。有的把头放在手臂上,闭上眼睛,不去看那诱人的软糖;有的自言自语、唱歌、玩弄自己的手脚;有的努力让自己睡着。最后,这些有控制能力的小孩如愿以偿,得到了两块软糖。研究者对接受这次实验的孩子进行长期跟踪调查。中学毕业时的评估结果是,4岁时能够耐心等待的人在校表现优异,入学考试成绩普遍较好。而那些控制不住自己,提前吃掉软糖的人,则表现相对较差。而进入社会后,那些只得到一块软糖的孩子普遍不如得到两块软糖的孩子取得的成就大。

这项并不神秘的实验,使人们意识到对智力在人生成就方面所起的作用估价有些偏高,而对原本并不陌生的人类情感,在人生成就和生活幸福方面实际上所起的巨大作用估价太低了。正是这项实验研究引发了人们对情商研究和教育的重视。

一、情商的内涵

情商(Emotional Quotient,简称EQ),又称作情感智商。20世纪30年代美国心理学家亚历山大在论文《具体智力与抽象智力》中提出了包括心理因素、生理因素、环境因素以及道德品质在内的非智力因素,对传统单纯由智力决定人的成功或失败理论发起了挑战。20世纪末美国耶鲁大学心理学家Peter Salovey(彼得·塞拉维)和新罕布什尔大学心理学家John Mayer(约翰·梅耶)批判地继承了亚历山大的非智力因素理论,提出"情商"概念,并将其描述为"了解和控制情绪、揣摩和驾驭他人情绪的移情能力,通过情绪控制来提高生活质量的才能。"具体来说主要是指人在情绪、情感、意志、抗挫折、人际交往等方面的品质。一般情况下,人与人之间的情商并无明显的先天差别,情商高低的差异往往与后天培养息息相关。

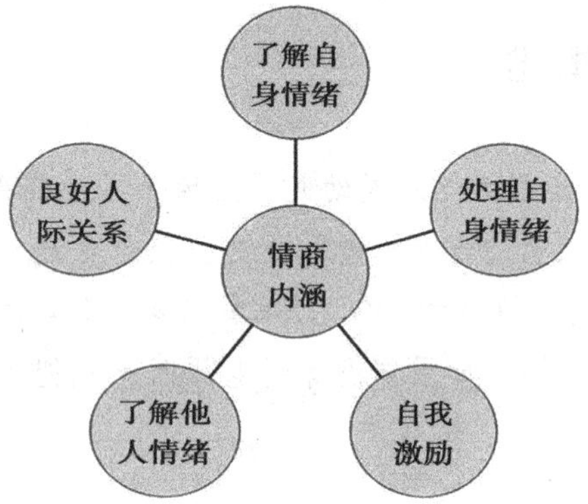

1995年,哈佛大学心理学家Daniel Goleman(丹尼尔·戈尔曼)发行《EQ》一书,并将加德纳的人际关系技能纳入情智的基本概念中,至此,情感智商扩展为5个主要方面:了解自我、管理自我、自我激励、识别他人情绪、处理人际关系。《现代汉语词典(第5版)》中将"情商"解释为"心理学上指人的情绪品质和对社会的适应能力",《中国大百科全书(第2版)》中将情商定义为"个体控制和管理自身情绪的能力",包括了解自己情绪并加以控制,了解他人情绪并能加以应对,人际关系协调能力,发现似乎不相关的事物之间的关系能力。国内外学者对情商的理解有所不同,本文主要采用丹尼尔·戈尔曼教授的理论观点。

第一,了解自我,即自我认知能力,指人们正确评价自己的能力。人们只有察觉到某一情绪时,才能进一步监控、管理情绪时时刻刻的变化,才能更准确地调整学习、工作、生活节奏。如果没有认知自身真实情绪的能力,那只好听凭情绪的摆布。比如有些大学生意识不到自己常以自我为中心,导致与周围朋友的交往出现不平衡,产生矛盾。一个能够准确认知自身情绪的人，通常也能知道自己缺乏什么，从而重视自身良好知、情、信、意、行的养成。认知自我的能力是情商的核心。

第二，管理自我，即自我控制能力，指人们正确调节自己的能力。人作为社会性动物，难免会产生各种负面情绪，关键是要能调控自己的情绪，使之适时适度。正如亚里士多德说的，“任何人都可能发火，这不难。但要做到为正当的目的，以适当的方式，对适当的对象，适时适度地发火，这可不易。”①一个人要做情绪的主人，就要具有较快地摆脱愤怒、悲伤、恐惧等消极情绪影响的能力。这种能力是建立在自我认知的基础之上的。通过自我情绪的调控，使情绪能够适时适度地影响自己的行动。比如，面对焦虑、沮丧、愤怒、烦恼等因失败挫折而产生的消极情绪的侵袭时，自我控制能力强的人，可以及时控制这些消极的情绪，以免其带来更大的麻烦；而自我控制能力弱的人，常常陷入这些痛苦情绪的漩涡无法自拔，将这些消极情绪带入其他生活工作领域。

第三，自我激励，即自我激励能力，指人们正确暗示自己的能力。具体来说就是人们调动智慧和情绪，学会为了实现某一既定目标集中注意力、发挥创造力、积极暗示的能力。因而具备较高这种能力的人，能明确目标、集中注意力、充满热情地投入生活、学习和工作。作为情商知识的受益者，美国前总统布什说：“你能调动情绪，就能调动一切！”②任何方面的成功都需要自我激励，使自己能积极热情地投入其中，从而保证能取得良好成绩。比如面对自信心不足的情绪时，这一能力强的人，会通过自我暗示调整心态，重树信心，从而使工作富于成效；如果这一能力比较弱，有可能丧失迎接挑战的勇气，导致工作效率降低。

第四，识别他人情绪，即认知他人能力，指人们能正确认识环境的能力。这一能力是在自我认知基础上发展起来的，更深层次的“知人之所感”“感人之所感”能力，包括对他人情绪的认知、对他人人格的认知、对人际关系的认知、对社会角色的认知。其中最重要的是对他人情绪的认知和对社会角色的认知。这种既需要通过细微的社会信号客观地分析他人情绪，又需要对他人情绪进行符合社会角色、设身处地的理解。比如人们熟悉的成语“投鼠忌器”，就反映了人们在理解到社会角色，他人情绪，自我与他人、他人与他人互相牵制的关系后产生的复杂矛盾的心态。这一能力强的人能很好地满足生活、工作中不同合作伙伴的需求。

第五，处理人际关系，即人际交往能力，指人们正确管理环境的能力。人际关系交往能力概括来说就是适时适度地调控自身对他人情绪反应的技巧，这要求自我管理能力和认知他人能力两项能力的成熟。这项能力能强化一个人的领导能力、互动效能等，使其在交往过程中把握、激励对方从而培育和谐关系；影响、劝阻对方但又不会使其心生厌烦。一个人如果能在认知环境的基础上很好地调控周围环境，有效处理与他人的关系，就会凭借与他人良

---

① 丹尼尔·戈尔曼.情感智商[M].耿文秀，查波，译.上海：上海科学技术出版社，1997.

② 黄玄清.哈佛情商[M].北京：中国妇女出版社，2006.

好的人际关系赢得社会竞争的优势,反之则会处处碰壁。

如在位61年的康熙大帝,平三藩、收台湾,在他的情商智慧里有很强的认知他人和自我管理的能力,可以顺应形势的变化,调整心胸和视野,调整自己的节奏和价值取向。

再比如取得贞观之治的唐太宗李世民,也非常善于控制情绪能纳谏言。即使臣下的谏言并没有取得理想的效果甚至相反,他也不责罚,认为责罚会堵塞了进言的通道。

而晚清名臣曾国藩,不仅能力出众,还能把握机会,认清形势,在取得对太平天国运动的胜利后,主动要求解散自己一手建立起来的湘军,急流勇退,保全身家。这些都说明了一个有卓识远见的领导人,不仅善于管理好自己,稳定自己的情绪,适应环境能力强,而且对外界和上司、同事没有过分苛求,对自己有适当评价,不因外界影响而"热胀冷缩",从而从容豁达、宠辱不惊,赢得别人的敬重与信赖,拥有良好的人际关系。

知识窗

丹尼尔·戈尔曼,哈佛大学心理学博士,也是美国《时代杂志(Time)》的专栏作家,曾任教于哈佛大学专研行为与头脑科学,撰写的作品多次获奖,现为美国科学促进协会(AAAS)研究员,曾四度荣获美国心理协会(APA)最高荣誉奖项,20世纪80年代即获得心理学终生成就奖,并曾两次获得普利策奖提名。1995年,由时任《纽约时报》的科学记者丹尼尔·戈尔曼出版了《情商:为什么情商比智商更重要》一书,才引起全球性的EQ研究与讨论,因此,丹尼尔·戈尔曼被誉为"情商之父"。戈尔曼在其书中论述的都是Emotional Intelligence,即"情绪智力",但其书名却以两个特大号的字母EQ冠之,其用意就是要人们的注意力从IQ转移到EQ上来。他认为,人们首先要认识EQ的重要性,改变过去只重视IQ,认为高IQ就等于高成就的传统观念。他通过科学论证得出结论:"EQ是人类最重要的生存能力",今生的成就至多20%可归诸于IQ,另外80%则要受其他因素(尤其是EQ)的影响。

二、情商与智商

情商和智商是不同的概念,但两者也是有联系的。情商包括对自己和他人情绪的认知。智商作为一种认知能力,不仅影响个体对客观世界的认知,也影响到个体对人际关系的认知,人的智商间接地影响到人的情商。一个智商不高的人,很难有较高的情商。但是,情商又不是简单地由智商所决定的,我们不能由一个人的智商推断其情商。智商与情商都是在先天遗传素质的基础上,由后天环境教育的影响形成发展的,但两者相比,情商比智商更多地受后天因素所制约,与人的主观因素有着更密切的关系。

1. 情商与智商的区别与联系

第一,智商与情商反映的是两种不同的心理品质。

智商(Intelligence Quotient,简称IQ)叫作智力商数,是通过一系列测验测评一定年龄段

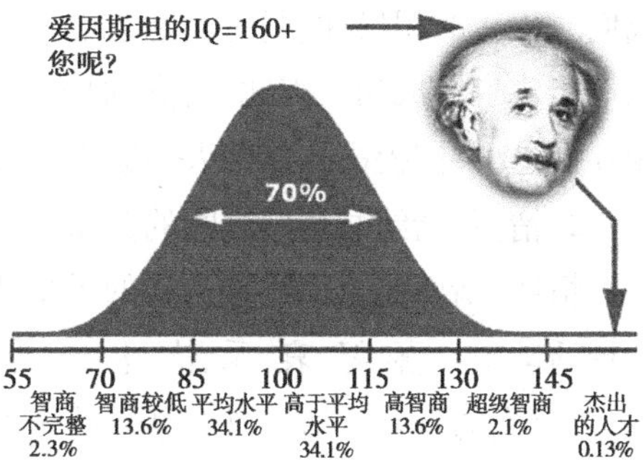

的人的智力水平,智商(IQ)=智力年龄(MA)÷实际年龄(CA)×100,智力商数的高低反映着个体智力水平的高低。智力是指人们认识客观事物并运用知识解决实际问题的能力,主要表现着人心理品质中相对理性的方面,也叫智慧、智能。其中包括观察力、注意力、记忆力、思维力、计算能力、分析判断能力等。情商(Emotional Quotient,简称EQ)是相对于智商提出的,主要反映一个人识别、感受、理解、表达、运用、控制、调节和处理自己与自己、自己与他人、他人与他人情绪情感的能力,主要表现着人心理品质中相对感性的方面。

第二,智商与情商形成发展的基础不同。

智商和情商虽然都受到遗传因素和后天环境培养的影响,但它们与遗传因素、后天培养的关系存在着差别。智商受后天环境培养的影响远远小于遗传因素的影响,侧重反映着一个人的生物学特性。《简明不列颠百科全书》记载显示,智商差异70% ~80%源于遗传基因,只有20% ~50%受到后天环境的影响。情商的形成和发展虽然也受到先天因素影响,但其更多在于后天培养,侧重反映着一个人的社会学特性。所以情商是可以通过后天的教育、不断学习积累得到显著地提高。

第三,智商和情商所起的作用不同。

智商主要在人的学习能力、思维能力、语言能力等方面起作用。智商高的人容易在某一领域做深入研究,作出突出贡献。而情商则主要通过意志、信念、情绪、情感等方面来提高或减弱个体认识事物和运用知识的积极性。情商高的人容易利用锲而不舍的精神弥补自己在某一方面的不足。

第四,智商和情商相辅相成。

智商和情商虽然是两种不同的概念,但二者并不是相互对立的,而是辩证统一的关系。智商是情商的基础,现实生活中没有零智商高情商的人,没有一定的最基本的智商,就无法建构一定的情商,情商培养需要智商的引导、控制和管理。同时,对于一个人的成长来说,智商很重要,情商也很重要。

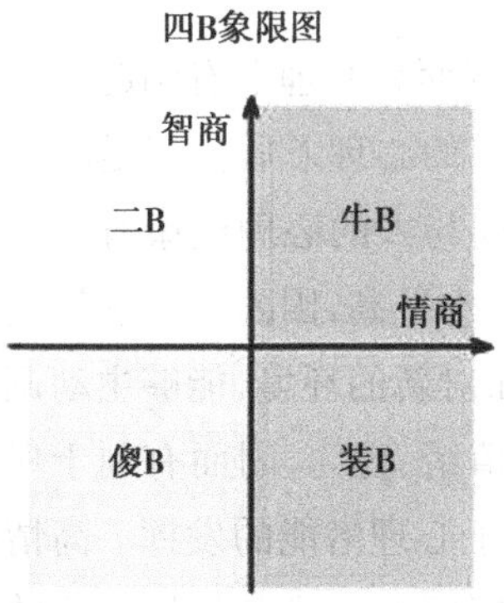

正如培根所说:“读书的目的不在于它本身,而在于一种超乎书本之外,只有通过细心观察才能够获得的处世智慧。”而这种智慧的获得,就需要情商的唤醒。美国心理学家詹姆斯认为,大部分人在活动中仅运用了总体智慧的10%。这就说明人类自身蕴藏着巨大的智能潜力。如何激发这种潜能,充分开发人的智力资源,就需要恰当的情感因素。怠惰、焦虑、自负、任性、冷漠、偏激等负面情绪会影响我们这种智慧潜能的开发利用,影响我们对生活的积极性;坚定的意志、一定的竞争意识、合作意识等良好的情感心绪能推动我们一步步走向成功。因此,情商的培育对智商的提高起到推动作用。所以情商和智商二者相互促进、共同提高才能使人不断地战胜一个又一个困难挫折。

2. 情商、情绪与情感之间的关系

情绪、情感是个体心理活动的重要组成部分,每个人都亲身体验着,并渗透于每个人的各种活动中。喜、怒、哀、乐、忧、悲、惧等乃人之常情,几乎每个人都有过这样的体验。可以说,每个人的日常生活都是在某种特定的情绪、情感背景下展开的,一定的情绪、情感活动总是伴随着我们的日常活动而发展的。人们在认识周围事物时,总是表现出一定的态度和体验。情绪和情感是人对客观事物态度的体验,是人的需要是否获得满足的反映。当事物符合自己的需要时,就会表现出肯定的态度,与之相应的就会产生满意、愉快、高兴、爱慕、尊敬等情绪体验;当事物不符合自己的需要时,就表现出否定的态度,与之相应的就会产生忧愁、悲伤、憎恨、恐惧、痛苦等情绪体验。从本质上说,情绪和情感都是对个体需要满足与否的心理反应,是同一类的心理体验。情绪是情感的基础,情感离不开情绪,情绪也离不开情感,情绪是情感的具体体现。情绪是原始的,是更多地与生理需要满足与否相联系的心理活动,而情感是一种比较高级复杂的心理活动,一般是与人的社会需要和精神需要相联系。

情绪情感是一种普遍的心理现象,任何人都有情绪情感,情商就是个人对这些情绪情感的认知、管理、利用的能力,每个人都可以培养这种能力,因而情绪情感是情商的基础,任何人都可以有情商。但是每个人对自身和他人情绪情感的认知、管理和利用的能力却是各不相同的,因而每个人的情商水平也是千差万别的。

3. 情商、智商与心理健康

智商与人的心理健康有关。虽然人们对于心理健康的具体标准有争议,但将智商正常作为判别一个人心理健康的标准之一则是大多数人所认同的。就智力而言,智商达到中等或中等以上的人才算是心理健康的人,智力低下属于心理不健康的范畴。智力对于人的心理健康有着直接或间接的影响,智力与人的心理健康有关,那么,能不能根据一个人的智力发展水平推断其心理健康水平?不能!智力正常只是心理健康的标准之一,心理健康还有其他标准,只有各个方面都基本达到标准,才算是个心理健康的人。

现实生活中我们发现,多数心理疾病并非因智力低下所致,高智商者心理上有问题的人的比例相当高。也许高智商者有着比一般人更大的心理压力、更多的心理矛盾。正是心理矛盾冲突带来的过大的心理压力,导致他们心理疾病的产生。情商与人的心理健康有着更直接、更密切的联系。情商高的人,能很好地识别他人的情绪,移情水平高,因而善于理解他人;有着较高的人际交往的技能与艺术,因而善于处理人际关系;面对新的环境,能够主动调节自己以适应环境,社会适应性好;能够很好地表达、调控自己的情绪、行为,因而有利于保持情绪稳定,行为理智;能够自我激励,成就动机水平高,因而有利于心理潜能的发挥。高情商的人所表现出来的行为特点,如社会适应性强、人际关系良好、情绪稳定、充分发挥自己的心理潜能等正符合心理健康的主要标准。虽然我们不能将高情商与心理健康完全等同起来，从而得出心理健康完全由情商所决定，但我们还是可以根据一个人的情商对其心理健康的状况作一基本评价。

小故事

讲到三国时候有一个人物，他叫周瑜，周瑜长得很帅，智商高，会领兵打仗。据说毛泽东同志这样评价周瑜：周瑜是个共青团员呐。周瑜怎么是共青团员呢？是说周瑜年纪轻轻地就当了大官，当了大都督，老干部、老将、老领导，都不服他，后来33岁的周瑜火烧赤壁，打了大胜仗，老干部、老领导都服他了。他的智商这么高，后来怎么死的？对，被诸葛亮三气而死。《三国演义》第56回就有这么一段，叫作孔明三气周公瑾，临死前他仰天长叹，既生瑜，何生亮。他心胸狭窄容不得人，爱动怒，爱生气，嫉贤妒能，多次想把诸葛亮干掉。所以，他不但没有取得更大的胜利，不但没有持续的成功，却因为大大的生气而早早地撒手人寰，可悲，可叹。

第二节　情商的发展

哈佛大学 Jerome · Kagan 认为：“那些坚信情绪会妨碍适应性选择的唯理论者恰恰错了。仅仅依靠逻辑，缺乏感知和情绪能力……会导致大多数人做出许多愚蠢的事情来”(1994)。情绪可以帮助理性集中注意力并安排优先顺序，并有研究者认为情绪并非和理性相对立。另外最重要的在于通过神经科学研究找到了情绪在大脑中的“超高级通路”、情绪的化学物质，这为情绪影响我们的行为提供了科学依据。情绪是“可习得的智慧的精髓”的论断为情商的开发提供了可能。20世纪后期，对情绪的关注开始从生命前期转向成人期，情商开发对成人具有重要的意义。

一、情绪控制与成人发展

格罗斯(Gross,1997)专门研究了成年期的情绪控制，在外部控制维度上，不存在年龄差别。而在内部控制维度上，老年女性对生气的控制好于年轻对照组，情绪控制存在个体差异性。成人是社会活动的主体，人为了使自己的情绪表达符合社会的要求，必须对自己的情绪进行控制。成人情绪控制在人际交往、事业发展中具有重大的意义。情绪控制理论以个体与环境的关系为基点来阐释人与环境的适应性，它把人的行为控制系统分为初级控制和次级控制。其中，初级控制主要是个体改变环境的企图，满足个体基本的需求和欲望，次级控制主要是适应环境并顺应环境的企图。研究表明，成年期次级控制的范围相当地宽广，包含：自我保护性归因(如酸葡萄效应、甜柠檬效应)、目标和激励水平调整、积极再评价以及向下的社会比较等。与成年期的初级控制相对稳定相比较,次级控制水平的发展则贯穿于整个成年期。在中国的文化背景下,个体倾向于使用次级控制即适应环境并顺应环境,但在不同的文化背景下次级控制表现出随年龄增长不断上升的趋势。随着年龄的增长,成人的情绪与其社会性发展具有更大的关联性。特别是成人适应环境并顺应环境的次级控制成为成人教育发展的重要课题。

二、情绪选择与成人发展

在人际交往过程中,个体在表达情绪的同时也在监视、解释对方的情绪。正是这种复杂的、往往无意识的过程,使社会交往十分细腻而深刻。人类存在三种基本的社会交往的动机:情绪调节、发展和保持自我概念、寻求信息。情绪选择理论的提出者卡斯滕森(Carstensen)认为人到中年期以寻求信息为目的的交往会减弱,情绪调节的目的突出表现在包含人际交往中满意的情绪体验、生活中积极的情绪等核心社会交往动机方面。成人社会角色赋予成人最大的挑战便是一种情绪的选择与调节,情绪选择理论从社会交往的角度来解释情绪调节的作用,个体觉察情绪、运用并产生情绪以协助思维的过程对成人来说具有重要的意义。

三、情绪认知与成人的发展

成人所面临的社会环境是纷繁复杂的,因此对成年人的智力衡量绝不能仅仅局限于认知方面的维度,而应该是成人的发展与适应问题即成人承担社会角色和解决复杂问题等能力方面。情感发展理论的创始人拉鲍维维夫(Labouvievief)认为:成人的情绪问题与个体的认知适应性紧密联系在一起。在成年早期,个体偏向于应用情景性来解释和解决问题。从年龄阶段纵向看,个体情绪体验和调节与年龄呈正相关的,到达中年达到高峰。在横向方面,个体应该在个体成熟性方面存在较大的差异。不同的成熟性表现出不同的社会适应性,情绪认知与成人的社会适应性、解决问题、应对策略上具有很大的关联性。

四、主观幸福感与成人发展

主观幸福感是一种情绪体验,成人的主观幸福感对成人终身的发展产生重大的影响。研究表明影响主观幸福感的因素一般包含:年龄、收入、婚姻、社会支持、自尊、心理控制点等。而这些因素恰恰是影响成人选择学习、生活方式的重要决定力量。通常意义上,我们认为成年以后随着个体生理功能的逐渐衰退、智力功能的减退、人际交往范围的减小而带来的是情绪的消极体验。但研究表明,成年期的情绪体验是一个不断成熟的过程。通过成人教育帮助成人情绪体验的提升、成熟,提高成人的主观幸福感有利于成人的发展。

五、大学生情商发展状况透视

1. 对情绪认知存在不足

目前高校学生对自己身上的优缺点有一定的认识,可以根据自身实际参加班级管理活动、校园社团活动、社会实践活动。积极通过这些活动,提升自己的能力,获得他人的认可。但是,大学生对自身情绪的认知却存在不足,以大一新生为例,一些新生高中时期是“尖子生”,可是跨入大学校园后,突然发现自己“成绩平平”,但又不愿意面对这样的落差,而采取防御性心态,使自己外表看起来阳光、开朗,从而保护自己内心的脆弱。这样的学生对人对事比较敏感,他人一句无关紧要的话也会联系到自身。另外,一些新生入学成绩不高,容易过分低估自己,但又意识不到自己的这种情绪,经常使自己处于一种压抑的心理状态。同时,很多大学生的自尊、自信,多是来源于外界对自己的肯定(老师同学的评价、社团活动的成果等),而并非来自于对自身正确的认知,这就决定了大学生的自尊、自信极易受外界环境的干扰,走向“盲目自大”或“极端自卑”。出现这些情况的原因,多是由于“理想的自我”与“现实的自我”之间产生了较大的矛盾,使得很多大学生无法及时发现自己处于这样或那样的负面情绪之中,长期下去,就容易产生犹豫不决、多疑、焦虑、烦躁等心理疾病。

2. 心理调适能力较低

2008 年 10 月 28 日在中国政法大学端升楼一楼教室内,付成励因女友与自己分手将前来讲课的程春明副教授杀害。付成励在与其女友分手后,处于极端悲伤、愤怒的情绪,但他并没有清楚认识到自己处于一种负面情绪当中,没有及时给予自己积极的自我暗示,而是任由这种负面情绪发展下去,并将女友与自己分手的原因完全归结于程春明,导致在行为上对程春明实施了报复。通过这一案例,从心理成熟度来看,大学生处于一个走向成熟但还未完全成熟的阶段,因此,大学生极易受情绪的左右,自我控制能力、自我激励不足。大学也是个“小社会”,大学生也要面对这个“小社会”赋予自己的不同的社会角色,如学生、班级干部、恋爱对象、求职者等。在扮演这些社会角色时,由于自身心理还未完全成熟,部分大学生会因一时人际关系紧张、感情受挫、工作不顺、成绩下滑等出现悲观失望、自由散漫的不良情绪,但又不能够很好地调整心态,对自己进行积极的自我暗示,从而无法控制不良情绪的蔓延,造成行为上的不稳定,更严重的会出现自杀、伤人等极端行为。

3. 移情能力有待提高

移情也就是认知他人情绪的能力,是情商的重要组成部分。“移情体验使人能更多地设身处地为别人着想,从他人角度看问题,因而具有较高道德移情水平的个体往往具有较为强烈的道德敏感性,有较高的观点分析水平和角色扮演能力。”大学生进入大学校园后,面对的是来自全国各地的学生,生活习惯、成长经历、思想观念、性格特点都各不相同,因此难免会产生各种矛盾和冲突,作为大学生主要活动场所的大学宿舍里,这种冲突更频繁、更明显。随着大学生独立性的增强和适应大学生活的需要,大学生认知他人情绪的能力有所增强,能够有意识地去体察他人的情绪。但是他们在体察他人情绪的过程中仍以自我为中心，移情能力还有待提高。在与人相处的过程中，很多大学生习惯以自己的价值观、标准去评判对方的感受，或是对他人的需要和感受置若罔闻，不能进入对方的主观世界、了解对方的感受，缺乏责任感和同情心。2011 年 1 月 20 日凌晨，北京物资学院研二女生小聂跳河溺亡，事发前，小聂曾发短信告知舍友："明天看不见我，就来河边找我。"但是这条短信并没有引起舍友的警觉。如果这名舍友能读懂小聂语言文字中的暗示和她的不正常情绪，也许悲剧就能够避免。这样的悲剧发生的一个重要原因就是大学生没能读懂他人的真实情绪，没有准确把握他人情绪的变化，就是他们的移情能力太低，缺乏责任感和同理心。

4. 人际交往能力较差

2013 年 4 月发生的复旦大学投毒案，与多年前的马加爵案十分类似，都是不能良好处理人际交往中出现的问题，起因也都是与同学的矛盾。案发后，据有关调查显示，林森浩与黄洋的矛盾早已很深，投毒是日积月累的矛盾引发的。通过林森浩的微博可以看出，他对人际关系的处理方法持有简单而直接的态度。例如他看《牯岭街少年杀人事件》后写了一条微博，他抛开复杂的剧情逻辑，简单评价道"勇敢倔强的少年，不带丁点娘炮，大赞，不然要青春来作甚！""出来混，就不要怕死"。同学对林森浩的总结是——他很记仇，习惯用侮辱性的语言对待同学，处理不好与女性的关系。大学生正处在成长的关键期，人际交往是大学生生活中的一项重要活动，对大学生的世界观、人生观、价值观产生重要影响。目前大学生能够积极地参与到人际交往中，踊跃参加各种学生社团、社会实践。他们的人际交往能力也在这些实践中得到提高。虽然整体形势是向上的，但现状仍然令人担忧。

据调查显示，有 34% 的大学生认为自己与同学关系不融洽，24% 认为与社会人员交往困难，9% 认为与老师沟通不融洽。同时，大学生在处理人际关系危机时，只有 11.6% 会向家长、老师求助，选择自己发泄的有 21.8%，选择不予理会的有 16.6%。2013 年 1 月，武汉长江工商学院新闻专业学生在华中师范大学等 12 所高校作了专门针对大学生宿舍人际关系的问卷调查，结果显示，仅 43% 的大学生对寝室同学关系表示满意，而且很多同学会选择跟室友"冷战"的方式解决宿舍人际关系出现的问题。这些数据表明，大部分大学生人际关系不是十分融洽，并在出现问题时常用自己的价值取向来评价他人，不善于用彼此沟通、求助他人的方式去解决，从而造成人际交往出现障碍。

第三节　情商与幸福

一、情商对成功的作用

在我们通往财富与成功的奋斗历程中，是智商重要还是情商更重要？相信很多人都会答两者都重要，若只能选一个的时候，你会选哪个？二选一，这真是不太好选择的难题。在现今这个社会，对绝大多数人而言，想赚钱、想成功，没有智商肯定不行，可光有智商不懂做人，情商低下，恐怕也难以做成大事。反过来说，即使智商差点，可情商过人，懂得用好各种资源，却仍有可能成就非凡事业。

有人分析研究过许多成功人士，得出的结论是在其成功的背后，情商起的作用占了80%。这一点，对当领导的人显得更为重要，最典型的个案当属美国前总统小布什了，虽然只有克林顿一半的智商，可他的情商却是超一流的，这位被人调侃为美国历史上最笨的总统，在竞选连任的时候仍然能够获得美国大多数人的选票，可见情商于一个人而言是何等的重要！情商在人生成功和个人成才的过程中究竟起多大的作用？最典型的说法是：一个人的成功只有20%归功于智商，80%应归功于情商。也就是说，智商不能决定一切，情商才是制胜的关键。

人的成功商数

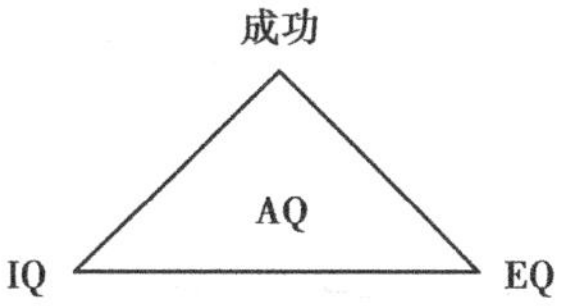

100%的成功=20%的IQ+80%的EQ和AQ

所谓20%与80%并不是一个绝对的比例，它只表明了情商在人生成就中起着不可忽视的巨大作用。尽管智商的作用不可缺少，但我们过去把它的作用估量得太高了。美国哈佛大学教育学院的心理学家霍华德·嘉纳说：“芸芸众生，命运之神往往青睐生活中的强者——他们不是命中注定就有惊人的成就，而后天的努力是他们事业成功的归因，这当中情商是命运天平中关键的砝码。情商较高的人一般能把握住生活中的机遇，最终取得成功。”

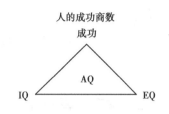

著名的成功学者、曾为两届美国总统顾问的拿破仑·希尔博士，在他著名的《成功定律》一书中，总结了“成功定律”15条。这15条定律分别是：①明确的目标；②自信心；③储蓄的习惯；④进取心及领导才能；⑤想象力；⑥充满热忱；⑦自制力；⑧任劳任怨不计酬劳；⑨迷人的个性；⑩正确的思想；⑪专心一致；⑫合作精神；⑬战胜失败；⑭宽容他人；⑮实施黄金定律（己所不欲，勿施于人）。不难看出，这15条中至少有10~11条与本书作者提出的情商五大内涵相一致或有比较密切的联系。像自信心、自制力、迷人的个性、专心一致、合作精神、战胜失败、宽容他人和“己所不欲，勿施于人”等，与情商理论内涵如出一辙。“成功定律”与情商理论是相互独立的体系，我们可从中看到它们之间的惊人相似之处。“成功定律”从一种理论的角度证明了情商理论的正确性，它也说明了情商在人生成功中确实起着非常大的作用。

我们来看看科技和文化史上的一些例证：著名科学家爱因斯坦、达尔文、洪堡和大诗人海涅、拜伦等人在上中小学的时候，其智力和学习成绩并无超人之处（当然这也与这些奇才的超人之处不易被一般人发现有关）。在达尔文的日记中有这样一段话：“不仅教师，家长也都认为我是平庸无奇的儿童，智力也比一般人低下。”杰出的植物学家、化学家、政治家洪堡上学时的成绩也并不好。他本人说：“我曾经相信，我的家庭教师怎样让我努力学习，我也达不到一般人的智力水平。”可是，这些被认为智力水平一般的人，后来却成了举世公认的杰出人才。

管好自己，管好他人，并不是简单地知人善任就可以了，还要善做“心理公关”，这一点唐太宗李世民是绝世高手。在领导力上，他不仅留下了“房谋杜断”的美誉，还能以王者风范处处留人活路，从而体现了高超的情商领导力。

侯君集是唐朝初年赫赫有名的将领，也是凌烟阁二十四功臣之一，后来由于参与太子叛乱被抓。审讯这位开国元勋遇到了很大的麻烦。唐太宗李世民带他到挂满唐朝开国功臣画像的凌烟阁，一番推心置腹，在感情上彻底臣服了侯君集。他是怎么做的呢？先是表明即使侯君集被杀，也保留他的画像——这体现了人格尊重；其次点明他为开国身上落下39处枪伤刀伤——用真情打动人心；再感叹唐朝的江山是侯君集一寸一寸打下来的——表现侯君集的功绩；然后才责怪侯为什么年老了就过不了这个坎。最后，侯君集被李世民打动，内心折服，俯首认罪。

心理学家认为，这种人格力量，在心理学上叫同理心。一个有王者风范的人，在处理事情上总会给人留余地，让别人与自己共同成长。这也是人性的最高境界。

二、情商，幸福杠杆的支点

1. 情商对人际关系的影响

人“不仅是一种合群的动物，而且是只有在社会中才能独立的动物”。人是社会的人，必须在与人交往中生存下去。在当前社会开放的大背景下，人们的人际交往出现了许多可喜的变化，人们生活节奏快，工作压力大，使得人们在人际交往中还存在许多问题，不少人为此陷入苦闷、孤寂的状态之中，甚至导致自杀或伤害他人等现象。究其原因，主要是他们在交往中不能正确识别、评价自己或他人的情绪，从而不能适应人际关系，导致心理病态。

情绪的识别、评价能力是情商的重要内容之一。良好的情绪认知与评价能力首先表现为能对自己的情绪进行识别、评价，知道自己情绪产生的原因，并能有效地调节自己的情绪。同时，人们还可以通过语言或非语言觉察别人的情绪，理解他人的态度，对他人情绪作出准确的识别和评价。这种能力对人的生存和发展至关重要，它能使人与人之间相互理解，和睦相处，是人际关系和谐的“润滑剂”。

我上学的时候班里有一个德国女孩儿，情商就很高。她经常微笑，看上去对什么事儿都淡淡的，不争不抢，不爱出风头。半年下来我突然发现她虽看似文静恬淡，却和班里的每一位同学的关系都不错，一些在课上经常被忽略的人，或者是特别高调特别难搞的人，也都和她有不错的私交。当然，如果你只是个草包，再会搞人际关系也是没用的。另一个高情商的特点就是自制和坚持。从我认识这个德国女孩儿开始，不论风吹雨打，有没有布置作业，她每天早上9点准时到图书馆，5点回家，晚上则过正常年轻人的生活，去酒吧也去夜店。学期结束，她成绩全班第一，教授都喜欢她。整个学业结束，当大家还在苦恼毕业论文的时候，她已经通过工作面试，找到了一份非常好的工作。

她的情商高不仅仅体现于她聪明地管理自己的生活，还有就是，无论她取得多少成绩，领先别人多少，她身边的人都会真心为她祝福，诚心替她高兴。以前听人说过一句话，“如果你只是有一点点优秀，别人会嫉妒你；如果你非常优秀，别人只会羡慕你”。这句话在情商高手面前就一文不值了，因为有这么一类人，她就是有处理情绪的天赋，不管是她的情绪，还是你的情绪。

2. 情商对身心健康的影响

情商具有调节功能。人们在准确识别自己情绪的基础上，能通过一些认知和行为策略，来有效地调整自己的情绪，使自己摆脱焦虑、忧郁、烦躁等不良情绪从而使自己维持积极的心境状态。研究表明，情商和焦虑以及抑郁呈显著的负相关，即情商分数高的人，其焦虑水平和抑郁水平相对较低；反之情商分数低的人其焦虑水平和抑郁水平可能较高。临床医学研究也证明，情绪与健康是交互影响的，不良情绪会产生高血压、冠心病、偏头痛等心身疾病，而良好的情绪则能更好地调节机体的新陈代谢，使全身各个系统、器官能更协调、健全地发展，从而使疾病减缓或消除。因此，加强情商培养，可以使人们通过对自己情绪的认知、调控来保持良好的情绪，形成乐观、开朗的性格，克服孤僻、抑郁、暴躁的性格，促进身心健康发展。

3. 情商对成功就业的影响

在当今社会体制转轨、经济转型这样一个大变革时期，求职者面临着发展机遇和严峻挑战。一方面，社会为他们提供了更多的展示个人能力的空间和岗位；另一方面，社会对劳动者的素质也提出了更高的要求，用人单位在关注应聘者智商的同时，更注重测试其工作热情、工作主动性、工作责任心、人际交往能力以及再学习能力。在一年一度的公务员考试中，也增加了情商的内容。因此可以看出，情商对成功就业至关重要。

4. 情商对人生幸福的影响

不是每个人都会成功，但也不是每个成功的人都很幸福。有的人身居高位却忧心忡忡，有的人事业飞黄腾达却终日郁郁寡欢，有的人平平淡淡却心满意足，有的人一无所有却随和快乐。这说明，幸福与财富、权力并无直接关系，而是由一个人的心态决定的。因此摆正自己的位置，找准自己的方向，做到善良而不软弱，坚强而不跋扈，进取而不急功近利，热情而不浮躁，沉稳而不迂腐，淡薄而不消沉。拥有这样的心态，即使毕业后生活、事业平平，也能体验到生活的乐趣，于平凡中见精彩，于烦琐中寻快乐，从而把握住自己的幸福。

三、情商认识的误区

情商由自我意识、控制情绪、自我激励、认知他人情绪和处理相互关系等结构组成的。而现在流行的情商文化，多是以外部感受作为判断，比如一个人幽默、说话温和、会调节尴尬的气氛，都会被戴上高情商的帽子。说话只是一个方面，这些特点顶多符合认知他人情绪和处理相互关系两个方面，假如我们忽视掉情商的内在部分，只关心外部语言层面的特征，那

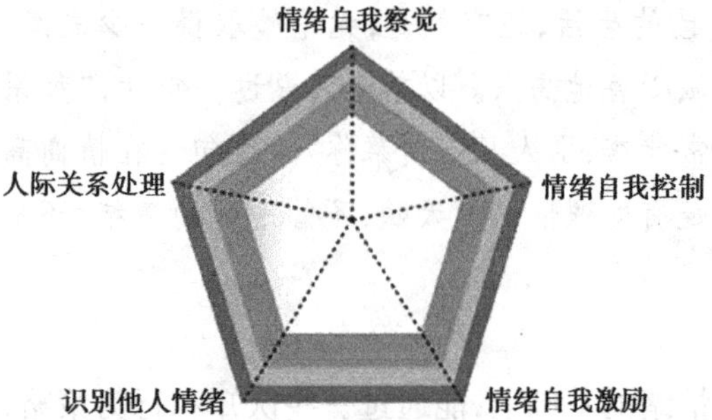

和情商的定义就本末倒置了。曾经一段时间较火的说法是情商高就是说话让人舒服，情商高就是好好说话，情商是一种修养等。一个人高情商是性格、修养、谙熟人性的综合体现，很难通过简单的外部语言优化来提升情商。情商并非外部呈现的舒适，也绝不仅仅是用来取悦别人。

误区之一：情商就是指人际交往的能力，情商高的人公关能力强。

人际交往的能力只是情商的一个方面，不能以偏概全，也不能简单地理解为情商高的人公关能力就一定强。所以不要仅仅以人际交往能力来判断一个人情商的高低。

误区之二：情商是虚的东西，在实际生活中根本无法操作。

相信现在仍然有一部分人对情商有怀疑，认为智商的作用才是实实在在的，情商就是虚头巴脑的东西，真的要生活得开心，实实在在的就可以了，不需要什么情商。

误区之三：智商是衡量人是否聪明的，情商是衡量人是否会为人处世的，两者毫无关系。

两者是有内在联系的，可以相互促进，不是毫无关系。情商对智商的决定性也不是绝对的，智商对情商又有反作用力。智商条件有差别的人，在情商的同等条件下，智商高的人要好于智商一般的人。同时，在情商得到一定发展的条件下，智商又对情商的发展起着促进其发展的作用。因此，情商与智商之间存在着倒因果关系。比如某人的发展过程中，其智商要高于普通人，而其情商修养的背景和环境与普通人毫无二致，但最终发展的结果是智商高的人的情商也高于普通人，原因就在于智商的反作用力。

有一出古装戏《状元与乞丐》，讲述了这样一个故事：在一个家庭里有两个男孩子，很小的时候，父母为他们算命（我们不相信算命先生的玄学依据，但我们相信算命先生一定察言观色参考了他们的表现。这可能是比较原始的智商测定。）。算命的结果是老大乞丐命，老二状元命。由此发生了波澜壮阔的动人故事。乞丐命的老大遭遇了人生极其悲惨的经历后考取了状元。状元命的老二享受了人生的美好生活后却最终沦为乞丐。

第四节　情商的培养

情商培养，简而言之，就是对情商这种能力的培养，具体包括培养情绪情感自我认知能力、情绪情感管理能力、摆脱消极情绪调动积极情绪的能力、识别他人情绪情感的能力以及对他人的情绪情感施加影响的能力。

情商的培养相对于传统智力来讲，有几点不同：第一，情商受遗传因素影响较小，有更大的发展空间。第二，主管情商的大脑皮层高级中枢成熟较晚，为情商的充分发展留下了更多的时间。第三，情商是一种社会智商，儿童对情商的获得和提高是社会学习。因此将更多地依赖文化特征和社会背景，对教育条件的要求更高，并具有更多的着力点。第四，情商的实践性强。受教育者获得的某些智力知识，可能在一定的时间内没法应用，因此只有学习而没有行为。情商则拥有广泛的用武之地，获得之后可以随时运用于自身的活动，从而提高活动的效率、改善行为的后果。

一、敢于做梦

敢于做梦！敢于希望！敢于认定自己有很大的潜能！心理学家越来越肯定“白日梦”的价值。研究显示智商最高的人，往往花很多时间在做白日梦，许多真正伟大的发明都是由想象而来的。但记住，除非你把梦实现，否则它永远是个梦。爱默生是有史以来最伟大的幻想家，但爱默生却对一个有抱负的艺术家说：“在艺术的领域中想成功别无他法，只有脱下外衣来拼命画。我小的时候，母亲常对我说这话‘你要做什么样的人，全看你自己。’”每一个重要的改革，至少都有上百人试过，但从未成功。为什么？有两个原因，许多有潜能的改革者不会做梦，许多梦想者无法把梦实现。梦想，让我们有高瞻远瞩的能力，给我们希望，鼓舞我们尝试做不可能的事，鼓励我们变得比本来更好，鼓励其他人期待一些对我们而言更具挑战的事。

最务实的做梦是愿意不计代价将其实现。务实，把我们的梦成形，把我们的希望弄得更明确，把我们的理想变得有用，把我们的抱负化为行动，把我们的理想加入一些实际。每天都有许多可能和潜能呈现在我们面前。机会陈列在我们眼前，有如无云夜空中的星星，我们四周的人都在抓住它们。“但那些人是幸运的”，有人呻吟道。真的吗？你的梦想可以实现，只要你肯付出代价来使它实现。

许多人不愿付出代价来使自己成功，那就是为什么有许多人退入所谓的“舒适带”，即渴望一个可以休息的地方，一个安全的地方，一个舒服和娇生惯养的地方。但“舒适带”像洞穴，洞中黑暗而难以看清，不流通的空气变得陈腐和难以呼吸，四周的墙把我们封闭住，低矮的顶，使我们难伸直身子。也许你已厌倦做一个失败者，也许你已是一个小赢家，但你要做大赢家。

二、勇做赢家

有些马为何会是其他马身价的100倍？是它比那些马速度快上100倍吗？不是，它只是比其他马跑得快一点。事实上，在许多场比赛中，它比跑第二的马只快过一个鼻子。裁判往往不能直接判断输赢，直到他们看了两匹马跑到终点线时马鼻的差距才能断定的。在人类每一个努力的领域中，这种些微的差距，便把赢家跟一些入围者分别出来，而这些入围者占人口总数不到2%。赢家之所以能赢得这些微的差距,往往不是决定于天才、资源或脑子,而是成功者的态度。失败者责怪他们的环境,赢家能突破环境。失败者只看到限制他们的那道墙,赢家能找到一条出路,跳过它、绕过它或钻过去。

我们都能做赢家,只要我们能控制输入我们伟大的电脑——"思维"的东西。只要有足够正确的输入,我们的思想会开始控制感情,否则便是感情控制思想。

三、克己自律

"先做好自己的主人,然后才能做别人的主人。"管理自己,做自己的主人很不简单,因为每个自我中都经常存在着感情与理智的战争,而所谓的克己自律,就是要克服自己本能的好恶,根据理智思考结果做事。即使在情感高涨时,仍能够做他应该,而非他想要做的事,就是高度克己自律的表现。克己自律从表面上来看,是自我控制的一种形式。现代的大众心理学喜欢告诉大家,自由就是"把所有藏在心里的都表现出来","只要自己喜欢就好,不必在乎别人"。这是不对的。一个人只有在战胜自己的感情,并证明为自己命运的主人后,才能真正获得自由。当一个人感情盖过理智后,便成为天下最不自由的感情奴隶。

了解在感情与理智纠缠不清时感情的趋向,便是建立克己自律习惯的第一步。很不幸地,在大自然的平衡定律下,最能够获得即刻性满足与欢娱的行动,通常对长期的健康、幸福、成功的伤害最大。因此,我们必须学习分辨生命中哪些行动会让我们马上享受,而哪些行动则是让我们未来才能尝到幸福美果的。行动是为了现在,更是为了未来,因此现在的行动必须与未来的结果相结合。这便是未来导向思考模式的主轴。不论我们多么喜欢现在,但是凡谨慎的人,在享受现在之时,都会考虑到现在对未来的影响。

对未来关键是要有正确的认识,有正确的认知,便有选择,从认知中发展知识与智慧后,便有了选择,而不会因为"我没办法,非这么做不可"之类愚蠢理由,而犯下错误。会说出这种不能算借口的人,是真正的失败者。他们拒绝承认自己有力量,按照自己的理智做事,并且做对。他们原本可以运用自己的理智,忍受短暂的痛苦,来换取更长远的利益。但是他们忽略了一个重要的原则:人在任何时候都有选择。没有克己自律的精神,使得他们一再和以前使他们失败的人打交道,其结果便是,他们虽然打发了眼前,却无法避免长期的失败。

虽然花费了同样的力气,有的人成功,有的人却尝到失败。两者或许都知道要如何做才能够成功,但是造成两者之间区别的,可能是成功者懂得以理智追求成功,而失败者却被感情驱使。戴高乐有一次谈到他自己的弱点时说:"我时常做错事,但很少预测自己会做错事。"和很多其他习惯一样,克己自律是一种需要学习、培养的艺术。要养成自律的习惯,至少要经过两个步骤:第一,我们必须经常而客观地分析自己的行动可能带来的长期后果。第二,我们必须坚毅卓绝、不屈不挠地追求自己下定决心要追求的长期利益目标。

正如亚里士多德所说的,重要的是情感要适度,适时适所。情感太平淡,生命将枯燥而无味,太极端又会成为一种病态,到了无生趣、过度焦虑、怒不可遏、坐立不安等都是病态。

克制不愉快的感受正是情感是否幸福的关键,极端的情绪(太强烈或持续太久)是情感不稳定的主因。但这并不是说我们只应追求一种情绪,永远快乐的人生未免也太平淡。痛苦也是生命的一个重要成分,痛苦能使灵魂升华。苦乐同样使人生多彩,重要的是苦乐必须均衡。如果说人心是一道复杂的数学题,幸福感便取决于正负情感的比例。这个比喻是有理论根据的,曾有人就数百名男女做过研究,请他们随身带着呼叫器,研究人员不定时提醒他们记录当时的情绪。结果发现,一个人要觉得满足不一定要避开所有不愉快的情绪,只是不可让激烈的情绪失控取代所有愉快的感受。一个人即使感到强烈愤怒或沮丧,只要有相当的快乐时光相抵消,还是会有幸福感。研究也发现,学业成绩或智商与情感幸福的关系微乎其微。

四、走出自我攻击的怪圈

我们应该了解的是,许多表面上正常的行为都可能对自己构成伤害。例如,受过高等教育,明知道有危险性的人,开车时却故意不系安全带;孕妇抽烟或喝酒,危害胎儿的健康;不擦防晒油,直接暴露在太阳底下,增加患皮肤癌的机会。

自我攻击的本质,是由于自己的行为或怠惰,造成本身的失败、损失、伤害或痛苦,与追求个人最大利益的行为完全背道而驰。自我攻击中的“自我”,不只是肉体,也可以是某种有意义或象征性的认同,所以,不仅造成自己肉体、感情或精神上的伤害,也可能损害个人的声誉或人际关系。此外,我们将“自我”的观念加以延伸,包括个人的目标及计划。阻止自己达成梦寐以求的工作目标(客观上可预期成功),即使并未造成肉体或精神上的伤害,也算是自我攻击。

我们把自我攻击称为悲哀的矛盾,因为它违背合理与正常的行为本质。保护自我是人类自然的本性,理智则教我们如何达成目标,追求满足、健康、舒适及快乐。简单地说,就是以合理的方式,分析并且追求最大的利益。所以,自我攻击基本上是不合理的;心理学家对这种不合理感到好奇，因为它表示某些更深入、更黑暗的动机，可以改变正常与理性的行为方式。自我攻击的悲剧，发生在人们加诸于自身的悲伤或痛苦的结果；此种悲剧比单纯的不幸更令人痛苦，毕竟没有人的一生当中完全都是成功和快乐；人们都相信某种程度的痛苦或失败是无可避免的。但是，自我攻击似乎是完全可以避免的。如果你的计划因为运气不好，或对手太强而失败，那是无可厚非的；但如果失败的责任在于你自己，就很难不去想，根本不应该有自我攻击那种结果。因为你自己的行为而破坏你的计划，的确是一种残酷的讽刺。

我们并不完全是想教人如何避免自我攻击行为，而是教他们应该怎样做，有哪些变通的方法。

1. 审慎地判断

有很多自我攻击的行为都是因为失算而铸成大错。因此，审慎而客观地判断避免错误及偏见，才是最根本的办法。如果你发现自己因为眼前的利益，忽略长期的风险及代价，就应该重新考虑所有可能发生的后果及利害得失。自我攻击的行为的另外一项原因是情绪。不愉快的情绪使人容易偏激、意气用事。因此，除了学习掌握情绪，更重要的是，了解情绪如何影响判断的合理性，造成毁灭自己的错误；研究人员还应该探讨情绪如何影响思考的过程。同时，你应该有所警觉，在情绪沮丧低落时，更可能产生自我攻击的行为。因此，你应该尽量避免不愉快的情绪，或是将伤害减至最低。至少，你可以试着在情绪欠佳时，避免作决定。

2. 寻求替代的利益

从交易性的自我攻击行为中，我们可以找出第二种避免伤害自己的方式。在交易的行为中，人们获得某些利益，但必须付出代价及承担风险。此时，人们应该找出替代的方式，或是适应没有那些利益的生活，就可以避免自我攻击的行为。有时候需要心理治疗人员、家人或朋友共同的协助。

3. 接纳不完美

对于恶意的自我攻击行为，最重要的是帮助当事人认清，无论如何抗争都不会赢；他们唯一需要的，是一种健康与被爱的感觉。如果你不去报复，如果你知道错不在自己，如果你能体会出有些失败并不公平，人生还是可以差强人意。成功并不一定都是凭实力得来，世界并不全然公平正义。如果人们了解到不完美的事情太多，每个人都不够完美，就能降低许多人伤害自己的冲动。

4. 接纳批评

因为太在乎别人而产生的自我攻击行为，比较难以处理，但是仍然可以治疗。最根本的方式是让当事人了解，大多数的人都和他们一样，担心自己的能力不足，怕自己的表现不够好。等到他们能坦然地接受这种想法，下一步是改变"如果别人赢，我就输了"这种尖锐对立的观念。这种竞争的观念，也是危害亲密关系、导致自我攻击行为最常见的催化剂。在心理治疗时，最困难的工作是让他们不再挑剔别人，转而检讨自己。治疗人员可以提醒他们，"对于那边的傻瓜而言，他也通常能有效地消除他们钻牛角尖的想法。至少，可以帮助他们坦然地面对别人的批评，不再无谓地贬低自己”。

许多伟大的思想家及精神领袖都说过，痛苦是人生必经的过程；虽然痛苦的程度不尽相同，痛苦的事实似乎是恒久不变的。每个人都受到自然及社会力量的摆布，而这些力量完全不是他们自己所能掌握。这种先天的不利，意味着有些痛苦是无法避免的。根据弗洛伊德的分析，在人们的内心与外在世界，都存在许多令人不快乐的原因。他的结论是，不论是自然或文化，似乎都不能增加人类的快乐。

虽然人生难免有某种程度的痛苦，但是我们没有理由放弃追求快乐的权利；相反的，我们更应该努力减少痛苦。即使我们无法阻止犯罪、老化、疾病，及不人道的行为，至少可以努力避免成为自己的头号敌人。我们也必须认清，自恋狂及自我本位，造成最多不当的自我攻击行为；唯一的治疗方式，是和别人建立健康的互动关系投入社会、激发人性的善意、自我提升。

幸福快乐的日子，可能只是童话故事中天真的幻想。这个世界上存在着许多具有毁灭性的力量，使人们不敢奢望没有痛苦的幸福生活。但是，一切都操之在己。如果人类学会不再伤害自己，在世界上就减少一个敌人，也就减少一分痛苦。这种希望，使人们不断地努力探讨，并且解决自我攻击行为这种可悲的矛盾。

五、肯定自我

你的父母、环境、其他人和你生活中发生的事件都深深地影响到你对自己的看法。不过，任何事件和环境的结合都无法完全决定你对自己的印象。因为自我印象的形成与发生在我们身上的事没有太多的关系。如何形成一个坚强肯定的自我印象？只要自尊心高，你可以用信心、希望和勇气去应付失望和令人丧失勇气的局面。方法很简单，只要你喜欢自己，相信自己，信任自己的经验过程，你可以既成功又快乐。你可以勇往直前，做你想做的人。

从现在开始，毫无条件地完全接受自己，你若不喜欢自己的话，责怪父母、社会、你的体力和精力限制或其他影响你不喜欢自己的因素是无济于事的。

1. 不要再说自己的坏处和丑事

你不喜欢别人把你看得很差劲是吗？你特别不喜欢一些假的评论是吗？但是，一句自我批评的话，其毁灭的力量十倍于一句别人批评的话。经常说自己不好的人，最后会相信他们自己说的话。一旦他们相信自己的话后，就会表现出自暴自弃。如果人们给自己一些肯定的想法和评估，他们会相信这些想法。给自己一些恭维，是增长自尊的方法。不要养成妄自菲薄的习惯。要习惯于说自己好话,你会发现你较喜欢你自己。

2. 改进你必须改进和能改进的地方

想想看你做过记号的那些你不喜欢而能改进的地方。着手去改进它们。

3. 学习接受别人和尊敬别人

厄尔·南丁格尔说,有的人之所以被炒鱿鱼是因为他们无法与人相处,这话一点不错。"相处融洽"要视你接受别人的程度而定。一个人或一个团体跟另一个人或团体起冲突的最大原因是一方想将他的价值观和期望加诸在另一方身上。海伦凯勒说过:"容忍是沟通的第一原则,也因为有这种精神,才能保有所有人类思想的菁华。"原谅别人的过错,高兴地看见别人的成功,能欣赏别人的意见是真正的成熟。不论在任何行业,成功的秘诀是了解别人要什么,慷慨地去帮助他们得到。如果你帮助别人成功地实现他们的梦想,你就等于实现了自己的梦想,你在一生中会交到许多朋友。如果你想成为一个失败而不幸的人,你只需去讨那些你喜欢的人的喜欢。

接受每个人都有优点和缺点这个事实,他们跟你一样。"你愿意人怎样待你,你应怎样待人。"乃是建立良好人际关系的金科玉律。采取肯定的态度和有肯定态度的人交往。世界上有两种人:肯定的人和否定的人。乐观肯定的人早上从床上跳起来会说:"早。"悲观否定的人会把被子拉到头上呻吟道:"天哪! 又到早上了。"你是哪种人?

发展肯定态度的第一个规则是:行动果决,你会变得肯定!

发展肯定态度的第二个规则是:跟有肯定态度的人做朋友。

事实上,在生活中有不少人给我们一些否定的看法和展望。新闻报道中,坏事总是多过好事。我们总是听到飞机失事的消息,却不闻成千上万的飞机安全抵达的消息。当你跟成功的人在一起,跟持肯定人生观的人在一起,他们会增强你对生活的肯定态度。那些尊敬自己的人,会有助于你对自己产生好感。

4. 明白你的价值

成功快乐的人懂得珍惜别人和利用万物。那些寻找能使他们快乐的东西的人是永远找不到快乐的。约翰·罗斯金(19 世纪英国散文家)说:"一个在生活中有进步的人是心肠越变越软,血液越流越热,脑子反应更快,他的精神正进入生活的和平中。"

希伯来人所谓的崇拜偶像,有助于我们澄清对自己的展望。偶像是假的,当我们赋予我们自己不实的形象时,我们就是把自己偶像化,如此我们便不可能喜欢真实的愉快。同样的,当我们为自己刻画出未来的形象,而且认定我们只有在达到这个形象时才会快乐,那么我们对挡在路上的任何东西只会感到备受威胁和焦虑。

如果你要维持一个肯定的自我印象,记住:只有你和你所爱的人是最重要的。你的目标和行动只是表示你的价值的方法,你一生所积聚的东西只是生活中多余出来的。

5. 要自立,但要对他人伸援手

自尊心强的人是懂得如何使自己站起来的人。他们愿意放弃一时的欢乐,选择一条有前途的路。我们都渴望自由,保有自由最好的方法是自立,只有在自立的情况下才能维持我们的自尊和开放的心态。拉尔夫·爱默森说得好:“每个人有朝一日都会知道羡慕是无知,模仿是自杀。尽管宇宙中充满了好东西,但老天不会降下恩物来,除非一个人汗滴禾下土。一个人都不会知道,除非他着手去做。”同样的,有肯定自我印象的人才会去真正帮助人。那些对自己有好感的人,会去帮助别人对他们自己产生好感,他们越肯帮助人,他们对自己越有好感。只有没安全感、害怕、自尊心低的人才会说:“人人为己。”

6. 培养强烈的感恩的心

有人说过,世界上最大的笑话是“自制人”,这种人是不存在的。同样的,世界上最大的悲剧是一个人大言不惭地说:“没人给过我任何东西。”这种人不论是穷人或富人,他的灵魂一定是贫乏的。有坚强肯定自尊心的人,当他们意识到上天赏赐有多么丰厚时,他们会真正地谦卑起来。他们感激别人对他们的生活所作的贡献。

7. 培养坚强的人际关系

尊重别人,为别人着想的人,自然能与人相处融洽,然而一个成功的人,也许会有许多相识,却只会有少数朋友。有人说过:“所谓朋友是了解你和爱你的人。”当你快乐时,他们真正为你快乐,当你遭遇困难时,他们始终不离弃你。我们在生活中不时会受到打击,这时,唯一使我们能活下去的,便是知道有人关心我们。友谊跟感恩一样,它不是自动来的,它是我们把自己给予所爱的人的结果。没有比这种投资报酬率更大的投资。同样的,你努力追求到的名与利,若没人跟你分享,是毫无价值的,因此建立自尊,要从培养友谊着手。

六、人际关系的卡耐基策略

处世艺术不仅表现在对自我的了解上,而且还要求了解对方的观点。因为,只有弄清楚对方的观点,自己才能找到合适的应付措施。

卡耐基每年夏天都到缅因州钓鱼。他个人非常喜欢草莓和乳脂作饵料,但他奇怪地发现,鱼儿较喜欢小虫。因此,每次去钓鱼,他不想自己所要的,想的是鱼儿所要的。卡耐基的钓钩上不装草莓和乳脂,他在鱼儿面前垂下一只小虫或蚱蜢,说:“你不想吃吃这个吗?”所以,为什么要谈论我们所要的呢? 这是孩子气荒谬的想法。当然,你感兴趣的是你所要的,你永远对自己所要的感兴趣,但别人并不对你所要的感兴趣。其他的人正跟你一样,只对他们所要的感兴趣。

因此,唯一能影响别人的方法,是谈论他所要的,教他怎样去得到。

请记住,当你明天要别人去做某件事的时候,譬如说,当你不要你儿子抽烟的时候,别跟他讲什么大道理,只要让他知道,抽烟会使他无法加入篮球队,或赢得百米竞赛。

卡耐基在处理人际关系问题上有他独到的见解。卡耐基指出,跟别人交谈的时候,不要以讨论不同的看法作为开始,要以强调而且不断强调双方所同意的事情作为开始。不断强调你们都是为相同的目标而努力,唯一的差异只在于方法而非目的。

要尽可能使对方在开始的时候说“是的，是的”，尽可能不使他说“不”。“一个‘否定’的反应”，奥佛斯屈教授在他的《影响人类的行为》一书中说，“是最不容易突破的障碍，当一个人说‘不’时，他所有的人格尊严，都要求他坚持到底。也许事后他觉得自己的‘不’说错了；然而，他必须考虑到宝贵的自尊！既然说出了口，他就得坚持下去。因此一开始就使对方采取肯定的态度，是最最重要的。”“懂得说话的人都在一开始就得到一些‘是的反应’，接着就把听众心理导入肯定方向。就好像打撞球的运动，从一个方向打击，它就偏向一方；要使它能够反弹回来的话，必须花更大的力量。”

“这种‘是的’反应是一种非常简单的技巧，但是被多少人忽略了！”一般来看，人们若一开始采取反对的态度，似乎就能得到他们的自尊感。激烈派的人跟保守派的人在一起时，必然马上使对方愤怒起来。而事实上，这又有什么好处呢？他如果只是希望得到一种快感，也许还可以原谅。但假如他要实现什么的话，他在心理方面就太愚笨了。

七、心理暗示是永远的动力

就自我而言，心理上的积极暗示是非常重要的，它能帮助自己走出困境。只要知道你在想些什么，就知道你是怎样的一个人，因为每个人的特性，都是由思想造成的。我们的命运完全决定于我们的心理状态。爱默生说：“一个人就是他整天所想的那些。”你我所必须面对的最大问题，事实上也是我们需要应付的唯一问题就是如何选择正确的思想。如果我们能做到这一点，就可以解决所有的问题。曾经统治罗马帝国的伟大哲学家巴尔卡斯·阿理流士认为，“生活是由思想造成的”。

不错，如果我们想的都是快乐的念头，我们就能快乐；如果我们想的都是悲伤的事情，我们就会悲伤；如果我们想到一些可怕的情况，我们就会害怕；如果我们想的是不好的念头，我们恐怕就不会安心了；如果我们想的净是失败，我们就会失败；如果我们沉浸在自怜里，大家都会有意躲开我们。

这么说是不是暗示对于所有的困难，我们都应该以乐天态度去对待呢？不是的。生命不会这么单纯，不过大家应选择正面的态度，而不要采取反面的态度。换句话说，我们必须关切我们的问题，但是不能忧虑。关切和忧虑之间的分别是什么呢？关切的意思就是要了解问题在哪里，然后很镇定地采取各种步骤去加以解决，而忧虑却是发疯似的在小圈子里打转。

我们多数人的生活境遇，既不是一无所有，一切糟糕；也不是什么都好，事事如意。这种一般的境遇相当于“半杯咖啡”。你面对这半杯咖啡，心里产生什么念头呢？消极的自我暗示是为少了半杯而不高兴，情绪消沉；而积极的自我暗示是庆幸自己已经获得了半杯咖啡，那就好好享用，因而情绪振作，行动积极。

由此可见，心理暗示这个法宝有积极的一面和消极的一面，不同的心理暗示必然会有不同的选择与行为，而不同的选择与行为必然会有不同的结果。有人曾说：“一切的成就，一切的财富，都始于一个意念。”我们还可以再说得浅显全面一些：你习惯于在心理上进行什么样的自我暗示，就是你贫与富、成与败的根本原因。因而我们一直强调，发展积极心态、走向成功的主要途径是：坚持在心理上进行积极的自我暗示，去做那些你想做而又怕做的事情，尤其是要把羞于自我表现、惧于与人交际改变为敢于自我表现和乐于与人交际。

八、相信你是最后的胜利者

每个人都期望生活中充满欢笑和乐趣。有时生活很艰辛，非常艰辛。你越往上走，生活中的困难越多。对许多人而言，生活中充满了压力。这些压力导致苦恼。压力在我们的社会中是最常谈到、却是最少为人所了解的东西。要知道压力的问题有多严重，只要看看药房中各种舒解压力的药物即可。不感到压力的人并非没有压力，而是他懂得如何有效地控制日常生活中的压力。以下是 8 种处理压力的方法：

1. 学会如何适应改变

工作、居处、婚姻关系或生活中任何一个方面有所改变都会产生压力。压力会产生紧张和苦恼。由于我们经常会碰到改变，因此我们得学会把它们当成是挑战和机会。

（1）接受生活会随时改变这个事实，去适应它。学会去调整适应新的情况和挑战。

（2）把目光放在长远目标和价值上。一位海军喷气式飞机驾驶员说，他起初很怕把飞机降落在航空母舰上：“每样东西都在动，船上上下下的，浪在动，飞机在动，想把所有的都弄成一致似乎是不可能的。”有时生活不也像这样吗？一位老手告诉这个年轻的驾驶员解决之道：“在甲板中央有个黄色的记号，那个记号是静止的，我每次都以飞机的鼻翼对准那个记号，一直飞向它。”这是一句值得深思的话。对付压力和紧张最好的办法便是有一个努力的目标，把目光定在那个目标上。

2. 学会适应困难

告诉自己：“每种困难都有解决之道。”否认困难存在并非上策。有些成功的人是专爱找困难解决的。以下方法可以把困难转化为冒险。

（1）做万一的打算。例如，我并不期望汽车爆胎，但我在车厢后面永远放有备胎。我相信大多数人都会这么做。随时准备有困难发生。

（2）以勇气、信心和希望来面对问题。问题往往是隐藏在一个恐怖面具之后的机会。当你以信心、希望和勇气来应付它时，就可以把它们转化为达到目的的敲门砖。

（3）面对问题而不逃避问题。所谓的睿智是在问题变得很紧急之前看出来并解决掉它。公司派两个推销员去非洲卖鞋子。其中一个推销员立刻回来，因为那儿的土著不穿鞋子。另一个打电话回公司说：“立即运送百万双各种尺寸的鞋子，因为土著人没鞋子穿。”

（4）了解问题。往往问题之不获解决是因为我们不了解问题的本质。把你认为的问题很简单地写下来，你会发现多数看到的常是问题的表面现象。

（5）以发问的方式来检查问题。在没看清楚整个问题前，不要立刻得出结论。解铃还需系铃人,问题的解决之道还在问题本身。当你问问题时,你会发现解决方法开始出现。

(6)想出几个可能的解决方法。在开始解决之前,你得有几个方案。把所有合理的选择简单列出来,跟那些你重视他们判断的人谈你的问题。

(7)选择了解决之道后便采取行动。如果要采取非常措施,那就去做。两小时是无法让你跳过断崖的。宁可出错,也比什么都不做或拖延行动为好。

(8)事情过去后,面对下一次挑战。失败者会一再在问题中打转,但赢家会改变方向继续前进。有些解决方法也许需要几年,你也许要调整既定的解决方案,以适合新的消息和情况,但不要半途而废。

3. 学习应付冲突

我们每个人或跟自己,或跟别人会起冲突。应付冲突的方式有以下一些:

(1)退缩。从冲突中走开。

(2)以漠不关心的态度应付它。我们拒绝牵涉入冲突,寻找别的出路以避免这种不愉快的情况。

(3)妥协。寻找妥协的解决之道,好使大家都满意。

(4)寻求第三者的帮助。顾问和仲裁者都有助于我们解决冲突。

(5)陷入一种赢输之战,把对方视为敌人,互不相让,最后强者赢了,至少是暂时的,不过到头来,大家都输了。

(6)以创意来寻求解决方法。你可以用上述任何一种方法,也可以数项并用。不管用什么方法要把冲突解决掉,因为未解决的冲突永远会引起压力和苦恼。

4. 克服担心的习惯

担心是司空见惯的,它是一个真正的杀手,担心会榨干你创造的精力,会使你变得无效率。诺曼·皮尔教授提出一些方法来克服担心。首先,把问题说出来,明确地了解你到底在担心什么。其次,找出问题可能产生的结果,并决定采取行动后的结果。再次,猜测最坏的结果如何,往往它不会比我们想象的严重。最后,着手来减少这最坏的结果,着手去解决问题。人们的担心只有两个原因:不是损失一些他们要保有的东西,就是得不到他们想要的东西。你要先问问自己,这种得与失,是否值得你如此患得患失。克服担心的习惯,可以减少压力。别担心!动手去做!

5. 学习如何放松紧张

卡耐基说过两个人砍木头的故事。一个家伙整天工作,只在午饭休息一会。另一个在一天之中休息数次,并在中午小睡一会。结果一天下来,后者砍的比前者多。"我不懂",他说:"每次我看你时都坐在那儿,结果你砍的木头比我多。""你没注意我休息的时候在磨我的斧头吗?"卡耐基说这个故事是要大家明白休息的重要。

放松的方法:

①采取一个短暂的休息或周期性的休息。

②变换你的工作，长期采用一个姿势工作或做同一件工作会减少一个人的生产力并会产生压力。

③每天做运动，有助于松弛紧张，晚上会睡得好些。

④每天练习把脑袋放空后再上床。提醒自己已经做完一天的工作，而且明天已有明天的计划。

6. 学会以透彻的态度来看事情

学习把真正严重的事和只不过是令人感到挫折的事分开。很多我们视为严重的事不过是庸人自扰而已。一位律师迟到了，他向顾客说明他的车在路上坏了。“我希望没什么严重的事发生。”他的顾客说。律师说：“怎么会严重？不过是辆车而已。”

7. 培养幽默感

一个人在面对他的问题还能笑时，压力就不会那么大了。在每种情况中找出幽默的地方来。

8. 变换你的兴趣

“花点时间来闻玫瑰花。”这句老话到今日还管用。花时间跟家人相处，跟朋友相处。花时间在你的嗜好上。这些事不仅会丰富你的生活，而且有助于应付压力。

情商是内在的一种能力，无论高情商的人表现出多大的利他性，最大的受益者当属自己。当你能够在人生起起伏伏的旅程中，做到情绪控制，不因沮丧失意而崩溃，不因挫折而悲观自毁，不会摇摆不定情绪飘移，笃定面对种种不如意，守得住内心，你就能成为人生赢家。

独则能守其心，众则刚柔兼济。

★实践练习：

别让低情商拖累你的人生

情商高低，意味着一个人能不能做自己情绪的主人，很大程度上也决定成就的大小。学会积极面对自我，不被负面情绪主导；体谅他人情绪，不要自说自话；做成熟主动的聆听者，不要轻易说出那句伤人的话……别让低情商影响你的成功！

第七章　逆风飞扬

古者富贵而名摩灭，不可胜记，唯倜傥非常之人称焉。盖文王拘而演《周易》；仲尼厄而作《春秋》；屈原放逐，乃赋《离骚》；左丘失明，厥有《国语》；孙子膑脚，《兵法》修列；不韦迁蜀，世传《吕览》；韩非囚秦，《说难》《孤愤》；《诗》三百篇，大底圣贤发愤之所为作也。

这样的状况下，只有高逆境者才能体验到人生的幸福。他们对人生充满了希望，对成功表现出极大的兴趣，遭遇逆境时，能够经受磨难奋勇向前；而低逆境者对事物则不感兴趣，缺乏生活激情，容易知难而退。

第一节　逆境概述

一、逆境概述

1977 年，因为一些不可抗原因，家在农村的俞敏洪高一下半学期才进入了高中。当时的录取分数其实很低，他报考的常熟市地区师专外语录取分数线是 38 分，俞敏洪的英语却只考了 33 分，别的几门也不理想。

高考失利之后，俞敏洪没有特别失望。俞敏洪在家里开手扶拖拉机，插秧，割稻，后来去大队当了代课老师。1979 年，俞敏洪再次参加高考，他的总分过了录取分数线，但英语只考了 55 分，而常熟师专的录取分数线变成了 60 分，结果再度落榜。

一天，俞敏洪高中的一个英语老师告诉俞敏洪，江阴县教育局准备办个专门针对外语高考的辅导班。俞敏洪母亲到城里找到几个亲戚打听，证实了这个消息，就让俞敏洪去报名。这次的复习真正变成了全职脱产学习。俞敏洪和二十多个男孩一起住在一个连厕所都没有的大房间里。老师指定俞敏洪当副班长，这对俞敏洪是一个很大的促进，既然是副班长，学习就要认真，俞敏洪带领大家一起拼命。

1980 年的高考开始了，英语考试时间是两个小时，俞敏洪仅仅用了 40 分钟就交了卷。俞敏洪的英语老师大怒，迎面抽了俞敏洪一耳光，说今年就你一个人有希望考上北大，结果你自己给毁了。

分数出来以后，俞敏洪的英语是 95 分，总分 387 分。当年，北大的录取分数线是 380 分。填志愿的时候，老师对俞敏洪说，如果你想上北大，语文一定要及格，但俞敏洪的语文是 58 分。俞敏洪不敢下笔填北大，还是老师帮他填的志愿。

8月底，俞敏洪的同学们几乎都拿到了录取通知书，他却什么也没收到。老师就说俞敏洪大概没戏了。这时候，俞敏洪真的特别难受。有一天俞敏洪和妈妈在地里种菜，大队的人找到俞敏洪说县里有电话来。

俞敏洪急忙跑过去，一看是北京大学录取通知书，当时就乐疯了，和两个考上大学的同学一起，像范进中举一样跑到马路中间又蹦又跳，连大卡车都停下来了。

人生逆境难免，所谓逆境就是指人们在某种动机的推动下，在实现自己目标的活动过程中遇到无法克服或自以为无法克服的障碍和干扰，使其动机不能实现、需要不能满足时，所产生的紧张状态和情绪反应。

日常生活的经验告诉人们，人在遇到逆境后，生理上会引起血压升高、心跳加快、呼吸急促、脸色苍白等；在情绪上可能会企图反击，对构成挫折的起源实施报复，还可能失去控制能力，像小孩似的任意胡闹。我们日常生活和工作中，并非一帆风顺，常会遇到各种困难和障碍，甚至遭受失败的结局而无法实现既定目标。这是因为生活在现实社会中的人，总是无时无刻不受到自然环境、社会现实和个人素质等条件的限制，使人们的动机和目标得以实现的可能性受到很大的限制，因而对每个人来说，挫折和失败也就在所难免。

二、逆境产生的原因

人们产生的任何心理挫折，都与其当时所处的情境有关。构成挫折情境的因素是多种多样的，分析起来主要有两大类。

1. 外在的客观因素

构成心理挫折的外在的客观因素主要来自自然和社会两方面。自然因素是指由于自然的或物理环境的限制，使个体的动机不能获得满足。如任何人都不能实现长生不老、返老还童的愿望，大家都难免遭到生离死别的境况和无法预料的天灾人祸的袭击。以上是由自然发展规律而形成的心理挫折，对人类来说还不是主要的。

社会因素是指人在社会生活中所受到的人为因素的限制，其中包括一切政治、经济、民族习惯、宗教信仰、社会风尚、道德法律、文化教育的种种约束等。如学非所用，在工作岗位上不能充分发挥作用，学习的课程与兴趣间的矛盾；家长和老师教育方法的不当；等等。凡此种种社会因素，不但对个人的动机构成挫折，而且挫折对个体行为所产生的影响，也远比上述自然因素所产生的心理挫折要大。

2. 内在的主观因素

由内在主观因素引起的挫折包括两类：一类是由于个人容貌、身材、体质、能力、知识的不足，使自己所要追求的目的不能达到而产生的心理挫折；另一类是由于个人动机的冲突而引起的挫折。在实际生活中，人们常常同时存在若干动机，其中有些性质相似或相反而强度接近，使人难以取舍，便形成了动机的斗争。如在同一时间内，某人既想去参加同学聚会，又想去看科技展览，但不可能两全其美。这就是动机的矛盾斗争，又称动机冲突。动机冲突的实质是需要之间的冲突。大致有三种动机冲突形式。

双趋冲突，在两个目标都符合需要并有相同强度的动机中，个体因迫于情势不能两者兼得，从而在心理上产生的难以取舍的冲突情境，所谓“鱼和熊掌不可兼得”。

双壁冲突，两者同时违背需要，造成厌恶或威胁，产生同等强度的逃避动机，由于情势又不能同时避开，由此产生的难以抉择的斗争，为双避冲突。

趋避冲突，即某一目标对个体既有利又有害，既有吸引力又有排斥力，处于既爱又恨的矛盾状态。动机冲突常常是引起挫折的重要原因。

三、挫折的性质

挫折，是指人们在有目的的活动中，遇到无法克服或自以为无法克服的阻碍，使其需要或动机不能得到满足的情况。心理学上指个体有目的的行为受到阻碍而产生的必然的情绪反应。

1. 挫折普遍存在于人生的各个领域

与人际交往有关的挫折。人与人的相处十分复杂，每个人都有自己的阅历、观点、立场、性格特点和沟通模式，因此一旦遇到误解、冲突，就会成为生活中的逆境。

与恋爱心理有关的挫折。人的一生必然经历被爱或者爱人，但是恋爱并非一帆风顺，“失恋”和“单相思”常使某些人神魂颠倒，在情感上难以自拔，造成心理失调，甚至导致精神崩溃。

与生活贫困有关。有些人由于家庭经济非常困难，无法满足他们在“生活城市化”过程中的各种需求。他们不甘于艰苦朴素的生活，羡慕“高消费”，但是自身的经济状况无法满足自己的消费，这种矛盾心理必然会演变成“挫折心理”。

与职业工作有关。工作事业是人生的重要组成部分，但是在职业的发展过程中并不尽如人意。在择业阶段，由于增加的劳动力涌入市场，社会需求增长缓慢，导致人才需求的矛盾十分突出。就业的紧张局势会给一部分人造成逆境。同时，已经就业的部分人，由于职业发展、薪酬待遇、职场人际关系等原因，也会产生欲望需求不能满足的现状，从而产生人生的逆境。

与生理缺陷有关。有些人患有慢性生理疾病，久治不愈，长期受到疾病的困扰，忧心忡忡，自信心严重缺失，甚至悲观厌世，有自杀的倾向；有的人外貌条件比较差，有的男性个子太矮小；有的女性体态太胖。这些人自感没有优势，走路时总是抬不起头，自卑心理严重。

与突发事件有关。人生中，有些人突然遭受不幸，如父母一方猝死或者遭遇各种灾害等；有的突然患有重病；有的女性突然遭到歹徒强奸；有的与异性谈上恋爱，可对方突然与他（她）告吹了；这些也会成为人生中的逆境。

2. 挫折既有积极的一面，也有消极的一面

无所谓积极和消极挫折，关键看我们如何看待它。

小故事

一个女儿对父亲抱怨她的生活，抱怨事事都那么艰难。她不知道该如何应付生活，想要自暴自弃了。她已厌倦抗争和奋斗，好像一个问题刚解决，新的问题又出现了。

她的父亲是位厨师，他把她带进厨房。他先往三口锅里倒入一些水，然后把它们放在旺火上烧。不久锅里的水烧开了。他往一口锅里放些胡萝卜，第二口锅里放只鸡蛋，最后一口锅里放入碾成粉末状的咖啡豆。他将它们浸入开水中煮，一句话也没有说。

女儿咂咂嘴，不耐烦地等待着，纳闷父亲在做什么。大约20分钟后，他把火关了，把胡萝卜捞出来放入一个碗内，把鸡蛋捞出来放入另一个碗内，然后又把咖啡豆舀到一个杯子里。做完这些后，他才转过身问女儿，“亲爱的，你看见什么了？”“胡萝卜、鸡蛋、咖啡，”她回答。

他让她走进并让她用手摸摸胡萝卜。她摸了摸，注意到它们变软了。父亲又让她拿一只鸡蛋并打破它。将蛋壳剥掉后，她看到的是只煮熟的鸡蛋。最后，他让她喝了咖啡。品尝到香浓的咖啡，女儿笑了。她怯生生地问：“父亲，这意味着什么？”

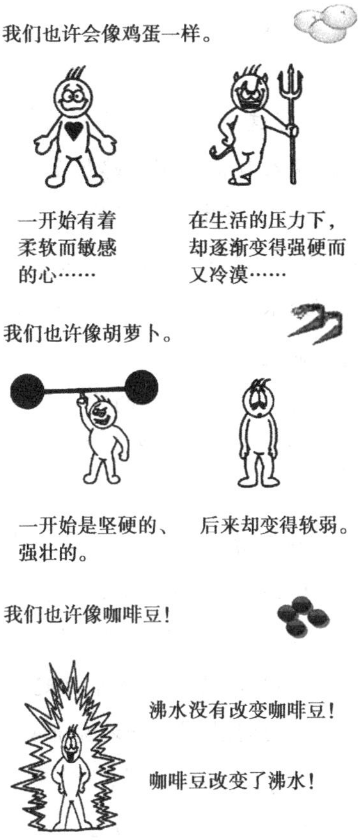

我们也许会像鸡蛋一样。
一开始有着柔软而敏感的心……
在生活的压力下，却逐渐变得强硬而又冷漠……
我们也许像胡萝卜。
一开始是坚硬的、强壮的。
后来却变得软弱。
我们也许像咖啡豆！
沸水没有改变咖啡豆！
咖啡豆改变了沸水！

他解释说，这三样东西面临同样的逆境——煮沸的开水，但其反应各不相同。胡萝卜入锅之前是强壮的，结实的，毫不示弱的，但进入开水后，它变软了，变弱了。鸡蛋原来是易碎的，它薄薄的外壳保护着她呈液体的内脏，但是经开水一煮，它的内脏变硬了。而粉状咖啡豆则很独特，进入沸水之后，它们倒改变了水。“哪个是你呢？”他问女儿，“当逆境找上门来时，你该如何反应？你是胡萝卜，是鸡蛋，还是咖啡豆？”

3.挫折的消极性和积极性是相对的，是可以转化的

人生多舛，世事艰难。这就是说，人生少不了逆境，少不了坎坷，少不了挫折。顺境常常是过去艰难耕耘收获的结果，逆境也正是日后峰回路转、否极泰来的前奏。因此，你要想取得成功，就得突破人生的逆境，忍受人生的挫折，走过人生的坎坷。

人生的路有起有落，逆境虽然痛苦压抑，但是对一个有作为、有修养的人士来讲，在各种磨砺中可以锻炼自己的意志，从而由逆境走向顺境。

知识窗

面对挑战的良好心态

“在这个世界上,没有人能够使你倒下——如果你自己的信念还站立的话。”这是著名的美国黑人领袖马丁·路德金的名言。当面临挫折时,我们应该具有良好的心态。

首先,坚定战胜挑战的信念。大多数人即使确定了目标,但是由于并不是衷心渴望达成,所以也就缺乏必胜的信念。英国哲学家罗素曾经说过:“一般人,往往认定自己办不成,凡事均不抱太大希望。”反过来说,因为不寄予希望,所以嘴上经常挂了这么一句“我做不到”,而死了心。

第二,做好万全的准备。英国的孟帝·赫尔说:“事实上我是一举成功的,但我花了20年的时间才得‘一举’。”战胜挑战是困难的长期过程,获得成功需要你凡事做好万全的准备。

第三,相信自己的长处。战胜挑战的人知道把精力放在自己最擅长的地方。赢家像河流一样,他们找到道路,便循着这条道路前进。站在大河边,想想河流的力量有多大?它能发电,灌溉田地,产生很大的财富。为什么?它集中了所有力量向一个方向运动。

第四,准备从失败中站起。英国的索冉指出:“失败不该成为颓丧、失志的原因,应该成为新鲜的刺激。”唯一避免犯错的方法是什么事都不做,有些错误确实会造成严重的影响,但是“失败为成功之母”,没有失败,没有挫折,就无法自我成长。

第五,放弃避免的念头。英国的斯坦斯佛说:“在你停止尝试的时候,那就是你万全失败的时候。”欠缺自信的人,将终日与恐怖结伴。而越是被恐怖的乌云所笼罩,自我肯定的机会也就越是渺茫。

第六,尊重自我的约定。面对挑战,需要你作出改变。一旦你作出改变的自我约定,就应该兑现自己的承诺。约定的内容或许并不重要,重要的是不论发生什么样的障碍,你都务必要确实遵守。英国的狄更斯雷利说:“成功的秘诀在于恒。”

第二节　逆境商数

逆商(Adversity Quotient)即逆境商数、厄运商数之意,简称AQ。是现代人认识自我,并借以创新自我的又一概念。

一、逆商的定义及其提出的过程

从1903年智商IQ的首次测试,到多重智力MI对IQ的直接挑战,继而出现情商EQ和德商MQ的研究热度未尽,随之而来的逆商AQ又风行于世纪之交的欧美学界。“Q”之系列研究成为20世纪心理学界一大景观。从智商IQ到逆商AQ的“Q”之系列研究,立足心理学实验并迁移其成果而活用于教育，走过了从人类智力因素到非智力因素量化研究近一个世纪的科学探索历程。智商IQ、情商EQ、德商MQ和逆商AQ，堪称20世纪人类对自身多元商数量化测定基础上定性评估的四大亮点。

逆商（Adversity Quotient）简称AQ，它是指人们面对逆境时的反应方式，即面对挫折、摆脱困境和超越困难的能力。逆商的概念最早由美国学者保罗·史托兹博士1997年在《AQ——逆境中的商数》一书中提出，逆商有它自成体系的测试内容、量表和指针，并据此对个体进行逆商测试，用以表示个案逆商发展的相对指针和逆境承挫力之参数。总体上看，逆商AQ是衡量个体逆境条件下坚忍程度、耐挫能力、抗争特质、生存本领、胆识风范、心态韧性、人情练达、自强力度等诸项个性心理素养的量化标准。

保罗·史托兹博士将AQ划分为控制感、主动性、影响范围和持续时间四部分，分别从这四个维度衡量一个人的自我控制能力、心态的积极程度以及对环境、周围人群和自我情绪的把握能力。

控制感（Control）是指人们对周围环境的信念控制能力。面对逆境或挫折时，控制感弱的会听天由命；而控制感强的人则会尽最大的力量改变状况。

起因和责任归属（Origin & Ownership）是指在遭到挫折时，人们是否能主动承担责任，努力改变不利的现状。具有较高AQ的人会主动负责处理事务，而不管这件事是否和他们有关。相反，AQ较低的人会把自己的问题全部归结到别人头上，并感到无奈和受伤害。

影响范围（Reach）是指人们在遇到挫折时，受到影响的领域大小。具有较高AQ的人会将挫折的影响控制在一定范围之内，不让它们干扰到生活的其他领域。而AQ较低的人则倾向于将一时的逆境认定为灾难性的失败，并将这种挫折迁移到其他无关领域。

持续时间（Endurance）是指一次挫折给人们带来的影响会持续多久，能够超越当前的困难看待问题是维持希望的一项重要能力。

所谓逆境坚忍顺境克制之思辨，古今中外不乏哲论。但对逆境个体心态量化基础上的定性研究，却是20世纪以来人类不懈追求的科学目标之一。近年来，国际比较教育学界预测，21世纪人类对自身的逆境与顺境承受力度的研究，将成为新的教育科研热点，而顺境的克制力度和平常心态之研究，正在引起学者们继逆境耐挫力研究之后新一轮“Q”之系列研究极大的科研亢奋，并极有可能成为21世纪“Q”之系列研究的重新起点。

作为研究发起人，尽管保罗·史托兹博士的逆商AQ理论，在量表、指针和测试内容方面尚有不完备之处，且常模的拟定又以西方人群为背景，但毕竟使人们领略了逆商AQ及其逆商教育发展的前景魅力，起码给我们许多借鉴性的教育启迪和理性升华。

二、逆商的重要性

孟子曰：国无敌国外患，国恒亡。换句话就是：帮助你成长的人是你的敌人。管理学界《九商成功论》认为：人的生命之树，由“九商”决定，包括根为心商、德商、志商；干为智商、情商、逆商、悟商；果为财商、健商。“九商”的全智发展能为人生创造精神财富、物质财富、智慧财富、道德财富和健康财富。其中“逆商”对人的磨砺尤为重要。AQ不但与我们的工作表现息息相关，更是一个人是否快乐的关键。保罗·史托兹教授提出的“逆境需要EQ，逆境需要AQ”，已在西方社会得到了广泛的认同。

前英国首相丘吉尔曾说：“一个人的成就不是其聪明与智慧，而是在面对逆境时能坚持下去的勇气。”换句话说，即使一个人的智商（IQ）、情商（EQ）以及财商（FQ）再高，在看待困难和挫折时，如果不能沉着冷静地应对，反而退缩恐惧、逃避问题，让自己深陷泥沼中而无法挣脱，那么拥有再好的条件亦是徒然。

国际AQ专家保罗·史托兹经过长达37年1 500项研究的基础上提出：一个人AQ越高，越有弹性面对逆境，并且积极乐观地接受困难的挑战，发挥创意找到解决问题的方案，因此能不屈不挠、越挫越勇，而最终表现卓越而迈向成功之路；相反的，AQ低的人则会经常感到沮丧迷失、处处抱怨、逃避挑战、缺乏创意，面临逆境往往半途而废、自暴自弃、怨天尤人、终究一事无成。

小故事

美国麻省理工Amberst学院进行了一项很有意思的实验。实验人员用很多铁圈将一个小南瓜整个箍住，以观察当南瓜逐渐地长大时，对这个铁圈产生的压力有多大。最初他们估计南瓜最大能够承受大约500百磅（1磅≈0.453 6千克）的压力。

实验的第一个月，南瓜承受了500磅的压力；
实验到第二个月时，南瓜已承受了1 500磅的压力；当南瓜承受到2 000磅的压力时，试验人员不得不对铁圈加固，以免南瓜将铁圈撑开。

在实验的第一个月，南瓜承受了500磅的压力；实验到第二个月时，这个南瓜承受了1 500磅的压力，并且当它承受到2 000磅的压力时，研究人员必须对铁圈加固，以免南瓜将铁圈撑开。最后当研究结束时，这个南瓜承受了超过5 000磅的压力后才产生了瓜皮破裂。

当他们打开南瓜，发现它已经无法再食用，因为它的中间充满了坚韧牢固的层层纤维，试图想要突破包围它的铁圈。为了吸取充分的养分，以便于突破限制它成长的铁圈，它的根部甚至延展超过8万英尺（1英尺=0.304 8米），所有的根往不同的方向全方位的伸展，最后这个南瓜独自接管控制了整个花园的土壤与资源。

植物对逆境的抵抗往往具有双重性，即逆境逃避和逆境忍耐可在植物体上同时出现，或在不同部位同时发生。我们对于自己能够变成多么坚强都毫无概念！假如南瓜能够承受如此庞大的外力，那么人类在相同的环境下又能够承受多少压力？大多数的人能够承受超过我们所认知的压力。

综观当代大学生的实际特点，一方面，从入学起，他们就承受着较大的思想压力，诸如：学业上的压力、综合素质的提高、未来就业的不确定感、环境的不适应等。另一方面，大学生正值青春年少，缺乏人生经验，抗挫折能力与调控能力较差。面对困境与重压，容易沉陷在消极的泥潭而不能自拔。例如：一些大学生不能承受学习成绩下降、失恋等带来的身心压力，呈现焦虑、失眠、抑郁、恐惧；个别学生精神崩溃、跳楼自杀……身心的失衡，不仅影响其智能的发挥，而且还会使其潜能的挖掘、综合能力的培养、人格的完备受到抑制。因此，高校积极开展大学生逆商培养的教育活动，促使其在逆境面前形成良好的思维方式、良好的行为反应方式十分必要。

三、高逆境商数 AQ 者特质

高逆商的内在表现，适当的懊悔，保持信心，整理进步思路，保持旺盛斗志；外在表现，乐观的语言，积极的行动，控制逆境扩散，主动承担责任。

首先，高逆境者充满了人生欲望。欲望是产生成功愿望的最原始火花，是成功的源泉。高逆境者充满了人生欲望，他们会对成功表现出狂热的兴趣，遭遇逆境时自然就能够奋勇向前；而低逆境者对事物则不感兴趣，缺乏生活热情，自然容易知难而退。

有了生活的欲望和对成功的追求，就能够克服一切艰难险阻，从跌倒中爬起，继续前进，最终达到目的。挫折并不可怕，因为它既没有毁灭希望，也没有封杀所有通向成功的道路。真正可怕的是，在挫折之后丧失了进取精神而自甘于沉沦。

每个人都会有难题，都会遭遇困境，高逆境者碰到一个难题，就会认为是一种挑战，是磨炼自己的意志，增强进取欲望的机会，而低逆境者遇到一个困难时，则会认为是自己命不好，认为是天意要扼杀他，而怨天尤人。

逆境如同一把双刃剑，它既可以为我们所用，也可以把我们扼杀，关键要看你握住的是刀刃还是刀柄。你解决一个个难题，就是取得一个个胜利，这些胜利就是成功道路上的一个个阶梯。每当你取得了一个胜利，你就增长了智慧，也就向成功靠近了一步。

小故事

刘禅，蜀汉后主，字公嗣，又字升之(《魏略》)，小名阿斗，刘备之子(非长子，刘备的长子是谁已不可考，但肯定是多次被吕布以及曹操俘虏)，母亲是昭烈皇后甘氏。三国时期蜀汉第二位皇帝，公元223—263年在位。公元263年蜀汉被曹魏所灭，刘禅投降曹魏，被封为安乐公，后在洛阳去世。

司马昭宴请刘禅，故意安排蜀国的节目，在旁的人都为刘禅的亡国感到悲伤，而刘禅却欢乐嬉笑，无动于衷。司马昭看见这种情形就对贾充说："想不到刘禅竟糊涂到了这种地步，即使诸葛亮活到这时，也不能辅佐，何况是姜维呢！"贾充说："不是如此，殿下您又怎么能吞并他呢。"

有一天，司马昭问他说："是否会思念蜀地？"刘禅回答说："这里很快乐，不思念蜀国。"

知道了这事，随侍刘禅的郤正就指点他说："如果司马昭再问起时，你应哭泣着回说：'先人的坟墓都葬在蜀地，我是天天都在惦念着。'"后来司马昭再次问他时，刘禅便照着郤正教他的话回答。司马昭于是说："为何像是郤正的语气呢？"刘禅听了大惊，睁眼望着司马昭说："您的话确实没有错。"左右的人都笑了。

每个人都是宇宙中的一部分，都处在不断变化的过程中，变化是一条无情的规律。对于个人来说，重要的只有一点：成败决定于你的心态，决定于你有没有进取的欲望。

一位斯巴达人对母亲抱怨自己的剑太短了，母亲说："儿子，前进一步，你的剑不就长了吗？"

其次，逆商水平的高低取决于才能与欲望的相辅相成。一个才华横溢的人，如果无欲无求，最终只能一事无成抑或其才能根本不被人了解。而有着强烈成功欲望的人，如果没有才能做基础，也不会有什么成就。《克服逆境》一书告诉我们，在具备了高逆境的两个基本素质后，首先要培养自己的勇气。遇事不要惊慌失措，也不要"深思熟虑"。一位将军说：勇敢是即使吓得半死时，仍能表现得宜。有时候，"初生牛犊不怕虎"的勇气就会助你成就大业。

其次，永远不要为了阶段性的困境而放弃自己的目标，不要奢望目标就能立马实现，尝试为自己的大目标分阶段地设置数个小目标，这样可以在陷入困境时，不至于盲目而不知所措，用小目标的实现来鼓励自己坚持到终点。

可口可乐的总裁古滋·维塔就是一个高逆商的人。这位著名的古巴人 40 年前随全家人匆匆逃离古巴，来到美国，身上只带了 40 美元和 100 张可口可乐的股票。同样是这个古巴人，40 年后竟然能够领导可口可乐公司，让这家公司在他退休时股票增长了 7 倍！整个可口可乐价值增长 30 倍！他在总结自己成功经历时讲了这样一句话："一个人即使走到了绝境，只要你有坚定的信念，抱着必胜的决心，你仍然还有成功的可能。"

古滋·维塔是高逆商的代表，他的一生经历了无数的坎坷，但都一次一次地被他超越了。逆商告诉你如何在逆境中生存，并如何战胜它而取得成功；逆商可以预测在逆境中你所持有的态度；逆商预测你在逆境中能否充分发挥自己的潜力。

恺撒一次乘船外出时，突然遇到了海上风暴，艄公惊慌失措，满满恐惧。恺撒却安慰他说："你担心什么呢？要知道你现在是和恺撒在一起。"

美国政治家约翰·卡尔霍恩就读耶鲁大学时，生活艰难却废寝忘食、勤奋学习，一些学生常常讽刺他。他回答道："这有什么奇怪的。我必须抓紧时间去学习，这样我才能在全国有所作为。"听了这话后，对方报以大笑，卡尔霍恩却认真地说："你不相信？我只要 3 年的时间可以当国会议员，如果我不是因为知道自己有这样的能力，我还会在这里读书吗？"这些都是成功者所表现出来的自信。

一项科学研究发现，对逆境持乐观态度的人更具有攻击性，会冒更大的风险，而对逆境持悲观反应的人则会消极和谨慎。反应在自信心方面，自信的人的逆商较高，在逆境中往往更容易保持乐观，自然也容易达到成功的目标。缺乏自信的人则表现不积极，容易对前途丧失信心，不去努力争取。自信心是希望和韧性的体现，在最大程度上决定一个人如何对待生命中的挑战和挫折。

大自然利用困难和失败，让人们懂得谦卑，并且领悟生命的真理和智慧。一位智者曾经说过："你不可能遇到一个从来没有遭受过失败或打击的人。"他发现，人们成就的高低，和他们遭受到失败和打击的承受力成正比。他还有另外一项重要的发现：真正伟大的成功者，往往是年逾半百的人。他说："人们在50到70岁之间，遭遇到人生的种种磨难，智慧达到最高峰，对自己各方面的能力都有很强的判断能力，更重要的是他们能够树立坚定的信心。"

马歇尔·菲尔德的零售店在芝加哥大火中烧毁了，所有的家产付之一炬。面对这个令人沮丧的场景，他们却指着燃烧中的灰烬说："我要在这个地方，开一家全世界最大的零售商店。"他做到了。在芝加哥的史笛特街及鲁道夫大道的交汇处，人们至今依然可以看到马歇尔·菲尔德的公司巍然矗立着。

每一次逆境中都隐藏着成功的契机。就像一颗种子，需要勇气、信心以及创造力，才能萌发成长并且开花结果。

相反，一个人AQ越低，便容易向挫折低头，内在表现是：过分自责，士气低落，弱势定位，免疫功能降低；外在表现是：推脱责任，指责他人，成绩降低，人际关系紧张。

第三节 提高逆商的策略

管理学有言：21世纪，唯一不变的真理就是凡事都会改变。不论达官贵人还是贩夫走卒，谁也不知道明天会发生什么事，从而让人无法琢磨、无可适从。既然人生无常无可避免，生活中发生七灾八难也无法完全摆脱，人要活下去，任何悲观消极都无济于事。人生无常，智者常乐。俗话说："人无千日好，花无百日红。"这就是人生无常的写照。谁都渴望能青春常在、长命百岁，一切平安无事，过着安稳美好的生活，但是命运总是像天上的白云般变幻莫测而让人把握不定。

一、打好心情的地基——乐于接受无常

遇到称心如意的事情，谁都可以应付自如，轻松愉快。逆境受挫时，往往就会忧闷不堪、不知所措、消极颓废，或在紧要关头，因失去理智、判断错误而陷入绝境，或变得自暴自弃、自甘堕落而自取灭亡。

人生挫折难免，失意难免，要为我们的失败做准备。当人们面临重大事变时，一般会经历几个阶段：

第一步，否认。当厄运到来时，我们经常会反复问自己，"不可能、不会吧、应该不是吧"。比如说，今天老板告诉你，下周你不用来上班了，我们已经决定裁掉你了。你的第一反应就是"不会吧，这不会是真的，我一定是在做梦"，后来发现是真的。很遗憾，就发生在你的

身上。

第二步，愤怒。当事情证实就是发生在自己身上以后，我们通常都会感觉到不公平，感到愤怒。为什么会是我呢？为什么不是别人呢？我为什么这么倒霉呢？那个人比我恶劣多了，为什么不是他。

第三步，讨价还价。愤怒之后，发现事情也没有办法改变，这时我们开始讨价还价，对象一般是上帝、神、真主。中国人一般是跟老天爷。例如，不幸听到家人发生了空难，心里就会祈祷："老天爷啊，如果你让我的家人活着，从此我下半辈子吃素。"

第四步，沮丧。一切所有的努力，最后发现都无法改变，好像不可避免了，工作真没有了，亲人真的离我们而去了，这时我们开始感到沮丧。怎么会这样呢？这一关最难过，如果这一关过去了，就进入了第五步。

第五步，接受。如果事情一定要发生，我来接受它吧。

二、悲观变乐观，忍受变享受

初中学过一篇《塞翁失马》的文章：近塞上之人，有善术者，马无故亡而入胡。人皆吊之。其父曰："此何遽不能为祸乎？"家富良马，其子好骑，堕而折其髀。人皆吊之，其父曰："此何遽不为福乎？"居一年，胡人大入塞，丁壮者引弦而战。近塞之人，死者十九。此独以跛之故，父子相保。

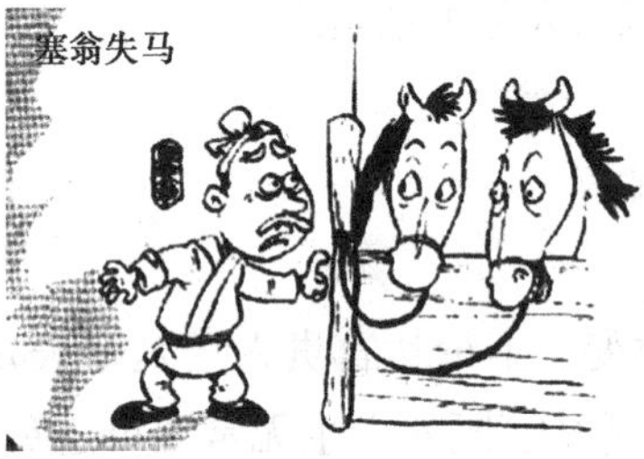

哲学告诉我们，世界上没有绝对的好坏，事物之间是不断地相互转化的。所以我们要"凡是乐观冷静"，不以物喜，不以己悲，"做最好的打算，尽最大的努力，争取最好的结果"。保持阳光的心态，从容面对成功和失败。

"一些人往往将自己的消极情绪和思想等同于现实本身"，心理学家米切尔·霍德思说："其实，我们周围的环境从本质上说是中性的，是我们给它加上了或积极或消极的价值，问题的关键是你倾向选择哪一种？"

小故事

20世纪60年代，意大利一个康复旅行社团在医生的带领下去奥地利旅行，在参观当地一位名人的私人城堡时，那位名人亲自出来接待。他虽已80岁高龄，但依旧精神焕发、风趣幽默。他说："各位客人来这里向我学习，真是大错特错，应该向我的伙伴学习：我的狗巴迪不管遭受如何惨痛的欺凌和虐待，都会很快把痛苦抛到脑后，热情地享受每一根骨头；我的猫赖斯从不为任何事发愁，它如果感到焦虑不安，即使是最轻微的情绪紧张，也会去美美地睡一觉，让焦虑消失；我的鸟莫利最懂得忙里偷闲，享受生活，即使树丛里吃的东西很多，它也会吃一会儿就停下来唱唱歌。相比之下,人却总是自寻烦恼,人不是最笨的动物吗?”他总结道。

人有时痛苦和悲观是自己选择的结果,就如一则人寿保险公司的广告所描述的:一条大道,一个人站在交叉点上,一边是乐观,一边是悲观,关键看你怎么选择。钱钟书在《围城》里说:天下有两种人,譬如一串葡萄到手,一种人挑最好的吃,另一种人把最好的留在最后吃。后一种人永远是快乐的,他吃的总是剩下的葡萄中最坏的。绝望的悲观者凡事习惯往坏处想,并且会用钻牛角尖的方式,将这些焦虑扩大化。

快乐是自己找的,烦恼也是自找的。如果你不给自己寻找烦恼,别人永远不可能给你烦恼。所以,每当你忧心忡忡的时候,每当你唉声叹气的时候,不妨把你的烦恼写下来,然后进行科学的分析,科学家们进行科学的量化,统计发现,40%的忧虑是关于未来的事情,30%的忧虑是关于过去的事情,22%的忧虑是来自微不足道的小事,4%的忧虑来自我们改变不了的事实,剩下4%的忧虑来自那些我们正在做着的事情。

案例

聪明的犹太人说,世界上卖豆子的人应该是最快乐的,因为他们永远不担心豆子卖不出去。假如他们的豆子卖不完,可以拿回家磨成豆浆,再拿出来卖;如果豆浆卖不完,可以制成豆腐;豆腐卖不完变硬了,可以当成豆腐干来卖;豆腐干卖不完,就腌起来,变成腐乳。

还有一种选择:卖豆人把卖不出去的豆子拿回家,加上水让豆子发芽,几天后就可改卖豆芽;豆芽如果卖不动,就让它长大些,变成豆苗;如豆苗还是卖不动,再让它长大些,移植到花盆里,当作盆景来卖;如果盆景卖不出去,再把它移植到泥土中去,让它生长,几个月后,它结出了许多新豆子,一颗豆子现在变成了很多豆子,想想那是多划算的事!

一颗豆子在遭遇到冷落的时候,都有无数种精彩选择,何况一个人呢?人至少应该比一颗豆子坚强些吧?那么,你还有什么好忧虑的呢?正如:日出东海落西山,愁也是一天,喜也是一天;遇事不钻牛角尖,人也舒坦,心也舒坦。

三、始终保持弹性,热烈拥抱改变

周围的环境并没有改变,但如果自己改变了,眼中的世界自然也就跟着改变了。如果你希望看到世界改变,那么第一个必须改变的就是自己。心若改变,态度就会改变;态度改变,习惯就会改变;习惯改变,人生就会改变。

不要害怕改变,改变可以重新再造自己。改变可以接受,是生活的一部分,不仅接受,而且全身心拥抱它。

达尔文曾说存活下来的物种不是最优秀的,而是适应环境改变的物种。不要以不变应万变,而应该以善变应万变。世界变了,我也跟着改变。心理学家发现,什么样的人活得最自在呢？就是那些学会改变，对生活保持弹性的人，就是这样做可以，那样做也无所谓。

小故事

从前一位大师告诉人们，他正在练一种大法，可以让大山移过来。几十年后的一天，他开始表演移山。他对着大山念念有词："山过来，山过来……"他喊了半天山没动。到了黄昏，当他用嘶哑的嗓子喊过最后一遍以后，人们异口同声说："大师，山肯定没过来。"于是，他边走边喊，不一会就来到山的脚下。这时，大师近距离地面对大山站住，并说："各位，这回山过来没有？"大家一听觉得很诧异，这时大师讲了一句很著名的话："山不过来，我就过去——这就是我几十年练就的移山大法。"大山的位置是不会改变的，但是人却是有脚，山不过来，我就走过去。我们市场会遇到困境，困境不会自动消失的，但是我们可以通过自己的努力克服困境。

故事结局足可以让你回味三日不止——世上本无移山之术，唯一能移动大山的方法是：山不过来，我就过去。记住：大师不是改变每一个人，而是教给大家最有效的改变策略：无法改变的事实，就改变对事实的看法；培养人才不是培养某种技能，而是培养思维模式。

现实生活中有太多的事情就像"大山一样"是我们无法改变的，或至少是暂时无法改变的。"移山大法"告诉我们如果事情无法改变，我们就改变我们自己。如果我们不能说服他人，那是因为自己还不具备足够的说服能力；如果顾客不愿意购买我们的产品，那是因为我们还没有生产出足以令顾客想买的产品；如果我们无法成功，那是因为自己暂时还没找到成功的方法。要想事情改变，首先得改变自己，只有借由改变自己，才可以最终改变属于自己的世界。山，如果不过来，那就让我们过去吧！

只有改变自己，才有可能改变别人；只有改变自己，才有可能改变顾客；只有改变自己，才有可能改变产品；只有改变自己，才有可能改变公司；也只有改变自己，才有可能改变世界。

知识窗

纳尔逊·罗利赫拉赫拉·曼德拉（Nelson Rolihlahla Mandela，1918—2013）出生于南非特兰斯凯，先后获南非大学文学士和威特沃特斯兰德大学律师资格。曾任非国大青年联盟全国书记、主席。于1994年至1999年间任南非总统，是首位黑人总统，被尊称为南非国父。

在任职总统前，曼德拉是积极的反种族隔离人士，同时也是非洲国民大会的武装组织民族之矛的领袖。当他领导反种族隔离运动时，南非法院以密谋推翻政府等罪名将他定罪。依据判决，曼德拉在牢中服刑了27年。1990年出狱后，转而支持调解与协商，并在推动多元族群民主的过渡期挺身领导南非。自种族隔离制度终结以来，曼德拉受到了来自各界的赞许，包括从前的反对者。

曼德拉在40年来获得了超过一百项奖项,其中最显著的便是1993年的诺贝尔和平奖。2004年,其被选为最伟大的南非人。

1944年参加主张非暴力斗争的南非非洲人国民大会(简称非国大)。

1948年,由布尔人当政的南非国民党取得了大选的胜利,由于这个党派支持种族隔离政策,曼德拉开始积极地投身政治,他在1952年的非国大反抗运动和1955年的人民议会中起到了领导作用,这些运动的基础就是自由宪章。与此同时,曼德拉和他的律师所同事奥利弗坦波开设了曼德拉坦波律师事务所,为请不起辩护律师的黑人提供免费或者低价的法律咨询服务,并先后任非国大执委、德兰士瓦省主席、全国副主席。1952年年底,他成功地组织并领导了"蔑视不公正法令运动",赢得了全体黑人的尊敬。为此,南非当局曾两次发出不准他参加公众集会的禁令。

1958年9月2日,亨德里克·弗伦施·维沃尔德出任南非首相,其于执政期间出台了"班图斯坦法",此举将1 000余万非洲黑人仅仅限制在12.5%的南非国土中,并且同时在国内实行强化通行证制度,此举激化了南非黑人与白人的冲突,最终导致了沙佩韦尔惨案的发生。

1960年3月21日,南非军警在沙佩维尔向正在进行示威游行的五千名抗议示威者射击,惨案共导致了69人死亡,180人受伤,曼德拉也因此被捕入狱,但是最后通过在法庭辩论上为自己的辩护,而无罪释放。

1962年8月,在美国中情局的帮助之下,曼德拉被南非种族隔离政权逮捕入狱,当时政府以"煽动"罪和"非法越境"罪判处曼德拉5年监禁,自此,曼德拉开始了他长达27年的"监狱生涯"。

1962年10月15日,曼德拉被关押到比勒陀利亚地方监狱。在那里,曼德拉为了争取自身利益而遭到单独关押,关押时间一日长达23小时,每天只有上午和下午各半个小时的活动时间。在单独关押室中没有自然光线,没有任何书写物品,一切与外部隔绝。最终,曼德拉放弃了自己的一些权利,他希望能够与他人交流。

1982年,曼德拉离开了罗本岛,他被转移到波尔斯摩尔监狱。自此,曼德拉结束了自己在罗本岛长达18年的囚禁。他在这里也开辟了一片菜园,并且种了将近900株植物。

1984年5月,官方允许曼德拉与其夫人进行"接触性"探视,当他的夫人听到这个消息时认为曼德拉可能生病了,当两人进行探视时,他们互相拥抱在一起,曼德拉说:"这么多年以来,这是我第一次吻抱我的妻子。算起来,我已经有21年没有碰过我夫人的手了。"

1990年2月10日,南非总统德克勒克宣布无条件释放曼德拉,1990年2月11日,在监狱中度过了27年的曼德拉终于重获自由。出狱当日,他前往了索韦托足球场,向12万人发表了他著名的"出狱演说"。1990年3月,他被非国大全国执委任命为副主席、代行主席职务。

1994年4月,非国大在南非首次不分种族的大选中获胜。5月9日,在南非首次的多种族大选结果揭晓后，曼德拉成为南非历史上首位黑人总统。

四、凡事不抱怨，只解决问题

一个人呱呱坠地，外貌的美丑、家庭环境的好坏已经无法改变，今天，我们不应该为了自己长的不是鹅蛋脸而忧郁；明天，我们也不应该为了没有丰富的晚餐而发脾气。在你伤心的时候，在你生气的时候，你就已经在抱怨生活了。在你抱怨生活的同时，生活也在抱怨你。因此，抱怨并不能改变什么，不仅徒增烦恼，而且受到生命的唾弃。既然我们不能改变已经存在的，我们就应该更加努力，去创造我们想要的，这样的感觉才是幸福的。

小故事

古时有一位妇人，特别喜欢为一些琐碎的小事生气。她也知道自己这样不好，便去求一位高僧为自己谈禅说道，开阔心胸。高僧听了她的讲述，一言不发地把她领到一座禅房中，落锁而去。

妇人气得跳脚大骂。骂了许久，高僧也不理会。妇人又开始哀求，高僧仍置若罔闻。妇人终于沉默了。高僧来到门外，问她："你还生气么？"妇人说，"我不为别人生气，只为自己生气，我怎么一时糊涂找到这个地方来受这份罪。"

"连自己都不能原谅的人怎么能心如止水？"高僧拂袖而去，过了一会儿，高僧又问她："你还生气吗？""不生气了。"妇人说，"气也没办法呀。""你的气并未消逝，还压在心里，爆发后会更加剧烈。"高僧又离开了。高僧第三次来到门外，妇人告诉他："我不生气了，因为不值得生气。""还知道值不值得，可见心中有衡量，还是有气根。"高僧笑道。当高僧的身影迎着夕阳又立在门外时，妇人问高僧："大师，什么是气？"高僧将手中的茶水倾洒于地。妇人视之良久，顿悟，叩谢离去。

什么是气？气便是茶。施于土里便是仙露，饮到腹内便是俗源。何苦要气？气便是别人吐出而你却要接到口里的那种东西。你吞下便会反胃，你不看它时，它却自然消散了。

AQ 高的人通常没有时间抱怨，因为他们正忙着解决问题。所以请减少抱怨的时间，因为少一分时间抱怨，就多一分时间进步。

五、变缺点为优点，化危机为契机

AQ 高手遇到逆境时永远先问自己："这其中可能对我有什么好处或帮助呢？""我该如何做才能化危机为契机呢？"

日常生活中，我们总是先看到别人的缺点，马上对这个人打上了一个不好的标记，当然，之后就一直只看到他不好的地方，而他充满优点的那一面始终看不到。但是乐观的人就跟我们不一样，他们总是会先问自己："他们有什么是让我喜欢的？"先找到他的优点，而且乐意把注意力集中在这些令人兴奋之处，并多花精力经营这些优点，因而往往就比那些只挑毛病的悲观者，有更丰富多彩的结局。乐观的态度也可以让我们学会在任何困境中仍能找到值得庆幸的地方，保持热忱，不致绝望，并且进一步将危机变成契机。

小故事

文森特·威廉·梵高(Vincent Willem van Gogh,1853—1890)，荷兰后印象派画家。他是表现主义的先驱，并深深影响了20世纪的艺术，尤其是野兽派与德国表现主义。梵高的作品，如《星夜》《向日葵》与《有乌鸦的麦田》等，现已跻身于全球最具名气、广为人知与昂贵的艺术作品的行列。1890年7月29日，梵高终因精神疾病的困扰，在美丽的法国瓦兹河畔结束了其年轻的生命，是年他才37岁。

美国心理学家理查·卡尔森说："Be kind, try not to be right。"就是不要"事事讲道理，处处争有理"，要常常多礼让，时时不计较。

生活中发生的事情如何看，完全取决于你的角度。当挫折发生时，如果第一念头是：完了，这下没救了。那就很难逃脱悲观的诅咒。AQ高手的做法是：遇到状况，先问自己现在有什么是可珍惜的？换句话说，在挫折中找优势，并把它转化成进步的助力。

如果你在一个地方做事，做错了，被老板骂，你会怎么想？骂对了好说，关键是骂错了呢？有人就会想，这简直不是人待的地方，于是就跳槽。请问跳到别的地方有没有可能受批评呢？有，可是，你到第二个地方，又遇到了一个骂人的领导，骂了三次以后，好像这个地方也不是人待的地方，你又走掉，然后，走了几个地方以后，你才发现，原来天下乌鸦一般黑！这样的人会不会有长进？不会有长进。有的人，老板臭骂他一顿，他会想，我很受重用，老板这么忙，管了那么多人，居然还有时间来骂我！他可能会想，看来老板很关注我的。各位，老板骂你的话，说明你很重要，如果你没有希望的话，他会直接叫你走人。各位，如果老板在骂你的话，说明一件事情，说明老板暂时不会炒掉你的鱿鱼，如果老板要炒你了，他会非常客气的。

★实践练习：我的生命线

生命线是你我都有的东西，人手一份，不多不少。人间有多少条性命，就有多少条生命线，生命线就是我们每个要走过的路线。

这个练习就是画出你生命中的路线图。

1. 准备：请准备好一张洁白的纸；一支红蓝铅笔，彩笔也可以，需要一支红色，一支蓝色，要用颜色来区分心情，白纸最好横放。在白纸上写：×××的生命线。

2. 在纸的中部，从左至右画一道长长的横线(长短可以按照自己的喜好来)。

0 ──────────────→ 预测死亡的年龄

3. 请在你标志的左边，即代表着过去岁月的部分，把对你有重大影响的事件用笔标出来。

（注意：如果你觉得是件快乐的事情，你就用鲜艳的笔标出来，并写在生命线的上方。如果你觉得快乐非凡，就把快乐的事件写得更高一些。如果你觉得是不快乐的事，你就用暗淡颜色的笔，写在生命线的下方。越痛苦的事情，越在生命线相应的下方很深的陷落处留下记载。）

4. 看一看，数一数，在影响你的重大事件中，位于横线上部分的事件多，还是位于横线下部分的事件多？上升和陷落的幅度怎么样？

5. 在你的坐标上，把你一生想干的事情，比如挣多少钱、住什么样的别墅、香车美女、职业生涯、个人情趣等都标出来。如果有可能尽量把时间注明，视他们带给你的快乐和期待程度，标在线的上方。如果它是你的挚爱，请用鲜艳的笔墨，高高地标在你的生命线最上方。当然在未来生活中也可能出现困境、挫折等，请用暗淡色的笔在生命线的下方大略勾勒出来，这样我们的生命线才称得上完整。

（注意：你看看你亲手写下的这些事件，是位于线的上部分事件多还是位于线的下部分事件多？也就是快乐的时候多还是痛苦的时候多？）

第八章　积极关系

1995年7月29日,40岁的意大利探险家蒙塔尔只身下到一个200米深的洞穴,在那里独自生活一年。洞穴里设施完整,一应俱全,有足够的食物,有卧室、卫生间甚至一个小小的植物园,唯一不同的是和人类社会隔绝,不与任何人沟通、交流。一年之后,当他从洞穴里出来的时候,他的体重减轻了21千克,脸色苍白,反应迟钝,弱不禁风,大脑混沌,情绪低落,说话结巴,很多词汇都已经忘了,与原先的他判若两人。后来他说:"我一个人在洞中生活,孤独得快要发疯甚至好几次都想到自杀。我现在明白了,人生的美好在于与人相处。"人是社会中的人,我们要在世界上生存下去,就不可避免地要与周围的人交往,这些交往便产生了与他人之间的联系,人际关系就此产生。

第一节　人际关系的概述

一、人际关系的概述

人际关系,通俗地讲,即社会生活中由于人与人之间的不断交流和往来从而形成的各种联系[①]。在人类社会生活中,与人交流、产生联系是十分必要的,在社会化的网络中,每一个单独的人类个体若离开他人,离开社会、群体,是不可能独立存在的。现实生活中,我们每个人对于"人际关系"这一词汇或许并不陌生,然而,在社会学家及社会心理学家对于这种社会生活现象进行研究的时候,对"人际关系"这一概念赋予了更为丰富的心理学内涵。在社会心理学领域,人际关系被定义为人与人在交往中建立的直接的心理上的联系[②]。"人际关系",也多称为"人际交往",通常指的是各种人类社会关系的集合,如亲属关系、朋友关系、邻里关系、恋爱关系、同学关系、同事关系、师生关系、雇佣关系、战友关系等一系列社会交往模式。在社会生活中,人是社会化的动物,每个独立的个体均具有其相应的、独特的思想、生活和学习背景、生活态度、工作态度、行为模式、个性以及价值观,在这样具有迥异背景的双方进行交流、交往时,人际关系对于双方的生活、工作、情绪和认知等方面均有很大的影响,甚至对组织气氛、组织沟通、组织运作、组织效率及个体与组织之关系均有相应的影响。

---

① 乐国安. 社会心理学[M]. 北京:中国人民大学出版社,2009.

② 张莉. 大学生人际交往探析[J]. 科技信息,2013,2.

归纳起来,人际关系的概念可以从以下三个方面来进行理解①:

①人际关系表明人与人相互交往过程中心理关系的亲密性、融洽性和协调性的程度。

②人际关系有三种心理成分组成,认知、情感和行为成分。

③人际关系是在彼此交往的过程中建立和发展起来的。

二、人际关系的相关理论

1. 社会交换理论

20世纪60年代,霍斯曼(Alfred Edward Housman)在总结前人理论的基础之上提出了社会交换理论②,之后该理论便在全球范围内广泛传播。鉴于该理论对人类行为中的心理因素的强调,故也有学者将其称为一种行为主义社会心理学理论。该理论主张人类的一切行为均会受到某些能够带来奖励和报酬的交换活动的支配,因此,所有的人类社会活动都可以归结为一种交换,人们在社会交换中所结成的社会关系也是一种交换关系。

没有人在生活中能完全避免与别人碰撞。他不得不以各种方式奋力挤过人群,冒犯别人的同时也忍受别人的冒犯。

——卡莱尔

该理论的主要内容包括以下几方面:

第一是成功命题。该命题是就个人的全部行动而言的,在霍斯曼看来,人的行动与动物的行动是具有相类似的地方的,均要遵循报酬原则。往往频率的有规律性所获得的报酬和奖励要低于没有规律所得到的奖励和报酬,这是因为没有规律的报酬或奖励更具有意外性与刺激性。

第二是刺激命题。某一特定的刺激或者某一组刺激的出现会给某一个体的行动带来某种报酬或奖励。如果当前个体被给予的刺激与过去的刺激相似度越高,个体进行类似的行动的可能性则会相应地增高。例如足球运动员对于曾带来辉煌的某一数字、某一发型的偏爱等。

第三是价值命题。如果某种行动所带来的结果对某一个体来说价值越大,那么他采取同样的行动的可能性则越大。当然,在这里霍曼斯所阐述的价值不单单局限于经济价值,同时也包含了社会价值乃至伦理道德价值等其他因素在内。

第四是剥夺—满足命题。如果某一个体在较短的时间内获得的某种报酬越是频繁,那么随着报酬的增加,则其所获得的来自此报酬的满足感和价值感也会相应地减少。

第五是攻击—赞同命题。该命题包涵两层含义:其一,当某一行为主体的行动没有得到他预期的报酬或得到了意料之外的惩罚时,他将会被激怒并且采取攻击性行为的可能性增

① 邢红平. 教育与社会地位、人际关系之间的关系研究[D]. 开封:河南大学,2012.

② 高连克. 论霍曼斯的交换理论[J]. 齐齐哈尔大学学报:哲学社会科学版,2005,2.

大，而这种行为本身可以发泄他的不满情绪，因而对他来说是具有价值的。其二，当某一行为主体的行动获得了其所期望的报酬，尤其是当报酬比预期的还要大，或者他的错误行动没有受到预想中的惩罚的时候，他都会非常高兴，继续做得到报酬的行动或者避免错误行为的再度发生。

第六是理性命题。在霍曼斯看来，人是具有理性思维的动物，在社会交往中，人会相应地根据理性以获得最高酬赏和利润为目的。

简而言之，霍曼斯的社会交换理论在重新恢复人的主体性、克服功能理论忽视人的因素等方面均具有积极的作用，他的理论因此被公认为是一个精致的、完整的具有强解释力的现代社会学理论。而且，霍曼斯的理论对于人的需要和情感在人际交往与社会交换中的地位和作用相当重视，同时，对理性人的选择性十分看重，这种将微观互动与宏观整合相结合的尝试也为心理学、社会学研究开辟了新的道路[①]。

相应地，霍斯曼的理论也存在着其自生固有的缺陷，我们也应当认识到其理论所存在的不足之处。首先，霍曼斯对于社会因素在人际交往中所起到的作用并没有引起重视，过分强调和夸大了人际交往以及社会交换中个人的目的与动机，而对宏观社会结构对个体活动的制约作用以及个人对于社会结构的能动作用并没有引起足够的重视和考虑；其次，霍曼斯混淆了动物为了生存而形成的本能行为与人类的社会行为之间的界限，忽视了人类生活、人类文化以及人类实践活动的意义和价值；再次，就霍曼斯社会交换理论的本质而言，其对于处于微观水平上个体之间所进行的社会交换原则进行了充分的论述和研究，但并没有深入揭示建立在个体交换基础上宏观水平上的社会交换。因此，可以概括来说，心理学命题无法取代社会学命题去准确地把握和解释社会事实。

2. 社会需要理论

1974 年心理学家魏斯（1974）提出了社会需要理论。该理论着重强调了人类的亲和需要，提出了 6 条基本的社会需要：

①依附的需要。这是由最亲密的人际关系所提供的安全感和舒适感。

②社会整合需要。这是渴望与人共同分享相同的兴趣及态度的需要。

③价值保证的需要。这是希望获得他人的支持以提供给个体自我有能力、有价值感的需要。

④可靠同盟的需要。这是个体希望得到他人帮助的需要。

⑤寻求指导的需要。每个人都需要不断地学习、生活，以丰富自己的经验体系。

⑥关心他人的需要。在关心、照顾他人时，个体本身也体验到一种被重视、被需要的感觉。

---

① 侯玉波. 社会心理学[M]. 2 版. 北京：北京大学出版社，2013.

3. 社会实在论

社会实在论是由美国社会心理学家菲斯汀格(Leon Festinger)提出来的一种人际交往理论,该理论的核心在于社会实在性,菲斯汀格用社会实在性来阐述社会生活中的人际交往现象。所谓社会实在性,即人们对于自己的态度和意见正确与否的判定,若无实施上的评价标准时,往往会将周围其他人的态度、意见或者行为作为一种暂时性的评价和判断的标准,以使自己的认识行为与周围其他人保持相对的一致性。

三、人际关系的重要意义

1. 人际交往促进自我认识深化

在日常的人际交往活动中,源自于双方性格迥异、生活背景的差异,有时候交往双方对彼此的评价会有不小的差距,而不少人甚至会因此而产生烦恼,这就要求我们在日常交往中要善于调节来自对方的评价,全面提高自己的综合素质。正确的自我认识有助于我们合理定位自己的社会位置,扮演好自己的社会角色。

溜须的代价在某些人看来是微乎其微，在另一些人看来价值连城，这就是——人格尊严的舍弃。
——王润生

2. 人际交往促进社会化进程

人际交往是人类社会发展的必然产物,也是社会发展的必要前提。没有人际交往过程中所形成的各种各样的社会网络以及在这个过程中每一个个体所担当的各种各样的社会角色,社会就不能称之为社会,发展也便无从谈起。人际交往在我们的日常生活中无处不在,与我们形影不离,是我们生活的一部分,贯穿生命的始终。良好的人际交往能力和素养是青少年社会化的起点,是在未来的社会生活中立足的基本要求,也是参与社会生活、为社会作贡献的基本素质。

3. 人际交往是实现人生价值的桥梁

人生的意义最重要的一点在于奉献,而人际交往,作为人类社会化的重要一环,是奉献的桥梁。良好的人际交往,不仅能让我们掌握更多社会的信息,更多地感知社会脉搏,了解社会生活的方方面面,切身地感受社会的需求和发展,掌握人们的生活需求和需要,更是实现我们自己人生价值的媒介和桥梁。

第二节　人际关系的建立与作用

一、人际关系的建立及发展

关于人际关系发展的理论中比较具有代表性的是社会渗透理论,阿特曼(I. Altman)等人通过社会渗透理论(Social Penetration Theory)来解释关系发展的过程[①][②]。该理论认为人际交往主要有横向和纵向的两个维度:一是交往的广度,即横向的,交往或交换的范围的广度;二是交往的深度,即纵向的,交往的亲密水平。关系发展的过程是由较窄范围内的表层交往,向较广范围的密切交往发展。人们根据对交换成本和回报的计算来决定是否增加对关系的投入。阿特曼等认为,良好的人际关系的发展,一般需要经历以下 4 个阶段:定向阶段、情感探索阶段、情感交流阶段、稳定交往阶段。

1. 定向阶段

在人际交往中,人们对于交往的对象具有较高的选择性。进入一个交往场合时,人们往往会选择性地注意某些人,而对另外一些人视而不见,或者仅仅只是礼貌性地打个招呼。对于注意到的对象,人们会进行初步的沟通,谈谈无关紧要的话题,这些活动,就是定向阶段的任务。在这个阶段,人们只有很表层的自我表露,谈论的内容往往较为简单,例如谈谈自己的职业、工作、对最近发生的新闻事件的看法等。

2. 情感探索阶段

如果在定向阶段双方有好感,经过简单的交流和沟通,交往的双方产生了继续交往的兴趣,那么就可能有进一步的自我表露,如工作中的体验、感受等,并开始在那些可以进行更深的交往的领域继续探索。在这个阶段,双方会有一定程度的情感卷入,但是核心内容还是不会涉及私密性的领域。双方的交往还会受到角色规范、社会礼仪等方面的制约,交往模式比较正式。

3. 情感交流阶段

在前一个阶段的基础之上,如果双方在情感探索阶段双方能够谈得来,建立了基本的信任,就可能顺利地发展到情感交流的阶段,彼此有比较深的情感卷入,谈论一些相对私人性的问题,例如相互诉说工作、生活中的烦恼,讨论家庭中的情况等。这时,双方的关系已经超越了正式规范的限制,比较放松,比较自由自在,如果有不同意见也能够坦率相告,没有多少拘束。

4. 稳定交往阶段

情感交流如果能够在一段时间内顺利进行,人们就有可能进入更加密切的阶段,双方成为亲密朋友,可以分享各自的生活空间、情感、财物等,自我表露更深更广,相互关心也更多。一般来说,能够达到这种境界的关系相当少,这也就是人们常说的“千古知音最难觅”。

---

① 侯玉波.社会心理学[M].2 版.北京:北京大学出版社,2013.

② 戴维·迈尔斯.社会心理学[M].8 版.北京:人民邮电出版社,2008.

二、影响人际关系的几种心理效应

1. 首因效应

首因效应，也叫首次效应、优先效应或第一印象效应，该效应是由美国心理学家洛钦斯首先提出的，指交往双方在交往过程中形成的第一次印象对今后交往关系的影响，也即“先入为主”带来的效果。这些第一印象虽然并非总是正确的，但相较而言，却是最鲜明、最牢固的，并且对双方以后交往的进程能起到决定性的作用①。换言之，如果一个人在初次见面时能给人留下良好的印象，那么人们就愿意和他接近，彼此也能较快地取得相互的了解，并会影响人们对他以后一系列行为和表现的解释。反之，对于一个初次见面就引起对方反感的人，即使由于各种原因难以避免与之接触，人们也会对之很冷淡，在极端的情况下，甚至会在心理上和实际行为中与之产生对抗状态。

案例

一个新闻系的毕业生正急于寻找工作。一天，他到某报社对总编说：“你们需要一个编辑吗？”“不需要！”“那么记者呢？”“不需要！”“那么排字工人、校对呢？”“不，我们什么空缺也没有了。”“那么，你们一定需要这个东西。”说着他从公文包中拿出一块精致的小牌子，上面写着“额满，暂不雇用”。总编看了看牌子，微笑着点了点头，说：“如果你愿意，可以到我们广告部工作。”这个大学生通过自己制作的牌子表达了自己的机智和乐观，给总编留下了美好的“第一印象”，引起其极大的兴趣，从而为自己赢得了一份满意的工作。

2. 近因效应

在交友、招聘、求职等社会交往活动中，我们都可以利用首因效应，展示给人一种极好的形象，为以后的进一步交流打下良好的基础。当然，这在社交活动中只是一种暂时的行为，更深层次的交往需要自我补强，不断加强自己在谈吐、举止、修养、礼节等各方面的素质，否则会受到另外一种效应的负面影响，那就是近因效应。

在日常生活中，当人们识记一系列事物时对其末尾部分项目的记忆效果往往会优于中间部分项目，而这种现象正是受到了近因效应的作用。通常来讲，当信息前后间隔时间越长，近因效应则越明显，造成这种现象的原因在于前面的信息在记忆中逐渐模糊，从而使得近期信息在短时记忆中更为清晰。

在学习和人际交往中，这两种心理效应十分常见。心理学家洛钦斯曾经做过一次实验，在实验中将被试者分为两组，分别向两组被试者介绍一个人的性格特点。对甲组先介绍这个人的外倾特点，然后介绍内倾特点；对乙组则相反，先介绍内倾特点，后介绍外倾特点，最

---

① 孟杰．首因效应及其在求职面试中的应用[J]．人力资源管理：学术版，2009，10.

后再考察这两组被试者留下的印象，最后的实验结果与首因效应相同。洛钦斯又对实验进行了改进，把上述实验方式加以改变，在向两组被试者介绍完第一部分后，插入其他作业，如做一些数字演算、听历史故事之类不相干的事，之后再介绍第二部分。第二次实验结果表明，两个组的被试者，都是第二部分的材料留下的印象更深刻，近因效应明显。

案例

在我们的日常生活中，人们往往会根据某人最近一段时期的一次行为，形成一种带有个人偏见的所谓“最后印象”，从而妨碍我们对他人作出客观的、全面的评价。小A与小C是初中同学，一直以来，两人相互了解，是形影不离的好朋友。最近，因为小A家中闹矛盾，心情十分糟糕，有时动不动就会对小C发火。再加上小A最近又被无端地卷入一宗盗窃案，小C便认为小A过去一直在欺骗自己，便与她断绝了友谊。这便是近因效应在人际交往中所起到的消极作用，小C因为小A最近一段时间的表现而将其一直以来的表现和两人的友谊抹杀，近因效应在这个案例中则导致了小C无法对两人的关系作出正确、客观的评价。

3. 晕轮效应

晕轮效应，多指当认知者对一个人的某种特征形成好或坏的印象后，他还倾向于据此推论该人其他方面的特征。从本质上来讲，晕轮效应是一种以偏概全的认知上的偏误。这种强烈知觉的品质或特点，就像月亮形式的光环一样，向周围弥漫、扩散，从而掩盖了其他品质或特点，所以也有人形象地称之为光环效应。

常见的名人效应就是一种典型的晕轮效应。不难发现，在广告片中出现的多数是那些有名的歌星、影星，而那些名不见经传的演员出现得相对较少。究其原因则在于那些知名的歌手、演员推出的商品更容易得到大家的认同，往往公众给予他们的信任要高于并不知名的演员、歌手等。另一个比较常见的现象是，当一个作家一旦出名，那么以前压他箱底的稿件都全然不愁发表，所有著作都不愁销售，这都是晕轮效应的作用。

案例

俄国著名的大文豪普希金就因晕轮效应的作用吃了大苦头。当年他狂热地爱上了被称为“莫斯科第一美人”的娜坦丽，并且和她结了婚。娜坦丽容貌惊人，但却与普希金志不同道不合。当普希金每次把写好的诗读给她听时，她总是捂着耳朵说：“不要听！不要听！”相反，她总是要普希金陪她游乐，出席一些豪华的晚会、舞会，普希金为此丢下创作，弄得债台高筑，最后还为她决斗而死，从而使得一颗文学巨星过早地陨落。在普希金看来，一个漂亮的女人也必然有非凡的智慧和高贵的品格，然而事实并非总是如此。

4. 刻板效应

刻板效应，又称刻板印象，通常指的是人们用刻印在自己头脑中的关于某人或事、某一

类人或事的固定印象，来作为判断和评价人或事的依据的心理现象。通常来说，刻板印象虽然可以在一定范围内进行判断，不用探索信息便能迅速洞悉概况，更能节省时间与精力，但是往往可能会导致偏见的发生，忽略掉人与人之间的个体差异性，诱导人们把某个具体的人或事看作是某类人或事的典型代表，把对某类人或事的评价视为对某个人或事的全部评价，从而影响正确的判断，若不及时纠正，进一步发展或可扭曲为歧视。

苏联社会心理学家包达列夫，开展过这样的一个实验，他首先将一个人的照片分别给两组被试者看，照片的特征是眼睛深凹，下巴外翘。然后向两组被试者分别介绍情况，给甲组介绍情况时说“此人是个罪犯”，给乙组介绍情况时说“此人是位著名学者”。然后，请两组被试者分别对此人的照片特征进行评价。评价的结果迥异，甲组被试者认为：此人眼睛深凹表明他凶狠、狡猾，下巴外翘反映其顽固不化的性格；而乙组被试者认为：此人眼睛深凹，表明他具有深邃的思想，下巴外翘反映他具有探索真理的顽强精神。

为什么面对同一面部特征的照片时，两组被试者所作出的评价竟有如此大的差异？原因很简单，人们对社会各类的人都有相对固化的定型认知。把他当罪犯来看时，自然就把其眼睛、下巴的特征归类为凶狠、狡猾和顽固不化，而把他当学者来看时，便把相同的特征归为思想的深邃性和意志的坚忍性，刻板效应实际就是一种心理定势。

案例

在生活中，我们总会遇到类似于这样的情况，青年人往往认为老年人墨守成规，而老年人又往往认为青年人举止轻浮；教授总是白发苍苍、文质彬彬，工人则是身强力壮、举止豪爽等，这些往往都是因为刻板效应在发挥作用。

曾经有位平时学习不好的学生有一阶段学习特别刻苦，在期末考试时成绩特别突出，知道考试成绩后，该班主任说：“成绩是不错，作弊了吗？”由于平时班主任已对学生有了刻板印象，在学生进步后还是以原来的标准去评价学生，很容易造成偏见、成见，既伤害了学生的自尊，也影响了班主任的形象。

5. 投射效应

投射效应，是指将自己的特点归因到其他人身上的倾向。在认知和对他人形成印象时，以为他人也具备与自己相似的特性的现象，便把自己的感情、意志、特性投射到他人身上并强加于人，即推己及人的认知障碍。比如，一个心地善良的人会以为别人都是善良的，一个悲观的人也会以为别人也应是悲观的，一个经常算计别人的人就会觉得别人也在算计他，等等。

具体讲，投射效应有以下三种表现：

第一种表现是相同投射：相同投射在与陌生人交往时，由于彼此不了解时通常发生，具体表现为通常在不知不觉中从自我出发作出判断。自己感到热，便也以为客人也闷热难耐，在不询问客人的意愿的情况下就开大冷气空调；有的老师讲课时对某些知识点不加说明，以为这是十分简单的道理，应该不用多讲，但是在老师看来很简单的知识，在学生看来则未必如此。相同投射发生的本质在于忽视己方与对方的差别，在意识中没有把自我和对象区别开来，而是混为一谈。

第二种表现是愿望投射：愿望投射的主要表现形式为将自己的主观愿望强加给对方。比如一个自我感觉良好的学生，希望并相信老师对他的作业一定会给以好评，因此，即便是老师的一般性的评语，他也会视为赞赏的评价。

第三种表现是情感投射：情感投射的主要表现为人们对自己喜欢的人或事物一般都会越看越觉得优点很多，而反之，对自己不喜欢的人或事，则会越看越讨厌，越来越觉得他有很多缺点。这也正是人们过度地吹捧、赞扬自己喜爱的，严厉指责，甚至肆意诽谤自己厌恶之人或事的原因。这种认为自己喜欢的人或事是美好的，自己讨厌的人或事是丑恶的，并且把自己的感情投射到这些人或事上进行美化或丑化的心理倾向，从本质上来讲，失去了人际沟通中认知的客观性，从而导致主观臆断并产生偏见。这种现象在爱情生活中表现得尤为明显，如人们常说的“情人眼里出西施”。

案例

一天晚上，在漆黑偏僻的公路上，一个年轻人的汽车抛了锚——汽车轮胎爆炸了。年轻人下来翻遍了工具箱，也没有找到千斤顶。怎么办？这条路很长时间都不会有车子经过。他远远望见一座亮灯的房子，决定去向人家借千斤顶。可是他又有许多担心，在路上，他不停地想：

“要是没有人来开门怎么办？”

“要是没有千斤顶怎么办？”

“要是那家伙有千斤顶，却不肯借给我，该怎么办？”

顺着这种思路想下去，他越想越生气。当走到那间房子前，敲开门，主人一出来，他冲着人家劈头就是一句：“我不借了，你有千斤顶有什么稀罕的！”主人一下子被弄得丈二和尚摸不着头脑，以为来的是个精神病人，就“砰”的一声把门关上了。

6. 仰巴脚效应

仰巴脚效应又叫出丑效应、犯错误效应，是指才能平庸者固然不会受人倾慕，而全然无缺点的人，也未必讨人喜欢。最讨人喜欢的人物是精明而带有小缺点的人，此种现象亦称为仰巴脚效应。晕轮效应，多指当认知者对一个人的某种特征形成好或坏的印象后，他还倾向于据此推论该人生活中是比较完美精明的人。其实,这种完美往往是外在的表演,这样就未必讨人喜欢了。因为一般人与完美无缺的人交往时,总难免因己不如人而感到惴惴不安。最讨人喜欢的是那些精明而小有缺点的人,比如,学生眼中的老师,老师眼中的领导,老百姓眼中的大官等。这些貌似完美无缺的人在不经意中犯个小错误,不仅是瑕不掩瑜,反而让人觉得他和大家一样有缺点,就因为他显露出平凡的一面而使周围的人都感到了安全。

一位著名的心理学教授曾做过这样一个试验,他把四段情节类似的访谈录像分别放给他准备要测试的对象:

在第一段录像里接受主持人访谈的是个非常优秀的成功人士,他在自己所从事的领域里面取得了很辉煌的成就,在接受主持人采访时,他的态度非常自然,谈吐不俗,表现得非常有自信,没有一点羞涩的表情,他的精彩表现,不时地赢得台下观众的阵阵掌声。

第二段录像中接受主持人访谈的也是个非常优秀的成功人士,不过他在台上的表现略有些羞涩,在主持人向观众介绍他所取得的成就时,他表现得非常紧张,竟把桌上的咖啡杯碰倒了,咖啡还将主持人的裤子淋湿了。

第三段录像中接受主持人访谈的是个非常普通的人,他不像上面两位成功人士那样有着不俗的成绩,整个采访过程中,他虽然不太紧张,但也没有什么吸引人的发言,一点也不出彩。

第四段录像中接受主持人访谈的也是个很普通的人,在采访的过程中,他表现得非常紧张,和第二段录像中一样,他也把身边的咖啡杯弄倒了,淋湿了主持人的衣服。

当教授向他的测试对象放完这四段录像,让他们从上面的这四个人中选出一位他们最喜欢的,选出一位他们最不喜欢的。

想知道测试的结果吗?最不受测试者们喜欢的当然是第四段录像中的那位先生了,几乎所有的被测试者都选择了他,可奇怪的是,测试者们最喜欢的不是第一段录像中的那位成功人士,而是第二段录像中打翻了咖啡杯的那位,有95%的测试者选择了他。

从这个实验里我们看到了心理学里著名的“出丑效应”,又叫“仰巴脚效应”。就是对于那些取得过突出成就的人来说,一些微小的失误比如打翻咖啡杯这样的细节,不仅不会影响人们对他的好感,相反,还会让人们从心理感觉到他很真诚,值得信任。而如果一个人表现得完美无缺,我们从外面看不到他的任何缺点,反而会让人觉得不够真实,恰恰会降低他在别人心目中的信任度,因为一个人不可能是没有任何缺点的,尽管别人不知道,他心里对自己的缺点也可能是心知肚明的。

俗话说“金无足赤,人无完人”,人都难免出丑犯错。当某些人的表现完美无缺时,一般人就会感到他不够真实,难以亲近。和完美的人在一起,普通人往往认为己不如人而感到惴惴不安。这样失衡的人际关系是难以保持长久的,因为它很可能导致一方生活在自卑和压抑之中。由此,被认为杰出或优秀的人偶尔出丑,不但不会影响他的人际吸引力,反而会让他更具人格魅力。

但值得提出的是，出丑效应并不是让人故意出丑来哗众取宠，而是倡导人不过分追求完美，在不慎犯错的时候能够用一颗平常心接纳自己。

第三节 营造良好人际关系的策略

一、人际交往的基本原则

赛·约翰逊(Sion. Johnson)说过："一个人在其人生道路上如果不注意结识新交，就会很快感到孤单。人应该不断地充实自己对别人的友谊。"生活在社会中的每个个体无时无刻不处在各式各样的复杂社会关系中，都必须与周围的人打交道。社会是由一张张人际关系织就的网络，任何一个人都不可能离开这张网，而在社会中孤独地生存。为了生活，我们就必须与别人打好交道，打交道的质量好坏往往取决于你在社会生存中的难易程度。一支筷子容易折断，一把筷子不易折断。无论出于何种目的，人人都渴望自己能拥有一个良好的人际关系和处于一种良性的社会脉络中，都希望能拥有更多的朋友，并与他们保持真挚的友谊。

2004 年，在云南大学校园内发生的震惊全国的"马加爵事件"让人们禁不住反思，为什么会出现这种同学自相残杀的现象呢？有人将原因归结到了马加爵同学的人际关系能力欠缺上，虽然具体诱发因素会有很多，但处理人际关系的能力欠缺确实在很大程度上导致了这次不幸事件的发生。人际交往对于我们任何人都具有非常重要的意义，和谐的人际关系是人际交往良性发展的润滑剂，这不仅有助于减少交际过程中产生的人际摩擦，促进人与人之间和谐、友好的交往，还有利于个人和集体健康的发展，使你能更快更好地融入集体、融入社会。人际交往是人与人之间建立交往关系的基础，良好的人际交往的原则是成功交往的重要保障。而人际交往的基本原则有：

1. 平等原则

人有人格，如孟子所说："富贵不能淫，贫贱不能移，威武不能屈。"无论什么人、无论地位高低，渴求平等的心情是一样的。社会主义社会里人与人之间的关系更应是平等的关系，在我们的社会里，人们之间没有高低贵贱、没有三六九等之分，只有社会分工和职责范围的差别。不论职位高低、能力大小，还是职业差别、经济状况不同，人人均平等享有政治、法律权利和人格的尊严，都应得到同等的对待，因此人与人之间交往要平等相待，一视同仁，相互尊重，不亢不卑。

案例

1959 年，在全国群英会上，国家副主席刘少奇亲切接见了全国著名的劳动模范、掏粪工人时传祥。当时刘少奇亲切地对时传祥说:"你当清洁工人是人民的勤务员,我当主席也是人民的勤务员,这只是分工不同,都是革命事业不可缺少的一部分。

2. 尊重原则

常言道:"爱人者,人恒爱之;敬人者,人恒敬之。"尊重包括自尊和尊重他人两个方面。自尊即在各种场合自重自爱,维护自己的人格。尊重他人就是重视他人的人格、习惯与评价,保护他人的隐私,只有尊重他人才能得到他人的尊重。

案例

影帝洛依德将车开到检修站,一名修车女工接待了她,这位修车女工是他的一位影迷。女工将车子修好后平静地对影帝说:"先生,您可以开走了。"在影帝向她发出兜风邀请时,她严正地拒绝了他。并在影帝表现出困惑时告诉他:"您有您的成就,我有我的工作,您来修车是我的顾客,如果您不再是明星了,再来修车,我也会一样地接待您,人与人之间不就应该是这样的吗?"

3. 真诚原则

古人常言:"以诚感人者,人亦诚而应。"真诚待人是人际交往得以顺利延续和良性发展的前提。在人际交往中,人与人之间唯有以诚相待,才能做到真正的相互理解、信任和接纳,才能做到团结相处。真诚团结也是现代社会事业成功的客观要求,在一个团体或集体中,没有真诚友善的交往,也带来不了真正的团结一心,更加无从谈起事业的成功与辉煌。同时,就我们个体而言,如果想获得事业上的成功和幸福,就必然缺失不了与他人在社会交往、商业活动中的真诚和信任。因此,真诚是人际交往中的基本要求,所有的人际交往的手段、技巧都应该建立在真诚交往的基础之上。在人际交往中,唯有彼此怀抱心诚意善的动机和态度,才能真正做到相互理解、信任,在感情上引起共鸣,从而使交往关系巩固和发展。

案例

公元前521年春,孔子前往京都拜会时任周朝守藏史的老子,一到京都,孔子便徒步前往守藏史府去拜望老子。正在书写《道德经》的老子听说誉满天下的孔丘前来求教,赶忙放下手中刀笔,整顿衣冠出迎。孔子见大门里出来一位年逾古稀、精神矍铄的老人,料想便是老子,急趋向前,恭恭敬敬地向老子行了弟子礼。进入大厅后,孔子再拜后才坐下来。老子问孔子为何事而来,孔子离座回答:"我学识浅薄,对古代的'礼制'一无所知,特地向老师请教。"老子见孔子这样诚恳,便欣然抒发了自己的见解。

4. 友爱原则

中国古代社会里,素有遵循"仁者爱人"的传统,在当今社会主义社会里,人与人之间更应团结友爱。人际交往中要时刻注意主动团结别人,容人者,人容之。互相尊重、虚怀若谷、宽宏大度才能建立起良好的人际关系。友爱就是要爱同志、爱朋友、爱同事、爱人民。真正的爱心就表现在帮人一把,在别人需要时,奉献自己的力量。

案例

有一个成语叫作管鲍之交,形容的是友谊的坚深。成语主要讲述的是管仲和鲍叔牙之间深厚友谊的故事,最初见于《列子·力命》,"生我者父母,知我者鲍子也。此世称管鲍善交也。"

管仲和鲍叔牙最初一起在做生意,管仲出小钱而分大头;帮鲍叔牙出过好几次主意,却都帮了倒忙;打仗的时候管仲做的第一件事就是逃跑。别人问鲍叔牙,说你怎么和这么一个不顾道义的人当朋友啊?鲍叔牙说,管仲家有老母,他偷钱回去是侍奉老母,他逃跑也是怕自己死了没人照顾老母,这又何错之有?管仲听说后就叹道:"生我者父母,知我者鲍叔也。"

5. 互助原则

相互关怀,互助互惠,是人际交往的客观需求。在现实生活中,每个人都难免有困难,会遇到各种各样的烦恼,这个时候往往需要他人伸出援手,给予帮助;工作中,人与人之间也需要在各自的职位上互相配合、互相支持、通力合作。互相帮助不仅是中华民族的传统美德,也是一种人生智慧。一人有难,众人相帮;一方有难,八方支援,相互帮助的前提就是要乐于帮助别人,别人有困难需要帮助时一定要热情帮助。

6. 心理距离适度的原则

人际关系本是人与人之间心理上的关系,也可以称作心理上的距离,不分亲疏地靠近对方最终难免引起不快,彼此之间还是应当保持适度距离为好。一方面如果交往双方过分地关心自己,而忽视对方,则使彼此的心理距离拉远,那么交往将很难继续。所以要拉近彼此的心理距离,要在真诚地关心别人的同时,还应该注意尊重交往对方的隐私。每个人的心理都有一些不愿意告诉他人的秘密,隐私是一项很重要的人生权利。我们要想维护良好的交往关系,就必须尊重他人的隐私权,不乱打听别人的情况,不背后议论别人的是非等。总之,人际交往必须调整好双方的心理距离。

二、培养人际交往的能力

人际交往的能力及素养会直接影响着良好人际关系的建立。培养自身人际交往能力,可以从以下几方面着手[①][②]:

---

① 侯玉波. 社会心理学[M]. 2版. 北京:北京大学出版社,2013.

② 宋井林. 论当代大学生人际交往能力的培养[D]. 济南:山东师范大学. 2011.

1. 改善认知模式

改善认知模式主要包含以下几方面的内涵：首先，要充分地认识人际关系的重要价值和其对于个体发展的重要性，对学会与人相处和协调人际关系的过程中采取积极的态度；第二，就是要正确认识自己和他人，平等友善与人交往。现实生活中的每个人都有自己的长处和短处，这就要求我们在与人交往时不要自视甚高也不要妄自菲薄，不拿自己的长处比别人的短处，也不要觉得自己一无是处。曾有人说过，每个人都是一块闪光的金子，这至少从一个角度说明无论伟人名人，还是普通一员，都有值得学习的地方。同时，交往中也不要自卑，自卑通常表现为在人际交往活动中自信的缺乏。自卑是影响人际交往中常见的心理障碍，是人际交往的大敌，甚至会直接阻碍一个人走向社会，危害个人发展和人际交往。摆脱自卑，积极自信是人生最好的财富，每个人都有自己的不足，正视自己的短处，勇于把自己的短处转化为长处，就能克服自卑，让人际交往更为顺畅。

2. 完善性格，增强人际吸引因素

人际吸引是指交往对象之间彼此互相喜欢、尊敬、爱慕的心理倾向，与不满、厌恶、蔑视等人际排斥的心理倾向正好相反。在日常生活中，确立较高的人格目标，学习别人的长处；不断充实和完善自己，增强自己的人际吸引因素，是培养交往能力、获得交往成功的必要前提，也是搞好人际关系的根本所在，而增强人际吸引最好的办法就是完善自我人格。通常来讲，人际吸引因素主要包括：(1)正确的人生观。人生观往往能决定一个人的思想倾向和精神面貌。以理想、信念、动机和兴趣等形式表现出来的一个人的人生观在人际交往的过程中，只有以无私奉献的精神对待周围的人和事，才会焕发出强大的吸引力和凝聚力，激发别人产生与之交往的愿望。(2)高尚的品德修养。高尚、良好的品德修养可以给人以信任和安全感，让人们都愿意与具有真诚守信、谦虚大度、宽容他人等良好品质的人交往。不欺诈、守信用、诚恳谦和、胸襟诚笃、乐于助人的品格自然为人所喜欢，具备这种品质的人必然会有很强的人际吸引力。因此，努力塑造自己良好的道德品质，对增强人际吸引因素极为重要。(3)良好的心理品质。心理品质是一个人的志向、意志、情绪、兴趣、气质、性格等的心理特征。志向宏伟，兴趣高雅广泛，意志坚定，情绪乐观，为人豁达、慷慨、幽默、风趣、热情开朗，稳重宽厚，善解人意以及富有同情心、正义感，办事认真等，都是人际交往必备的心理品质，在人际交往中具有极大的魅力。在社交场合中，那些善于调侃、富有幽默感和待人接物随和宽容的人，常常成为人们注意的中心和乐于交往的人，这样的人也更容易找到朋友，赢得大家的好感。(4)智慧和才能。通常智慧和才能可以带给人以力量，也是人际吸引的重要因素。尤其在现代社会，科学技术成为第一生产力，个人的智力才能越来越成为其人格魅力的重要部分。因此掌握丰富的知识和锻炼培养自己各方面的能力，能大大地增强吸引力。当代青年学生，在学习上的互相帮助，各种才能如书画、文艺、体育、组织管理等的锻炼提高，都是其全面发展的内在需求。

3. 掌握交往的艺术①

首先,注意自我形象。大方的仪表和良好的个人形象是人际交往的基础,良好的第一印象会为日后的人际交往增分不少。在当今的社会交往中,人们会比以往更注重彼此的外表和风度。言谈举止、服饰、打扮等不仅能表现一个人的气质,还能反映出人的某些特性,从而会影响交际对方的态度和评价。因此,在交往过程中我们的容貌化妆、装束穿戴等,不仅要符合自己的年龄、身份,还要根据交往的对象、场合的不同而有所区分。

另外,微笑也是自我形象中的一个重要环节,从原始人第一次发出笑声起,笑就在人类社会交往过程中彰显了其价值。从本质上说,笑是一种受所在文明支配的社会现象,所以在社会中,笑往往被赋予成了一个"具有人性"的特征。世界上如果真有一个永远不对任何人微笑的人,那么这个人一定可怕也可怜,因为他的心情是阴暗的,他不能与别人保持正常的人际关系。微笑所表达的是一种感情,一种吸引力,微笑虽然无声,但它是一种高级含蓄的语言。它说出了如下许多的意思:高兴、欢悦、同意、赞许、尊敬、同情……因此,在日常交往中,善于微笑,发自内心的微笑对我们人际交往的成功的重要性便不言而喻了。

其次,积极主动与人交谈。与人沟通、交谈是人际交往的客观需求。在交谈中正确运用语言技巧,是建立良好人际关系的必要条件。交谈中需要注意和把握的是:合理地运用赞扬和批评。赞扬能释放出一个人的主观能动性以调动其积极性,而训斥则会使一个人情绪低落、体力下降。在人际交往过程中,我们都渴望得到别人的肯定和褒奖,因此,与人谈话,要学会使用赞美的语言,一个笑容可掬、善于发掘别人优点给予赞美的人,肯定会受到别人的尊敬和喜爱。赞美不仅能激发受赞美者的自豪和骄傲,从中了解自己的优点和长处,认识自身的生存价值,也能促进人际关系的和谐和愉悦,带给彼此美好的心境;并且,从另一方面来讲,当人们在鼓励、尊重对方的同时,其实也进一步丰富了自己的生存智慧。赞美也是一门艺术,能充分、善意地发掘他人的长处和闪光点,因人、因时、因场合地适当赞美,不管是直率、朴实,还是含蓄、高雅,都可收到很好的效果。常言道"过犹不及",则告诫我们赞美不能滥用,好心的赞美必须恰如其分,千万不能言过其实。如何学会称赞呢? 以下是一些帮助你培养这些技巧的几点提示:

(1)一定要真诚。奉承不是称赞,千万不要说不是发自内心的话。如果你这样做了,当你真的要严肃的时候,人们就不会相信你了。有很多事情可以让你真诚地称赞别人,你没有必要说不真心的话。

(2)称赞事实,而不是人。如果你把称赞的焦点放在人们所做的事情上,而不是放在他们身上,人们就会更容易接受你的称赞,而不会引起尴尬。比如,说"小敏,你的讲解非常好",就比说"小敏,你好棒"更好。又如,"于康,你编辑的那个演讲稿实在是太好了",就比"我实在找不到一个更好的编辑"更好。

---

① 杨志清. 农村大学生人际交往和人际关系刍议[J]. 河南农业大学,2005,6.

(3)称赞要具体。当称赞是针对某一件事情的时候,它就会更有力量。称赞越广泛,它的力量就越弱。所以,当称赞别人的时候要针对某一件具体的事情。例如,“于康,你今天戴的这条领带配这套黑西装,非常耀眼”,就比“于康,你今晚穿得很好看”更有力量。再举例说,“小敏,你每次和人们说话,都能使他们觉得自己很重要”,就比“小敏,你真会与人相处”更好。

(4)掌握称赞的“快乐习惯”。你每一次称赞别人,都有巨大的附带利益,它会使你同时得到满足。所以,有人认为:如果你不能为自己增加快乐,那么你就不能为任何人增加快乐!所以,每天起码要称赞3个人,你将感受到自己的快乐指数不断上升。

赞美对于人际交往双方的作用是显而易见的,当然,面临需要提醒和指出对方必须改正的缺点时,也应有真挚的批评。“明知不对少说为佳”的处世哲学往往是弊多利少。但谈及批评,如何批评、如何合理地指出一个人的缺点也是一门艺术,其措辞也应大有讲究。分寸恰当、善意真诚、合情合理的批评往往更容易被人接受,同时,批评后,对方认识或者及时改正了时,就需要赞美了。人性中有被人赏识的深切渴望,因此,在与他人相处时,要注意满足他人的这种渴望,多赞美别人。如果说,批评与鼓励都是催人上进、激人发奋的手段的话,在许多情况下,适当的奖励往往能收到更好的效果。

另一方面,我们在与人交谈时还应注意非语言因素的影响,如语气、眼神、手势、表情等,这些非语言因素有时会对交往效果产生很重要的影响。非语言成分在人际交往中占据着相当重要的作用,善于倾听,礼貌待人,与人交谈时“洗耳恭听”是最基本的礼貌,同时,交谈中尊重对方,不随意插言打断别人的谈话,学会虚心倾听别人的讲话,这样也能赢得别人对你的好感。

相互理解=表情(55%)+语调(38%)+语言(7%)

再次,规范动作行为。正如语言一样,一句好话与坏话带来的效果是迥异的,在日常交往中,一个细小的不经意的动作可能会为你给人的第一印象加分,也有可能会让人对你生恶,因此,在日常的人际交往中,我们不仅要注意自己的“言”,也应注意自己的“行”,注意自己的动作行为,合理地运用礼节性行为。运用得当、得体大方的礼节性行为对于增进人际关系是大有裨益的,因为得体、得当的礼节性行为会使人产生一种亲切感,有助于人际关系的融洽、和谐。同时,交往时也要采取适当的身体姿态,在交往中自觉地控制自己,采取恰当的身体姿态,也有利于融洽人际关系。

最后,体察对方心境。交往中善于体察对方的心境,在正确的时间说正确的话、做正确的事,适时给予对方恰当的心理满足,不仅有利于营造良好的交往氛围,也有利于良好人际关系的建立。当然,能具备敏感、准确地把握住不同的心境的能力也是需要在真诚、善意的前提下不断强化练习的。在不同心境下,人会有不同的情感需要,交往中若能恰当地把握,并根据不同心境下的不同情感的需要,适时地予以满足,这也往往会大大缩短交往双方的心理距离,利于交往顺利进行,利于交往程度的加深。

★实践练习:做善于倾听的人

3~4人组成一个小组。每组的3人(或4人)轮流充当说话者(一次一人)、倾听者(一次一人)与观察者(1~2人),每人都必须分别扮演说话者、倾听者和观察者的角色,在扮演的过程中,认真体会每种角色的立场与感受。

其中,3种角色的任务分别是:说话者要在5分钟内主动发起各类型的话题。倾听者只扮演听与响应的角色,不主动引发任何话题。观察者不介入说话者与倾听者的对话,只负责观察两人的对话情形。在每人都扮演过3种角色后,小组成员开始讨论与分享,说话者与倾听者分享彼此在扮演该角色时的感觉,观察者则说出所观察到的情形和自己的体会。

古语云:会说话的人,必也懂得听话。在与人交往的过程中,我们并不只是要把自己的观点和想法表达出来,我们还应该要重视谈话对象向我们传达的讯息,即是要用心倾听。想要达到真正双向沟通的目的,拥有倾听的能力,是一种基本的沟通态度,也是一种可习得的技巧。

第九章　管理人生

“等我有时间,我就去好好学习英语”,“将来我要去某个地方好好游一游”,“等我空闲下来,我要慢慢做我想做的事”……朋友们,你可曾有过类似的感慨? 你可曾有过时间不够用之感? 我想答案是肯定的。当今社会,竞争之激烈,生活节奏之快速,超乎人的想象,时间对我们来说就是珍贵的财富。有一首爱尔兰诗是这样阐述了时间和幸福之间的关系:抽点时间工作,这是成功的代价;抽点时间思考,这是力量的源泉;抽点时间游戏,这是年轻的秘诀;抽点时间读书,这是知识的基础;抽点时间对人表示友善,这是通向幸福的大门;抽点时间快乐,这是心灵的音乐;抽点时间享受,这是对自己辛苦的馈赠;抽点时间做计划,你就可以享受以上9种快乐。因此,有效利用时间和合理管理目标,它可以让我们找到更多快乐和幸福的感觉。

第一节　目标概述

一、目标的心理学研究概述

1. 什么是目标

在很早的时候,目标这一名词就已经走进了我们的生活。还记得我们的童年吗? 父母总会问:你将来长大了要做什么? 这次的考试要考100分等。当时的目标只是一个模糊的概念。到了高考,在那所大学就读,读哪一个专业就成了我们人生的另一转折点! 进入社会你会接到很多不同的信息,那目标就会分得更细了,你会确定人生事业的目标——确定当前的工作目标还有生活目标,你会在什么时候成家、生小孩,还有你的衣食住行又如何安排……究竟什么是目标呢? 心理学家将目标界定为:一个人想要在某个特定的时间内达到某一特定的行为标准。

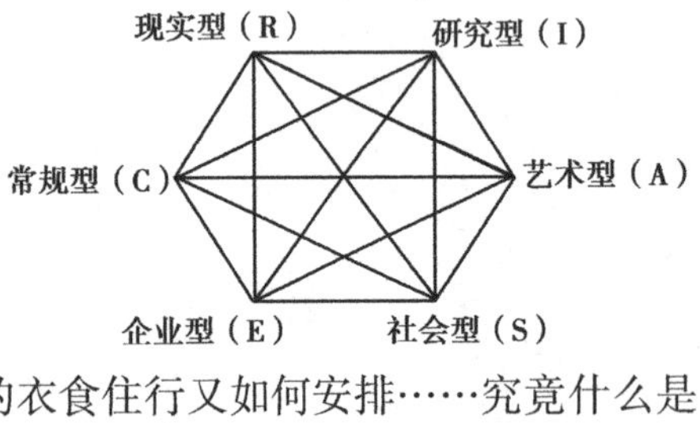

从这个定义中,我们可以看出,目标具有以下特点:

首先,目标是特定的。很多人小时候都做过放大镜点燃报纸的实验,在一个天气晴朗的日子里,拿一张报纸铺在户外,然后拿一个放大镜,放在离报纸有一小段距离的地方,放大镜正对着太阳,放大镜不动,并把焦点对准报纸。坚持几分钟,放大镜就会借助太阳的威力让报纸燃烧起来。在这个过程中,如果没有耐心,移动放大镜,实验就不可能成功。目标也是一样,它是锁定在某个特定的方面,比如在学业或者事业方面。

其次,作为行为目标,目标不仅仅是具体的,而且是可以衡量的。有人说我的目标就是成为一个有用的人,这个目标太不具体了,我们无法控制也无法衡量这个目标。比如说你想学习毛笔字,你可以给自己定一个目标,每天练习两篇字,要求自己在一个月内掌握所有的笔画规则并至少练习 60 篇字。这个目标就比较具体,能够按部就班地去做,目标容易达到。

再次,目标是有时间限制的,在某一特定时间内达到的。目标按照时间长短,可以分为长期目标、中期目标或者短期目标。长期目标可以是 10 年、20 年或者 30 年,中期目标可以是 1—2 年或者 3—5 年的。短期目标可以是两个星期、3 个月或者半年时间。人们有时候习惯性去拖延做事情的时间,就是没有给自己的目标加上一个截止日期,如果没有明确的时限,任何人都难免偷懒,松松垮垮,谈不上实现目标。

2. 目标的作用

有很多名人阐述过目标对于生活的重要作用,比如高尔基曾经说过,不知道明天要干什么事的人是不幸的人。一个人追求的目标越高,他的才能发展就越快,对社会就越有益。爱默生说,一心向着目标的人,整个世界都给他让路。

目标究竟是怎样来影响我们的生活的呢? 心理学家对目标的设置进行了相关研究,发现目标具有以下几个作用:

第一,目标具有指引功能。目标引导个体注意并努力采取与目标有关的行动,避免与目标无关的行动。心理学家进行了相关的实验研究,给学生一些具体的目标,并且安排学生阅读一些文章,一部分文章与目标直接相关的,另一部分文章是与学习目标无关的。结果发现,学生对于目标相关的文章的注意和学习均高于对于目标无关的文章的注意和学习。

案例

1970 年,美国哈佛大学对当年毕业的天之骄子们进行了一次关于人生目标的调查:27% 的人,没有目标;60% 的人目标模糊;10% 的人,有清晰但比较短期的目标;只有 3% 的人,有清晰而长远的目标。

1995 年,即 27 年以后,哈佛大学再次对这一批 1970 年毕业的学生进行了跟踪调查,结果是这样的:3% 的人,25 年间他们朝着一个既定的方向不懈努力,现在几乎都成为社会各界的成功人士,其中不乏行业领袖、社会精英;10% 的人,他们的短期目标不断实现,成为各个行业、各个领域中的专业人士,大都生活在社会的中上层;60% 的人,他们安稳地生活与工作,但都没什么特别突出的成绩,他们几乎都生活在社会的中下层;剩下 27% 的人,他们的生活没有目标,过得很不如意,并且常常在抱怨他人、抱怨社会、抱怨这个“不肯给他们机会”的世界。

其实，他们之间的差别仅仅在于：25 年前，他们中的一些人知道自己的人生目标，而另一些人不清楚或不是很清楚自己的人生目标。

第二，目标具有动力功能。你给自己定下目标之后，目标就会在两个方面起作用：它既是努力的方向，也是对你的鞭策。目标给了你一个看得着的射击靶。随着你的努力实现这些目标，你就会有成就感。对许多人来说，制定和实现目标就像一场比赛。随着时间的推移，你实现一个又一个目标，这时你的思想方式和工作方式也会渐渐改变。有一点很重要，你的目标必须是具体的，可以实现的。如果目标不具体——无法衡量是否实现了——那会降低你的积极性。为什么？因为向目标迈进是动力的源泉。如果你无法知道自己向目标前进了多少，就会感到泄气，最后撒手不干了。

有一位瘦子和一位大胖子在一段废弃的铁轨上比赛走枕木，看谁能走得更远。瘦子心想：我的耐力比你好得多，这场比赛我一定赢。开始也确实如此，瘦子走得很快，渐渐将胖子拉下了一大截。但走着走着，瘦子渐渐走不动了，眼睁睁地看着胖子稳健地向前，逐渐从后面追上来，并超过了他，瘦子想继续加力，但终因精疲力竭而跌倒了。最后，在极大好奇心的驱使下，瘦子想知道其中的秘诀。胖子说："你走枕木时只看着自己的脚，所以走不多远就跌倒了。而我太胖了，以至于看不到自己的脚，只能选择另一个目标，朝着目标走。当接近目标时，我又会选择另一个目标，然后就走向新目标。"随后胖子颇有点哲学意味地指出："如果你向下看自己的脚，你所能见到的只是铁锈和发出异味的植物而已；而当你看到铁轨上某一段距离的目标时，你就能在心中看到目标的完成，就会有更大的动力。"

第三，目标影响坚持性。

1952 年 7 月 4 日清晨，美国加利福尼亚海岸笼罩在浓雾中。在西海岸以西 21 英里的卡塔琳纳岛上，一位 34 岁的妇女跃入太平洋海水中，开始向加州海岸游去。要是成功的话，她就是第一个游过这个海峡的妇女。这名妇女叫弗罗伦丝．查德威克。在此之前，她是游过英吉利海峡的第一个妇女。那天清晨，海水冻得她全身发麻。雾很大，她连护送她的船都几乎看不见。有几次，鲨鱼靠近了她，被人开枪吓跑了。她仍然在游着。

坚持了 15 个小时后，她又累又冷，她知道自己不能再游了，就叫人拉她上船。她的母亲和教练在另一条船上。他们都告诉她离海岸线很近了，叫她不要放弃。但她在朝加州海岸线望去，除了浓雾什么也看不见。几十分钟后，人们把她拉上船。又过了几个小时，她渐渐觉得暖和多了，这时开始感觉到失败的打击。她不假思索地对记者说："说实在的，我不是为自己找借口。如果当时我能看见陆地，也许我能坚持下来。"人们拉她上船的地点，离加州海岸线只有半英里！由于看不见目标，查德威克一生中就只有这次没坚持到底。

两个月之后，她成功地游过了同一个海峡。

人生也是这样，在没有目标的情况下做一件事情，我们很难坚持下去，没有目的地，我们将永远无法到达。很多职场人士都感受到了英语学习的重要性，很多人高喊着口号开始学习英语，但是没过几天就把学习抛到脑后。还有人感到很困惑，为什么以前在学校读书的时候能够坚持学习英语，还通过了各种英语考试，而现在却怎么都学不进去了。原因很简单，以前我们有具体的目标，要达到什么样的水平，比如说通过英语四六级，或者托福和GRE要考到多少分。但是工作之后，我们仅仅觉得英语很重要，应该学，没有为自己制定一个可以操作的目标，很难执行。

第四，目标通过导致与任务相关的知识和策略的唤起、发展或使用，从而间接影响行动。

人的潜能是无限的，当我们有一个明确的目标时，为了实现这个目标，我们会发挥我们的力量，想出各种办法来达到这个目标。

有个勘探小组在原始森林里迷路了，食物和饮水都已经用尽，只好用野菜草类充饥。大家疲惫而迷惑地寻找着出路，绝望一步步逼近他们。祸不单行，勘探小组组长、德高望重的老教授一病不起，无法救治。弥留之际，老教授用颤抖的手从地上摸起一块鸡蛋大的石头，用尽力气断断续续地说："这块矿石很……有价值，你们一定要……走出……""去"字没说完就闭上了眼睛。众人含泪掩埋了老教授，悲痛之余深受鼓舞。听了老教授的临终嘱咐，得知此地含有丰富的矿藏，对于地质勘探队员来说，这是最令人激动的事情。大家小心翼翼地呵护这块矿石，在途中历经千辛万苦，终于走出了原始森林。后来，经过化验，老教授所指的这块矿石，不过是一块普通的石头罢了。此时，大家恍然大悟，老教授用了一个善意的谎言，给大家指明了一个目标，让大家鼓足勇气，想尽办法从困境中走出来。

第五，目标激发我们的潜能。有人曾做过这样的实验：将一只跳蚤放进杯中，开始，跳蚤一下子就能从杯中跳出来。随后，若将杯子盖上一个透明的盖子，跳蚤仍然会向上跳，但是碰了几次盖后，碰疼了，慢慢就不跳那么高了，这时将盖子拿走，会发现那只跳蚤已经不能跳出杯子了，因为它将目标定到了不及盖的高度。我们常听人说："一个人追求的目标越高，他的才能发展就越快"，也就是这个道理。目标能够让我们分清事物的轻重缓急，让我们集中注意力。没有明确目标的人会把自己的精力放在小事情上，而小事情使他们忘记了自己本来应该做什么。

二、目标与幸福感的关系

大多数人会有这样的经验，当我们一步一步向着我们的重要目标迈进时，我们会体验到满足感和幸福感。我们身边不乏这样的例子。

王先生大学毕业后，应聘到一家大型国有企业上班，收入虽然不高，但是工作稳定，而且有保障。生活上也没有后顾之忧，与女朋友关系稳定，已经进入谈婚论嫁的地步，家里父母亲的身体也很健康。但是王先生感觉不快乐，他认为现在的生活很无聊，工作简单而且重复。他曾经想过要跳槽或者改行，但是在周围人的眼里，是非常不值当的事情，因为他现在的工作，就算研究生毕业也很难找到这样的工作。听到朋友这样说，王先生也很犹豫，不舍得放弃现在稳定的生活和工作，但是一想到要一辈子待在这个地方还是很不甘心。生活到底是为了什么？我可以为它做什么改变呢？王先生这样问自己，但是始终没有跨出那一步，日子就一天一天这样过着。

在一次同学聚会上，王先生终于下定决心，决定要改变自己目前的生活状态。元旦的时候，王先生参加了大学同学的聚会，与一个在美国留学的同学交流了彼此的生活经历和感受，这次交流让王先生看到了希望。王先生读本科时就想出国留学，希望去外面了解世界，开阔自己的眼界。但是因为当时没有申请到合适的学校就放弃了。与同学的这一番交流又点燃了他心中的希望，出国留学是他的梦想，趁着年轻，应该为自己的梦想再努力一次。经过认真的考虑，王先生决定辞掉现在的工作，申请去国外留学，毕业后再回国工作。

有目标的王先生，感到生活充满了希望，工作和学习中也充满了动力。

厄尔·南丁格尔曾经这样写道："幸福就是在不断进步中把一个有价值的愿望——或者说一个目标——变成现实。"

1. 目标相关理论

目标对我们的生活有重要的影响，心理学家也从不同的角度阐述了目标与幸福感的关系。弗洛伊德认为，人们最大的满足来源于本能的满足，尤其是性本能的满足，但是随着文明的发展，人们放弃了本能的快乐而去追求文明的目标，因此导致了幸福感的下降。

存在主义分析治疗的创始人维克尔·弗兰克尔认为，人类最大的需要是活得有目标、有意义。目标让我们的生活有了意义和目的，他给了我们方向感。当我们朝着目标努力的时候，我们会感到越来越幸福、越来越坚强、越来越有活力和效率。我们会对自己和自己的能力越来越自信。

人本主义心理学家则认为需要的满足会影响我们的幸福感，马斯洛的需要层次理论分为 5 个层次：生理需要、安全需要、归属与爱的需要、尊重的需要、自我实现的需要。后来，随着人们需求的变化，他又把他的需要理论发展为 7 个层次：生理需要、安全需要、归属与爱的需要、尊重的需要、求知的需要、审美的需要、自我实现的需要。该理论认为，个体在特定水平上的需要得到满足以后，这方面的幸福感就会提高，进而追求更高层次的幸福。不同的人对幸福的追求是不一样的，对于连温饱都没有办法解决的人，安全保障、爱情归属、自尊荣誉等都是次要的，他们的快乐与幸福首先在于解决温饱问题。当有了温饱之后，幸福首先在于求得生存的安全。有了生理需求和安全需求的保障，人们才能将幸福寄托于爱情、归属与自尊等方面。

2. 目标对幸福感的影响

基于幸福感的相关理论，研究者对目标与幸福感的关系进行了更加细致的研究，他们发现，目标的内容、个体实现目标的方式以及在实现目标过程中的成功和失败将影响人们的幸福感。

Brunstein 等人(1998)提出，当一个人能以内在价值和自主选择的方式来追求目标并达到可行，个体的主观幸福感才会增加，即目标必须与人的内在动机或需要相适宜才能提高主观幸福感，人们具有某些意识或未被意识到的动机和需要，满足这些需要，主观幸福感的水平升高;与个人需要不一致的目标,即使达成了也不能增加主观幸福感。比如,成就动机强的学生,学习成绩优异时,主观幸福感升高;具有较强社会价值观的学生,在满意的人际交往中才能感到更幸福。这个研究结论提醒我们,首先弄清楚自己的价值观,知道自己最看重什么。根据自己的价值观设定一个合理的目标,伴随着目标的实现,我们的幸福感能够得到提升。

其次,目标与个人生活背景相适应,才能提高幸福感水平,生活背景重要成分之一是个人生活的文化背景。心理学家 Cantor 和 Sanderson 认为,当个人实现被其文化或者亚文化高度评价的目标时,幸福感会升高;文化影响人们的目标选择,从而成为影响幸福感的因素。造成人们体验幸福感系统差异的特殊文化维度是:个人—集体主义或自我独立—依赖。在个人主义文化中(如美国和欧洲国家),个人倾向于区分自己和他人,个人所体验到的情感是自己独特的体验,与自我相关的情感如自尊,与幸福感尤其紧密相关;而集体主义取向的文化中(如中国和日本),个人的主要目的并非区分自己与他人,而是与他人保持和谐一致,个人理想往往是所属群体的理想,由于自控的个人重要性削弱,个人的感觉、情绪、思想不被看作行为的决定因素,结果有关自我的情感在集体主义取向的文化中对决定生活满意度显得不那么重要。比如,一个生活在中国的孩子按照西方文化来设定自己的目标,只要自己开心就行,不顾及父母的期望,但是这个目标很难得到周围人的认可,也很难体验到他理想中的幸福感。

第二节 如何设置目标

一、目标设定的法则

当我们清楚了自己想要什么,就可以为自己设置目标了,制定目标有一个“黄金法则”——SMART 原则,SMART 是 5 个英文单词的第一个字母的汇总。好的目标应该能够符合 SMART 原则。

S(Specific)表示明确性。所谓明确就是要用具体的语言清楚地说明要达成的行为标准。举例子,有两个学生都想好好学习英语,他们一起制定了英语学习目标,一个人的目标是一年后通过英语的四级考试,另一个人的目标是全面提高英语的水平。第一个人的计划就是具体、明确的,第二个人的学习目标就显得有些虚无缥缈。怎么样叫全面提高应予以明确。听、说、读、写各达到什么样的水平?多背 1 000 个单词算不算提高英语水平?这个计划太过于抽象,这种计划在实施过程中由于很难判断是否达到最终目标而放弃。再比如说,“我要成为一个优秀的学生”就不算一个具体的目标,而“获得一等奖学金”就算得上是一个具体的目标,因为优秀是没有客观判断标准的。很多人想减肥,但减肥不是目标,这个目标太抽象,不知如何达成,因此常常无功而溃。而每星期少吃两次肉、每天少吃两碗饭,就是一个具体的减肥目标,这是自己可以控制的,可以操作的。

M(Measurable)表示可以衡量的、可以量化的。具体的量化可以使计划的执行有一个衡量的标准,比如说获得一等奖学金,就对应着可以衡量的指标,比如绩点、科研能力。每天少吃一碗饭就比每天少吃一点好,因为它可以衡量、可以被检验,知道做到的程度如何。再比如今天的学习计划完成没有、完成好坏等问题都需要有一个明确的回答,学习计划说每天要背 100 个单词,今天只背了 10 个,显然是偷了懒,没有完成任务。

A(Attainable)指可以达到的、可以实现的。在制订计划时,很多人容易犯好高骛远的毛病。这种热情是好的,但必须考虑到计划最终能不能完成。有这样一个例子,在一棵树上结满果实,一个人想要摘果子,他必须先摘离地面最近的,然后再跳起来摘更高的,树顶上的果子通常都是最后架起梯子摘。过高的目标就好像树顶上的果子一样,跳了半天够不着,又摘不到果子,又找不到梯子,最后就只能放弃。有的人可能很坚定,一定要摘到树顶上的果子,那也不难,可以先摘离地面最近的,吃饱了爬高一点的树杈上再摘果子吃,直到爬到最高的树杈上。当然目标应该有一定难度,如果目标太容易也会让人失去斗志。心理学实验证明,太难和太容易的事,不具有挑战性,也不会激发人的热情行动。

R(Realistic)指目标必须符合实际情况,比如,去年完成销售额 1 000 万元,那么今年要求完成销售额 1 亿元,这就是不实际的,而完成 1 200 万元销售额就比较实际。

T(Time-based)指目标必须明确有截止日期,在有限的时间内完成某个任务。比如我们计划在 2016 年 12 月 31 日之前完成某个任务,那么 2016 年 12 月 31 日就是一个截止日期。

二、制定目标的步骤

事实上,制定一个好的目标,就相当于目标已经完成了一部分。目标一旦设定,按照计划来实现目标就容易得多。制定目标并不是只有一次,目标定好以后还要时时检查、规划和执行,并以发展的眼光来评估,有时候还需要你在一些方面来灵活处理,或者修订目标。在实现目标的过程中,我们自身的成长可能比达到既定目标更加重要。

各类资料上有很多关于目标制定步骤的介绍,其中有一个 7 步设定目标的方法,有很多人使用。

第一步:拟出期望达到的目标。

根据目标设定的 SMART 法则,拟出自己期望达到的目标。就像你去超市购物一样,把要买的东西写在清单上,比如说你要买 15 样东西,你只在清单上写了 10 样,还剩下 5 样,你就很有可能忘记买,或者没有全部买。在我们的人生中,我们会有很多的目标和梦想,在想到的时候,把这些目标写下来,给自己列一个梦想的清单。经常拿出来看一看,提醒自己。

其实,你列出来的目标,你未必都能做到,但是你没有列出来的目标就很有可能忘记。对你而言,有很多梦想或者目标很重要,但并不是很要紧的,因此,你就会无限期地把这件事情往后拖。比如你说你想健身,你想学开车,你想读几本小说,你想了解一些养生知识……如果你不把这些目标写下来,很多可能会因为忙于处理一些眼前的琐事,或者是一时的懒惰,而把这些事情抛到脑后。

第二步:列出达到目标的好处。

在制定了目标之后,可以想象达到目标的好处。有人认为,目标已经设定,只管实施就够了,想它的好处,似乎有点多余。恰恰相反,在实施目标的过程中会遇到很多障碍,如果看不到目标实现以后的好处,很多人容易被暂时的困难所吓倒。

比如说,很多人在读大学的时候都想出国留学,但是真正努力并达到目标的人并不多。为什么呢?有的是能力的限制,绩点不高,或者外语水平有限,还没有申请就放弃了,还有的是因为觉得准备工作太烦琐,不愿意自寻烦恼,也有人估计自己毕业的时候能找到一份不错的工作,所以中途放弃了。因为种种原因,所以到最后能够坚持最初的目标,并为之努力的人并不多了。

如果能够找到达到目标的好处,首先可以让你更坚定实现这个目标的决心。其次,列出达到目标的好处,可以让你在实现目标的过程中更有毅力。有些目标的完成需要几年甚至几十年的时间,很多人在这个过程中会懈怠,甚至放弃。遇到困难后会怀疑坚持目标的意义。当你把达到目标的好处都写下来,时常拿出来看看,可以激励自己,以免被一些暂时的困难吓跑或者是为了眼前的利益而放弃自己的目标。

第三步:列出可能的障碍点。

要达到此目标,可能会遇到哪些障碍点,会在这个过程遇到些什么问题?一一列举。比如你想去西藏旅游,先要考虑的是做哪些准备,钱、时间、体力、关于旅游的一些知识等,可能钱不够,时间也不够,目前的体力不够充分,这些就是你实现梦想的障碍。把这些障碍列举出来以后,就可以开始准备,逐个击破。

第四步:列举所需要的信息。

有的目标的达成需要特殊的知识或者训练,比如,你想成为2008年北京奥运会的志愿者,当志愿者可能需要一些特殊的知识背景和特殊技能,比如,需要了解奥林匹克知识、北京奥运会基本知识、北京奥运会总体情况、场馆运行知识等。此外,一定的外语水平、利益知识、中国传统文化知识也是需要的。某些特殊岗位的志愿者可能还需要一些紧急救护知识等。

在实际生活中,很多人不知道如何去查找自己所需要的信息。比如,有些大学生会面临这样的问题,自己现在读的专业不是自己喜欢的,想转专业或者是跨专业考研,都需要了解要转入目标专业对专业知识和技能有哪些要求,需要达到什么样的水平。这些信息都可以在网络上查找到,或者咨询相关的人士、咨询有经验的人也是一个很好的选择。

第五步:列出寻求支持的对象。

在现代社会,一项工作任务很难由一个人完成,一个目标也是很难靠自己的力量独立完成。我们需要求助于他人,比如同学、亲人、朋友或者相关专业人士。有人遇到困难后,冥思苦想也找不到可以帮助自己的人。这种情况是一个信号,提醒你要好好地经营你的人际关系网了。

第六步:制订行动计划。

有这样一个问题:"怎么吃下一头大象?"答案是:"一点一点地吃。"这仅仅是一个比喻,在实际方面,道理也是一样的。怎么才能完成一个宏伟的目标呢?一次采取一个步骤,完成一个任务。

制订行动计划是影响目标实现的重要因素。我们很多目标都是"多步骤"的作业,必须以一定的方式将其付诸实际行动,才能够取得成功。即便是一项简单的事情,比如学习游泳或者是烧出一桌美味的菜,也是多步骤的任务。如果你具备制订计划以及完成"多步骤"作业的能力,那么你实现目标的可能性就会大大增加。很多人在完成任务的时候都会有这样一种倾向,先做简单的,再做复杂的,先做步骤少的,再做步骤多的。制订计划的目的使你得以把主要的、确定的目标变成有计划的、有具体实施步骤的"多项作业",这样可以减少很多人对复杂的、困难目标的畏惧心理,使复杂的工作容易入手。

基本上讲,一份计划就是为了达成一定目标而从头到尾采取的行动清单。在开始制订计划时,拿出一张纸,把你能够想到的要做的事情列出来。如果你想要什么新的内容,就把它加到单子上。随着你不断获得新的信息,就不断更新单子上的内容,这样一来,这份单子就成为你的理想或者目标的蓝本。

这份行动计划可以用来衡量自己每天,甚至是每小时的进展情况。你制订的计划越清晰、越具体,就越能够按照计划要求按时完成任务,你的潜意识需要一套"自我动员系统",它是由一系列"底线"构成,你要在到达这些底线之前完成任务,实现目标。如果缺少这套自我动员系统,你就很容易偷懒,把该做的事情往后推,从而导致自己的进度大大落后。

第七步:制定达到目标的期限。

很详细的行动步骤,没有具体的时间期限,这样的计划是不完整的,很多人害怕为自己制定时间期限,因为他们感觉自己做事情的时候总是被一些无意义的事情所打乱,自己无法为自己设定时间期限。不要害怕,因为把握时间是一种技能,它就像其他技能一样,是可以通过学习掌握的。无论你过去在利用时间方面是多么混乱。为自己的目标设定期限以后,在不同的时间段里,你就可以明确,对你而言最重要的任务是什么,虽然事情很多,但是你可以毫不犹豫地优先处理最重要的事情。否则,重要的事情会因为你手中一些简单的、琐碎的、可以马上解决的小事而耽误。

一个人的心智的力量是不可估量的,知识平时没能充分运用罢了。通过系统地制定目标和详细地制订具体计划,可以事半功倍地取得成功。制订计划会使我们比大部分人更多运用心智的力量。

最后，要注意自我激励，如果这个目标实现了，给自己一个奖励，小成就小奖励，大成就大奖励。例如完成了一天的学习任务，你可以让自己好好休息一下，吃点东西，听听音乐，出去散散步，或者是看场电影。

第三节　时间管理

人生有两项最宝贵的资产：一项是头脑，一项是时间。无论我们做什么事情，即使不用脑子，也要花费时间。因此，管理时间的水平高低会决定我们事业和生活的成败。

每个星期有 168 个小时，其中 56 个小时在睡眠中度过，21 个小时在吃饭和休息中度过，剩下的 91 个小时则由我们来决定做什么——每天 13 个小时。如何根据我们的价值观和目标管理时间是一项重要的技巧。它使我们能控制生活，善用时间，朝自己设定的方向前进，而不致在忙乱中迷失方向。

一、时间的基本特性

世界上最快而又最慢，最长而又最短，最平凡而又最珍贵，最容易被忽视而又最令人后悔的就是时间。时间是一种宝贵的资源，没有什么东西可以取代它的位置。一旦花过以后，时间就永远消失了。

有时候我们会有这样的感觉，周末的假期转瞬即逝，某项工作让我们感到快乐并令我们沉浸其中，这种感觉会让我们失去时间观念。这种感觉可以被称为“流逝”，忘记周围的一切，是一种幸福的经历，但是，有时候，1 分钟都很难，对不喜欢读书的孩子来说，在教室里多坐一分钟，都感觉如坐针毡。这就像爱因斯坦在解释相对论时所举的例子，情人在一起的时候，感觉时间过得特别快，1 天等于 1 小时，而在等人的时候，1 小时等于 1 天。这就是我们在时间感觉上的主观性。从客观性上来看，时间具有以下基本特性：

第一，时间的不可替代性。任何一项活动都有赖于时间的堆砌，这就是说，时间是任何活动所不可缺少的基本资源。因此，时间是无法取代的。

第二，时间的不可逆转性。时间是一维的，只能按照过去、现在、未来的方向流逝。它一旦丧失，则会永远丧失。花费了金钱，尚可赚回，倘若挥霍了时间，任何人都无力挽回。

第三，时间的可变性。时间既是常数又是变数。因为每个人对时间的管理方式不同，那么人们拥有的时间同时也充满了变数。

它公平地给人们以每天 24 小时或者 86 400 秒；同时，它也最不公平，因为他给任何人的都是 24 小时或者 86 400 秒，善用则长，荒废则短。

二、时间的价值

如果每天都有86 400元进入你的银行户头，而你必须当天用光，你会如何运用这笔钱？其实，你真的有这样一个户头，那就是“时间”，每天都会有新的86 400秒进账，你打算怎样用每一秒对人生进行投资呢？

表9.1　时间价值对比表

项　目	出租车司机（上海）	销售经理	副总经理
时间价值	每月份钱4 500元	假如每月绩效目标是销售额100万元	每月绩效目标是1 000万元
每一天的价值	司机不休周末，一天隔一天上班，每天300元	每月按照22个工作日计算，每天的绩效目标是4.545万元	每月按照22个工作日计，每天绩效目标是45.45万元
每个小时的价值	一天一般工作12个小时，每个小时25元	以每天8小时上班时间计，每小时5 682元	以每天8小时计，每个小时5.682万元
每10分钟	4.20元	950元	9 500元

时间对于不同的人，体现的价值也是不同的。时间价值意味着：对于出租车司机，每月份钱4 500元；对于销售经理，每月绩效目标100万元；对于一位副经理，每月绩效目标就是1 000万元。你要对你的时间进行如何投资，才能达到时间的最大价值化呢？

三、什么是时间管理

概括起来时间管理的内涵主要包含两个方面：做我们真正想做的事；获得长期的满足感。

设想一下，我们七八十岁时回顾我们的一生，思考过去发生的事情时，一般的话，我们不太可能去想那些过去已经完成的事；想的往往是那些没有完成的事，特别是那些我们本来可以完成的事。我们会有这样的想法：“如果我……已经学会一门语言，已经学会弹一种乐器，30岁之前已经到部门经理……”尽早学着把心思集中到自己一生中想要完成的事情上，这是一种很好的训练。当我们进行有关确定做事的轻重缓急以及怎样管理时间的训练时，这点很重要。

时间管理是一种能力，是一种决定生活中什么东西重要的能力。透过时间管理，可以看出人的价值观和人生观。很多人花大量的时间来考虑如何度过一个假期，远甚于人生大计做打算所花的时间。他们没有想到这一点，究竟哪一个更能带来长期的满足感。

时间管理是一个个人的过程，必须适合你自己的风格和环境，它通过强制性的实行来改变以往形成的旧习惯。时间管理是自我管理,自我管理就是“改变习惯”,以使自己更富有效率、效能。

四、时间管理与幸福感的关系

爱默生曾经说过,“使时间充实就是幸福”,但是现代人发现自己虽然每天忙忙碌碌,却一点都不快乐,甚至有人从上小学开始就忙碌,白天忙着上课、晚上忙着写作业、周末忙着各种补习班,这种生活持续到了高中毕业,以为大学自己可以开心地生活了,可是到了大学依然要为自己的前途努力奔波。工作之后,依然过着忙碌但是不快乐的生活。努力和认真学习、生活,却依然离幸福很遥远,为什么会这样呢? 问题的根源可能在于没有用对时间,没有把时间投资在最应该投资的地方。心理学家研究发现,一个人的时间管理能力对我们的心理健康、幸福感有重要的影响。

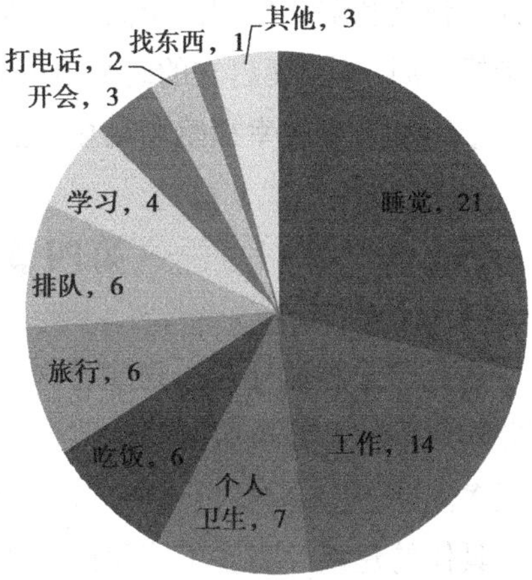

1. 时间管理倾向对心理健康的影响

现代生活的快节奏和激烈竞争,使现代人都感受到自己拥有的时间不够用,或者时间过得太匆忙,主观上的时间压力感很大。有调查发现,在过去的 30 年中“总是感觉匆忙”的成年人从 1965 年的 4% 上升到了 1992 年的 38% 。经常体验到这种时间匆忙感,会导致人的身体状况变差或者负面情绪增加。尽管这种主观的时间压力感处处存在,但是并非对所有人都产生恶劣影响,心理学家研究发现,时间管理作为一种调节变量,通过时间管理行为所形成的时间控制感,也就是个体通过自己的计划、安排、设定优先级等一系列的时间管理行为的完成所形成的时间控制的自信心,能够缓解时间压力感所带来的紧张,因此,时间管理的好坏是影响心理健康的重要因素。我国学者邓凌(1995)对大学生群体进行研究,结果显示大学生在时间管理三个维度(时间价值感、时间监控观、时间效能感)均与抑郁呈显著负相关,时间管理倾向高分者的抑郁得分显著低于低分者。王丽平(2007)对企业员工的研究也得出了相同的结论,能合理分配时间的员工,他们在日常学习、工作和生活中能比较有计划、有目标地安排自己的精力,往往能达到事半功倍的效果,在各种程度上满足了心理上的需要,容易体验到成功和喜悦感,有助于心理健康水平的提升。

2. 时间管理倾向于主观幸福感的关系

人们的一切行为,无不是在追求幸福的一切行为,又无不受人们对时间的支配方式的影响。

良好的时间管理使我们能在生活中保持平衡状态,或者让我们发现不平衡的地方。譬如:我们是否把过多的精力投入到工作中,而忽视了休息、密友和家人呢? 良好的时间管理能够调节生活中的压力源,其中时间效能感能够较好地预测正向情绪和负向情绪。时间管理能力强的个体因为能够较好地利用时间,能够较好地安排自己的学习和生活,在时间的利用上享有主动权,所以能够在日常生活中体验到更多的积极情绪、成就感和满足感,因此,主观幸福感比较高。

魏俊彪等人的研究发现,大学生时间管理倾向与主观幸福感有密切联系,前者对后者有很强的预测和解释作用。李儒林等人的研究也发现,时间管理倾向是主观幸福感最好的预测指标。周永康、秦启文的研究表明时间管理倾向的时间价值感、时间监控能力和时间效能感三个维度与主观幸福感存在显著的正相关。

第四节 更好地度过每一天

马克思曾经说过:“一切节省,归根到底都是时间的节省。”与此类似,古今中外有无数名言警句用各种方式说明时间的宝贵,告诫人们要珍惜时间,但是人们在时间管理上还是出现了很多问题,使人们行色匆匆。针对生活中普遍存在的时间管理问题,时间管理专家提出了一些具体的建议。为了不使我们浪费宝贵的时间,不妨试试下面的方法。

一、制定激励人的目标

目标是有效时间管理的起点。他们就像是指南针,指向你应该集中时间去做的事情。如果认清目标,你将会知道对于每一天、每一周和每一个月来说,完成什么是最重要的。在指导时间管理方面,目标有助于你确定所有必须完成的事情的优先程度。

目标设定是一个确定所期望实现的结果的正式过程。当设定目标的时候,你就对这些结果作出承诺,不管你是亲自去完成还是通过团队去实现。通过设定目标并评价目标的完成情况,你能够做到:

- 集中于最重要的事情;
- 为团队提供一个一致的方向;
- 在不重要的任务上投入更少的精力;
- 避免浪费时间;
- 激励自己;
- 促进全面的工作满意。

为了有效地管理时间,我们需要做的许多事情都与处理冲突及决定先做什么有关。如果对要达到的目标事先没有明确的认识,行动没有根据,就不可能做到这一点。

列出目标后，你可以分析一下你拥有的资源，哪些可以帮助你实现自己的理想？比如，你的交际能力、记忆能力、专业知识、领导能力、工作技巧等。哪些缺点会妨碍你达到目标，或者说你在实现目标上会遇到什么阻碍？比如，你的习惯、自控能力、自我调节能力等。你准备怎样来减少你的阻碍？你准备何时达到你的目标？

二、积极的态度

态度是稳定的内在心理状态。对于社会，我们都会持有一种倾向性，对它的看法、喜好因人而异。不同人的态度反映不同的家庭背景、成长经历和社会文化支持系统，在一定程度上也反映人的立场和经济状况。指导成功方面的专家们都一致认为，成功依赖于每个人的态度、思想和精神状态等，通过积极的思考和行动可以对他们施以影响。每天试着做一些积极的事情，因为你对周围事物的基本观点以及有待完成的工作的态度，决定者你每天的行为，决定着你对时间的管理，并最终决定着你的幸福与成功。

怎么可以把一个糟糕的开始带进一个积极的氛围里呢？你可以遵守下列三条规则，以积极的心态迎接新的一天：第一，每天做点使自己特别高兴的事情；第二，每天做点使自己更接近目标的事情；第三，每天做点可以消除工作疲劳的事情（运动、家庭、爱好等）。

从早上开始，有意识地采取积极的生活方式：

睡眠不足——→舒服地醒来

匆忙梳洗——→惬意地梳洗、梳理

没吃早饭——→与家人共享精美的早餐

行色匆匆——→沉着冷静地驾车去上班

压力——→紧张与有序

……

在开始工作之前，先花几分钟时间想一想，今天要做什么，根据工作的重要性和紧迫性，把以前制订的计划及目标重新梳理一遍。在结束工作之前，一定要心平气和地做好一天的收尾工作，看看今天的计划是否都已经完成。建议：今日事，今日毕。

今天晚上干点什么呢？许多人下班回家根本不去思考如何使自己快乐，如何度过下班后这段美妙的时光，而是窝在家里看电视。想想这段时间还可以干点什么呢？看一场电影、看一本好书、散步、听音乐会、与朋友聚会、运动、冥想等，都是不错的选择。

睡觉之前，想一想，今天快乐吗？你的生活质量如何？你今天的工作效率如何？今天对你的人生有何价值？以积极的心态结束这一天。

三、事有轻重缓急

在使人们的时间分配产生混乱的事件中，大家都会面临一种困境：紧急事件问题。顾名思义，紧急事件需要立即关注或采取行动。但并非所有的紧急事情都是重要的事情，有时候我们把时间用在了紧迫事物上,但却耽误了完成重要任务的时间。那么,如何划分事物的轻重缓急呢?

衡量任务的轻重有三条标准:能直接为实现目标服务;能为实现目标创造条件以及能为预防危机服务。

➢ 能直接为实现目标服务

做这件事情有助于实现目标,而且这种帮助是直接的。事情重要不重要是相对于目标而言的,没有目标也就不存在事情的重要性问题。所以,分析事情的重要性,首先要想清楚你的目标是什么。确定一个或几个明确的目标是分清事情轻重的前提条件。

➢ 能为实现目标创造条件

做这件事情是否可以为实现目标创造条件。有些事情并不能直接对实现目标产生作用,但是可以为实现目标创造条件。比如,每个学期的期末考试,对于一个学生未来的学习进步,是一件非常重要的事情。这些为实现目标创造条件的事情往往显示出"重要但不紧迫"的特点,经常被一拖再拖,这会直接影响目标的实现。

➢ 能为预防危机服务

做这件事情是否有助于预防危机的出现。比如,我们去学习一些预防火灾或者发生火灾的救护知识,这些知识在没有火灾的时候,可能并未产生直接的效益,但是一旦发生火灾,这些知识可谓是举足轻重。

确定一件事情重要与否,至少要符合三条标准之中的一条,如果两条或者三条,那就说明这件事情必须放在首要位置。

优先做重要的事情是容易理解的,但是在现实生活中,在确定做事情的顺序时,还经常碰到重要性和紧迫性相互矛盾的问题,有的事情不重要,但是紧迫,那么是先做重要的事情,还是先做紧迫的事情呢?时间管理四象限定律可以帮助处理这两者之间的关系。把外部事物按重要性、紧迫性这两种属性排列。这样事情被分为四类,在坐标上构成四个象限。

我们当然要把"重要且紧迫"的事情放在优先位置,但同样不能忽视那些"重要但不紧迫"的事情。事实证明,如果把所有的"重要但不紧迫"的事情做好了,就会降低"重要且紧迫"的事情发生的比例。

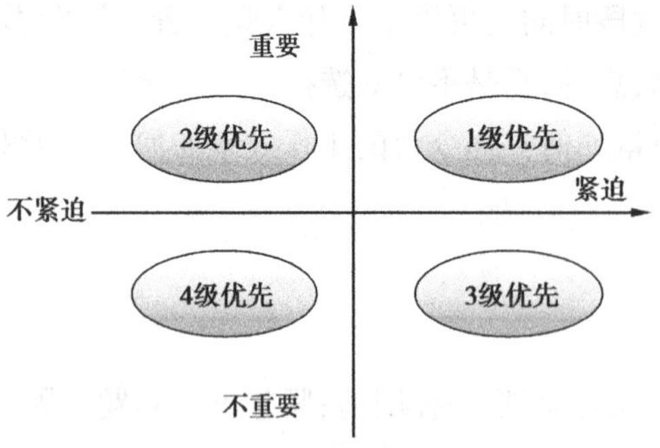

时间管理的四象限定律

"重要但不紧迫"的事情占大多数,具有长期性、艰巨性的特点,需要逐日地坚持努力才能完成。如果你总是被"紧迫但不重要"的事情忙得团团转,而忽略了处理"重要但不紧迫"的事情,那你将进入时间管理的误区!善于运筹时间、办事有条不紊的人会在重要的事情处于"重要但不紧迫"的阶段就把它办完成,避免它们演变为"重要且紧迫"的棘手事。

那么生活中不重要的事情应该如何来划分时间呢？不重要的事情分为两类：不重要但紧迫的，不重要也不紧迫的。

➢ 不重要但紧迫

对于不重要但紧迫的工作，可以授权或分派给别人去做。授权是节省时间的最佳技巧之一。然而许多人惯于事必躬亲，总处于穷于应付的状态，根本无暇保证工作的质量。而且将原本用在重要且紧迫事情上的时间都挤了出去。

➢ 不重要也不紧迫

对于此类事务，有三种处理方式：首先，授权。对于那些可以用言语描述、考察、可以控制的任务，如果不是非做不可的，可以授权给别人去做。其次，降低标准。可以安排在零碎时间见缝插针地去做。在做这些无关紧要的事情时要注意：不能追求完美，把工作标准降低一些。最后，放弃。对没有意义、没有必要的事物，要大胆放弃。要学会放弃一些形式主义人为制造出来的事物，放弃做日常生活中没有用的琐碎。放弃，本身就是一种时间的节约。放弃了做无用的事物，就为做有用的事物提供了时间。

四、给任务排个序

我们通常会遇到这样的无奈：当我们有心情做某件事情时，并不能立即去做。有时候，期限紧迫的截止日期，使我们不得不把比较喜欢的工作先搁置在一边。比如：有时我们正沉浸在策划某个极有创意的活动中，但明天早上却得交出一份报告。如果放纵自己先策划，就可能没有时间来写报告。要避免这样的问题发生，我们就需要懂得如何决定优先顺序。

1. 决定优先顺序的好处

(1)合理分配个人的精力；

(2)更有效地规划每一天；

(3)使你事半功倍；

(4)使你目标明确。

2. 决定优先顺序的5个步骤

(1)列出一天的任务；

(2)问自己哪些任务是需要完成的；

(3)根据重要性给任务排序；

(4)注意将个人的优先顺序与团队的优先顺序相匹配；

(5)将制定好的优先顺序纳入时间表。

案例

在20世纪初，伯利恒钢铁公司总裁施瓦伯抱怨时间太少，工作做不完。他花了大部分的时间应付细节和一些不重要的事,根本就没有时间去思考更重要的事情。他向当时著名的管理学家雷艾维请教,该怎么做才能解决这个困境。

雷艾维把一张白纸递给施瓦伯说:“把明天要做的最重要的事项记下来。从明天早上你要做的第一件事开始写起,明天你就得从第一件事开始,做完之后才能做第二件事,以此类推。如果你没有按照时间表完成每一件事情,别担心,至少你在做重要性比较低的事情以前,会把重要的事情先做完。”

这位钢铁公司的总裁试过这个方法后,觉得太有效了,就向同事大力推荐。当施瓦伯问雷艾维该付多少钱时,雷艾维回答说:“你认为我提出的构想值多少钱,就付多少。”据说,施瓦伯后来把一张面额25 000美元的支票(当时应该是一笔可观的数目)寄给了雷艾维当作顾问费。

五、每一件事情争取不要拖延

拖延是延缓或者推迟处理现在应该完成的事情的不良习惯。无论是在家里还是在办公室,我们常常会在一些事情上拖延,当前有一个流行词汇就是“拖延症”。其结果就是:一些应该优先完成的任务推迟完成,或者更糟的是:永远不能完成。同时,拖延者本身也并不好受,除了愧疚之外,还有如芒在背的感觉。

我发誓一定要改掉拖延的坏习惯!!!
!!!!!!!明天就开始!

一般来说:三个原因造成拖延:

(1)这项工作不是很有趣,甚至有些讨厌。

(2)害怕做不好,担心失败。

(3)不知该从何处着手。

很多我们非做不可的重要事都是无趣甚至是讨厌的。想一想这一周,你有没有搁置一些无趣却很重要的工作?你有没有在一些并不重要的事情上花费时间来回避那些重要的工作呢?线索可能就存在于你的每日计划表里那些尚未完成的任务,为什么其他的都完成了而这些却没有?是不是因为你觉得那些工作很无趣甚至讨厌?

这里有一些解决拖延问题的好办法:

(1)如果这些工作可以委派给别人,那就这样做吧。对你来说很无趣的工作可能对于其他人来说并不讨厌。

(2)如果不能委派给别人做,那还是留给自己吧,尽管你因为无趣正在拖延。这需要你跳出现在的位置,客观地审视一下眼前的情况。这样做并不容易,但它却是非常重要的第一步,告诉自己:“是的,这项任务很让人挠头,可我必须去啃这块硬骨头。”

(3)拖延通常会带来愧疚感和对自己的不满。所以如果你发现自己正在逃避某项工作,不妨想一想完成这项工作后你得到的成就感和满足感。这种好感觉足够激励你开动起来。

完成了这项恼人的工作后,你会有一种轻松的感觉,同时应该问自己,为什么我之前没有进行这项工作呢？

对失败的恐惧是造成拖延的另一个原因。美国哈佛大学教授戴维·麦克利兰(David·C. McClelland)提出了成就动机理论，认为人们在任务中，都有追求成功避免失败的倾向，所以，当面对一项工作的时候，如果感觉不能顺利完成，你总是会很自然地去回避它。

小王和他的老板罗恩在1月底的一天共进午餐。“我们的部门在过去的一年里运行得非常好，”罗恩先开了头，“不过，今年我们必须做得更好，争取实现已确定的目标”。他希望小王能组织建立一个促使部门运行的更加有效率的工作小组，“我希望这个工作小组可以在保证工作质量的同时，找到一种更快捷、更低成本的运行方式。我希望在三个月内看到一份相关的工作报告。”

上司让他领导一个重要的部分，对此小王很受鼓舞。但是同时，他又有所保留。他即将为新部门所招募的那些人手和自己完全不一样，小王从没有和这些人合作成功过。如果他们轻视自己该怎么办呢？“很可能会失败啊。”小王对自己这样说。

几个星期后，罗恩问小王：“怎么样，有什么工作进展要向我汇报的吗？”

“还没有，”小王说，“我还在整理工作思路。”而事实上小王什么事情都没有做。

在这个案例中，对于失败的恐惧让小王一直在拖延。不幸的是，如果他继续这样下去的话，失败是注定的。消除这种恐惧最好的方法是及时、直接面对困难，如果你担心完不成任务的原因是因为缺乏相应的培训和资源，那就尽量去寻找帮助。如果你的恐惧是像小王那样缺乏信心，那就通过周密的计划来消除恐惧。把顺利完成这项工作所需要的一切都考虑清楚，然后再着手去做。你会发现：恐惧不过是一种可以通过具体行动来驱散的精神障碍而已。

对于某些工作，特别是大型的项目、新的任务或者是没有明确步骤的工作，我们通常会说：“我不知道应该从什么地方入手。”工作的模糊性会让你有更多拖延的理由。想象一下当你的老师对你说：“写出一本关于你职业生涯的规划书”时，你该作何反应，从哪里着手呢？如果找不到一个明确的切入点，你一定会拖延时间，并且把时间花在其他事情上。解决办法，通常有两种：

(1)跳出现在的位置，往往是在置身事外的时候，你会发现更有成效的方法来完成这项工作，同时这也大大降低了拖延的可能性。

(2)像前面提到过的那样，把那些项目工作分解成几个部分，然后明确每一个部分任务对整个工作的重要性并把它们按照逻辑次序进行排列。接下来就从在第一位的那部分开始，然后逐步完成。

六、给自己留点宽裕的时间

每个人都会遇到一些意外的情况，所以在安排日程的时候，一定要给自己留出足够的弹性时间。如果事先把自己的所有时间段都安排得满满的，那你很可能无法完成预期的任务，结果在一天结束的时候感到非常地沮丧、焦虑,甚至是紧张。将任何事情的预计时间留宽裕些,你便能避免延误,不必要的匆忙,以及令人失望。太过于匆忙地生活会让我们感到巨大的压力并且会降低效率,对身体也有很大的危害。给自己留点宽裕的时间,这个技巧不仅适用于工作,也适用于家庭生活。

每天会有很多意外事情发生,想想看,你要接电话、查邮件、接待客人……这些日常活动都会占据你的时间。经验告诉我们,虽然你不可能预料到自己每天都会遇到什么事情,但是大多数情况下,你每天都会遇到一些意外的事情来打断原定的计划。所以你需要一些空闲时间来处理那些不期而遇的问题,或者是去把握任何新出现的机会。

给自己留点宽裕的时间,是件容易的事情,而且会取得不错的效果,你可以把完成一件工作,行驶某段距离,或者安排假期旅游的时间扩充一点。

怎样为自己留出宽裕的时间呢?首先将你认为能完美完成的一项计划所需要的时间总结出来,然后预计如果受到打扰或者耽搁,需要花多长时间。预计要充分一点,最后在截止期限前将这项额外的因素一并考虑进去。

比如,某些管理者在安排工作时就会充分利用这一技巧,某项任务的期限是三个星期后,但是他考虑到下属总是喜欢拖一两天才能匆匆忙忙把方案交给他,因此在分配任务时间时,他告诉下属,这项任务的截止日期是两星期后。这样安排,即使下属再次拖延,也不会影响最后的工作效果。

七、学会放松，效率会更高

当前社会人们的压力越来越大,每天都有做不完的工作,以致使我们的身心疲惫,往往有很多人很晚都还在努力伏案工作,但是,其工作效率实际上是大大降低了,同时也使身心感到更加疲累。这个时候,不如好好放松一下,以使我们更高效率地工作,更乐于工作。

有些人认为放松就是去进行体育锻炼或者出去旅游,但是锻炼后、旅游归来后,感觉更加疲惫,更累,因为我们把放松当成了任务来完成。其实躺在沙发上,做漫无目的的遐想,或者眺望远处的青山绿水,也是很好的放松,而不是刻意规定自己,一定要以什么方式来放松。对于放松而言,没有什么时间是白白浪费的,即使什么都不干也没有关系。

有时,想获得更多的休息放松时间,唯一方式就是减少一些工作上的过分要求。如果自己这种努力并未成功,那么你就设法从根本上改变自己的工作状况。

八、学会拒绝他人

我们身边的人总想吸引我们的注意,希望我们在他们身上多花时间:配偶希望我们多花点时间陪伴他们,老板希望我们多花点时间在工作上,父母希望我们多花点时间常回家看看他们,朋友希望我们多花点时间与他们相处……当我们满足了他们的要求时,我们会感到满足。但是当他人的要求和我们的时间安排相互冲突的时候,我们的内心也会感到不安,不知道该如何来安排我们的时间。

当我们在关注他人的需求时，同样不要忘记我们自己的需求，我们也需要个人的空间，需要我们去做我们自己的事情，需要善待我们自己，因此，必要的时候，我们要学会拒绝他人。对他人说“不”，对有的人来说是一件非常困难的事情，但是当你在适当的时候说“不”，会为你节约很多时间。千万不要让别人的一些无谓的要求消磨掉你宝贵的时间，在拒绝的时候一定要坚决果断。

当你正在忙的时候，某人让你帮忙买下火车票，你可以告诉对方，“我知道这件事情对你来说很重要，但是我现在确实很忙”。如果你愿意的话，你可以告诉他你现在正在做的事情，并说一声抱歉，或许他能够设身处地地为你着想。

有些人总是不愿意拒绝别人，总是在处理一些对别人来说很重要的事情，而自己的事情总是要放到最后才能做。这样的人大多是不清楚自己在人际交往中的一些基本权益：毫不内疚地说“不”；表达自己的意见、情感和情绪；自己作决定及处理某事；保护自己的隐私等。

案例

哈维一向勤奋努力，并且总是希望能将工作做得更好。他一直尽自己的努力去做好一切工作，来帮助团队达到目标。有一次上司马西说：“应该有人为我们这个项目的下一步工作制订一份计划书。”大部分人都坐在那里，眼睛盯着自己的笔记本。“有没有人愿意做这份计划书？”马西又一次问道。看到没有人愿意主动承担，哈维像往常一样站出来，接下了这份工作。他的举动是意料之中的，事实上他的同事都很清楚，只要他们坚持不站出来，哈维最终一定会承担起这项任务。哈维是一个勤奋的完美主义者，新任务通常都完成非常出色。但问题在于，哈维并不能准时完成，因为他总是承担超负荷的工作。

像哈维这样的人绝对是很棒的员工，但是他们的最大问题便是不会说“不”。他们总是承担起超出自己能力范围的工作。有时候，我们需要明白自己的职责，有时要对自己职责以外的事物说“不”。还是上面的例子，我们来看看这样的回答有什么效果：

“有没有人愿意做这份计划书？”马西又问了一次。看到没有人自愿承担，哈维回答道：“我实在是没时间接下这项工作了，不过如果有人愿意负责的话，我会尽量去帮助他的。”

九、发挥帕累托法则的作用

你是否会经常遇到这样一种情况，手头明明有一件非常重要的任务要去完成，但是你却选择去做一些并不重要的程序性工作，比如说整理办公室或者是收拾屋子，因为你可以熟练地完成这些工作，并从中获得极大的满足感，相反地，对于一些重要的工作则一直在回避它。

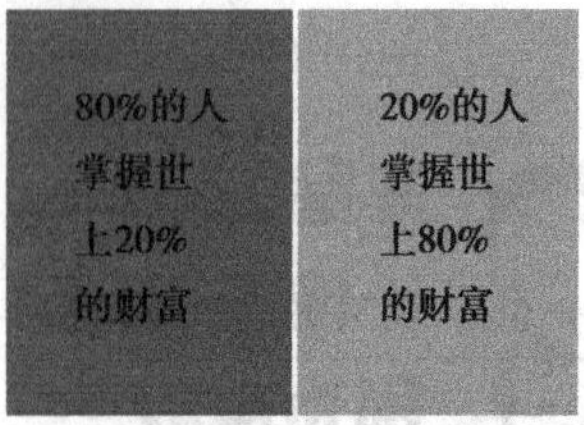
80%的人
掌握世
上20%
的财富
20%的人
掌握世
上80%
的财富

为什么我们总是喜欢把时间花在那些并不重要的任务上呢？重要的一个原因就是，许多非常重要的任务往往难以执行（比如说学外语，完成一篇论文，找到一个新的解决问题的办法），并让我们产生挫败感。而擦桌子、倒垃圾之类的琐碎的工作比较容易做到，而且能够给你带来暂时的满足感。

经济学中有一个重要的帕累托法则，现在普遍称为80/20法则，这个法则告诉我们，如果把所有的工作内容按照实际价值列出来的话，我们会发现80%的价值都是由20%的工作产生的，而剩下的80%的工作只能产生20%的价值。具体的比例可能会发生或多或少的变化，但是80%的情况下，80/20原则还是很符合实际情况的。

80%的销售额是源自20%的顾客；

80%的电话是来自20%的朋友；

80%的财富集中在20%的人上；

80%的清洗时间花在20%经常穿的衣服上；

80%的看电视的时间花在20%的电视节目上；

……

根据80/20原则，如果一个人每天要完成10件工作的话，他只需要完成其中的20%（也就是其中的两件），就可以产生80%的价值。所以他首先应该找出这两件工作，将其标志为A级活动，然后尽快完成它们。他完全可以把另外8件暂时放在那里，因为他当天的工作的大部分价值都来源于自己已经完成的那两件工作。所以，一定要反复提醒自己，集中精力处理那20%的工作，千万不要把时间浪费在那些价值不高的活动上。

★实践练习：价值清单

给自己列一个梦想清单。在没有任何障碍的情况下，你希望实现哪些梦想？你希望拥有什么？你希望成为什么样的人？你希望做成哪些事情？拿出一张白纸在桌前坐下来，把这些梦想都写下来，不限数量。

然后再从你的清单中挑出5个你认为最重要的，分别写在5张纸条上。从刚刚选出的5个你最愿意放弃的，然后将这个纸条撕掉。然后再从剩下的4个中选出最愿意放弃的，并将这张纸条撕掉。如此类推，最后只剩下一张纸条。

做完这个小游戏之后，你就有了5个你认为最重要的梦想，这5个梦想代表你的价值观。撕毁纸条的顺序代表了你对这些梦想的重视程度，可以按照这个顺序为自己的梦想和价值观排序。

第十章　面对压力

第一节　认识压力

有压力才会有动力，有动力才会有追求，有追求才会有希望，有希望才会有幸福。顶着压力面对生活，幸福就会来敲门。

从心理学的角度看，压力是心理压力源和心理压力反应共同构成的一种认知和行为体验的过程。幸福是人们在感受外部事物带给内心的愉悦、安详、平和、满足的心理状态。只有感受了那种认知和行为体验过程后，我们的内心才会感到幸福。所以，有压力才会有幸福。

一、压力的概念

正如所有心理学的概念一样，研究者对于压力并没有一个统一的定义，研究的角度不同，对压力的定义也不一样。下面我们来介绍三种比较常见的定义。

第一种较常见的定义是压力指事件或环境刺激，这些事件或环境刺激使人感到紧张。如有一份“压力很大的工作”，即将可能带来紧张的事物本身当作压力。

第二种较常见的定义是压力指的是一种心身反应。比如有人说“我要参加演讲比赛，我觉得压力好大”。这里他的紧张状态就用压力来说明，压力是他对演讲事件的反应。这种反应包括两个成分：一是心理成分，包括个人的行为、思维以及情绪等主观体验，也就是所谓的“觉得紧张”；另一个是生理成分，包括心跳加速、口干舌燥、胃部紧缩、手心出汗等身体反应。这些心身反应合起来称为压力状态。

第三种较常见的定义是压力是一个包括引起压力的刺激、压力状态以及情境的过程。所谓情境是指人与环境相互影响的关系。根据这种说法，压力不只是刺激或反应，而是一个过程。在这个过程里，个人是一个能通过行为、认知、情绪的策略来改变刺激物带来的冲击的主动行动者。面对同样的事件，每个人经历到的压力状态程度却可以有所不同。这就是因为个人对事件的解释不同，应对方式也不同。

因此压力是一种刺激—反应的交互作用，是一个人对某种压力源是否构成压力以及自己应对压力源能力的评估。当个体认知评价后身心感受到威胁时就产生了压力。

从以上学者对压力的看法可看出,压力的概念包括以下几个方面:(1)刺激事件:使个体产生压力感觉的事件。(2)个体对刺激事件的认知和评价:当个体认为"环境需求超出个人能力和可用资源"或者认为刺激事件"波及威胁或危险"时就会产生压力,即个体认为刺激事件具有不可控性。(3)个体有内在体验,如焦虑、内心不平衡、紧张等。

由此可见,压力是由一定刺激事件引起的、使个体认为事情已经超出了当时的可控能力时所体验到的一种身心紧张状态,它可引起当事人一系列生理上的变化。

二、压力的影响

心理压力会对个体产生一系列的影响,但影响不一定都是消极的,也有积极的影响。这与压力本身和感知压力的个体有很深的关系。下面一起来了解一下压力的影响。

(一)心理压力的积极影响

压力是普遍存在的,适度的压力能够使其产生积极的影响。这里我们从对压力的处理方式的角度来说明压力的积极影响。

1. 激发动力

动力是人们行动的源泉,同时也是压力积极影响的一个重要体现。在日常生活中,人们常说要变压力为动力。那么这究竟是怎样一种过程呢?当个体遇到压力状况时,一定会想尽各种办法减轻压力,于是会采取各种行为来处理情境中的压力源。有研究表明,在压力较小或者适当的压力情境下,人可以理智地发挥自己的主观能动性,妥善地处理压力事件,使自己身心发展的同时也增长了自身的动力性。

案例

A同学虽然是一名理科女生,但生物课程一直是她学习的薄弱环节,在选择大学专业时,她却被调剂到了自己不擅长的生物专业进行学习。在大学的专业课程学习过程中,她认为自己在学习上,与班级的其他同学有一定的差距,如每次上实验课时总需要老师进行额外的指导。因此,A同学总觉得自己笨,心情非常焦虑,担心自己不能像其他同学一样完成学业,顺利毕业。A同学的班主任了解了她的实际情况后,叫来了A同学,对她说:"虽然你的学习基础较班上其他同学来说显得薄弱了些,但没有关系。你能考上我们这个专业,说明你是具备学习本专业的学习能力和知识基础的,现在你要做的是摆正自己的心态,多向老师和学习优秀的同学请教,勤加练习,实验课程的学习一定能够补起来的。"

听了老师的话,A同学自己仔细地考虑了自身的具体情况,决心开始努力,不断累积。在上实验课时,她认真做笔记,虚心请教问题,还利用课余时间与同学和老师一起待在实验里不断练习操作技能,弥补自己的薄弱环节。经过一学期的努力,A同学的实验课程学习不断进步，实验操作技能也得到了提高，她得到了老师们的一致表扬，还成为了班上同学学习的榜样。

A同学在遇到学业上的压力时，感受到了有压力带来的紧张、焦虑的情绪。但在老师的安慰和开导下，她积极地调整心态，将压力转化为了动力，不仅解决了压力事件本身，还磨炼了自己的意志，使自己积极地面对困难、解决困难。

在看到压力能够激发动力的积极作用的同时，我们还应该看到过大的压力还是会造成不良的影响。人们经常认为有压力才有动力，压力越大动力越大，因此总是给孩子持续地施加压力。最终使得孩子心理压力大到超出了其能承受的范围，出现了心理障碍，使孩子的身心受到极大的损伤。

2. 积极仿同

积极仿同指的是个人因为压力而感到痛苦时，通过模仿他人成功的经验和方法，使自己的各方面适应环境的要求，以此减轻压力带来的痛苦。例如把别人具有的而自己又感到羡慕的品质加在自己头上，或者简单地将自己与所崇拜的人混为一体，以提高自己的信心、声望，从而减轻自身的压力感。

研究表明，积极仿同是值得提倡的，如崇拜偶像是为了学习其优秀品质，以重新鼓舞勇气，努力使自己克服压力，增强自身的心理承受能力，成为一个成功者。所以，教育工作者应当有意识地向学生推荐一些历史名人以及一些社会成功人士，作为他们学习的榜样，让他们从对优秀人物的学习、模仿中提高自己的修养，修炼自己的品质。

3. 适度补偿

补偿即所谓“失之东隅，收之桑榆”，是指由于各方面的限制，个人目标无法达成时，个体设法以新的目标代替原有的目标，以现在的成功体验去弥补原有心理压力带来的痛苦，包括适度补偿和过度补偿，适度的补偿有积极意义，而过度补偿则相反。许多学生通过寻找适合个人发展方向又符合社会规范的新目标、新活动来弥补因压力而带来的各种心理伤害。这不仅可以达到自己既定的需求目标，也可以减轻心理上的负面情绪。如情感上产生压力，便转向认真学习，努力工作，来加以补偿。

案例

Z女生是一位在读的博士生，但最近她总是闷闷不乐的。原来，在刚刚过完自己的28岁生日后，Z女生突然觉得自己一直忙于学业，无暇顾及自己的感情生活。过去有一些优秀的男生向她表达爱意，她也是因为不想耽误学业的原因委婉地拒绝了。现在考虑到自己已经28岁了，周围的同学和朋友几乎都有了自己美满的爱情，而自己仍旧是孤身一人，感情生活一片空白。看到周围的同龄人几乎都成双成对的场面，Z女生感到很失落。

Z女生认真地想了想，自己因为完成学业付出和牺牲了很多，有的时候会因为自己错过了美好的爱情和无法享受生活而感到很后悔,她在考虑着这样的付出是否值得。终于Z同学痛定思痛,发现自己还是拥有和收获了很多的,比如丰富的知识,扎实的专业技能,还有大有发展希望的前途。因此Z女生下定决心,在之后的日子要更加认真学习,要出色地完成自己的学业,依靠自己创造未来美好的生活,认为只有如此才能对得起自己的付出。

这位Z女生在看到周围的同龄人都拥有很好的感情归宿,而自己却孤身一人时感受到了强烈的心理落差,她觉得情绪低落,怀疑自己的选择。但经过认真地思考后,Z同学及时地调整了自己的心态,并通过努力学习,积极创造美好的未来生活这样的积极方式来适度的补偿,使自己摆脱了不良情绪的困扰。

但值得注意的是,有一些补偿是于事无补的,并不是积极的,有害的补偿是坚决不可取的。所以,须加以区分。

(二)心理压力的消极影响

前文中,我们已经了解了心理压力的积极影响,一定程度的心理压力会对个体产生积极影响。但因为过度的压力或对压力事件的错误处理,则会对人产生消极影响,严重的情况会出现心理危机。因此我们从知、情、意、行四个角度来说明压力的消极影响。

1.认知消极

上文已经说过适度的压力有利于促进个体的动力。一旦当压力超过一定程度,个体在认知方面的功能就会受到影响,容易使思考变通性变差,认知效率降低。

案例

今年进入毕业生行列的大四男生小明,与所有应届毕业生一样,这一年的头等大事便是找一份称心如意的工作。刚开始找工作时,小明总是信心满满,积极地投递简历,准备自己的自荐材料,还购置了参加面试的正装。眼下是就业的黄金时期,所有的毕业生都怀揣着自己的理想四处投递简历,往返于各个场次的招聘会之间。但几场招聘会下来,小明都是铩羽而归,别说找到满意的工作了,连一个参加工作的机会都没有寻觅到。舟车劳顿使得小明觉得身体上快要招架不住了,精神上也几乎崩溃。

小明觉得自己的工作没有确定下来,自己的未来就如同湖中的浮萍一样飘摇不定,不受自己的控制。因此他也无法认真地对待自己的毕业论文,每当打开电脑写文章时思路全无,满脑子都是关于找工作的杂念。小明整日都处于焦虑的情绪中。这样焦虑的日子久了,小明的认知开始表现出偏激的一面,小明开始认为自己生不逢时,刚好赶上了就业高峰期。他还时常向周围的同学抱怨社会对大学毕业生是如何的不公平，觉得自己找不到工作实在有愧于父母和老师的培养。

与小明同学情况相反的是，那些已经找到工作的同学，他们开始集中精力全力准备论文的设计和写作，还积极地参加与论文相关的课题研究，在别人面前也表现得自信积极又乐观。

小明同学的处境是当前毕业生面临的一种普遍现象。毕业生多了，就业自然困难，职场受到挫折，心理上难免产生悲观情绪，进而影响到正常的生活。当代研究生受到社会转型期的各种人生观、价值观、世界观相互碰撞的影响，过度追求个性解放，追求人生的完美，这样在压力面前容易导致认知障碍，思维缺少变通。典型地表现为他们做事前信心百倍，认为自己没有完成不了的事，但一遇挫折，心理上便会产生种种困惑和错误的观念。倘若这些困惑和错误观念得不到及时的纠正，反过来还会“放大”他们的心理压力，造成恶性循环，这样则可能产生更为强烈的焦虑、茫然等消极情绪。另外，压力还会削弱人的记忆，干扰其判断、解决问题的能力，从而影响决策水平。这是因为压力使得个体知觉范围变小，容易用刻板或直接的方式思考问题，从而不具有创造力和灵活性。

2. 情绪欠稳

情绪与压力是一对捆绑组合，几乎所有的压力情景都会伴随情绪反应，有时甚至是多种情绪反应的交织。主要体现在两个方面：

首先，近年来随着就业形势的严峻，有些学生对事物的认知还不稳定、不完整，情绪易失去控制，好走极端。因此，他们在心理压力面前容易产生矛盾、情绪摇摆不定等问题。

开放式调查中有位研一的男生自述道：“我们班级里有许多同学是工作后来读研的，他们的学习态度、待人处世以及看问题的方式非常值得我学习。他们不仅学习认真，与老师、同学相处融洽，而且看待问题也比较全面、客观。相反，有些应届生好急功近利，做事不分轻重缓急，易走偏道。同时，在与人交往的过程中，还常常表现出以自我为中心，不顾别人感受的一面。”他们在面对压力时心理上折射出各异的情绪。往届生依托自己的社会经验，遇事能沉着冷静，振作对待，情绪振奋、愉快，斗志昂扬，对未来自信、乐观。而应届生面临困境或打击时，部分同学则表现出愤怒、忧虑、悲伤、沮丧等负面情绪，这些负面情绪除了令个体感到不快外，本身也构成了个体的压力源，增加了其心理负担。

其次，虽然学生自我意识比较强，但现实与理想的差别常常会引发矛盾，学生就业时这一矛盾体现得淋漓尽致。许多研究生当初考研的动机是为了提升自身综合素质，以便将来能谋求更佳的工作和发展机会，实现自己的人生价值。然而两三年下来感觉所学无几，未能达到当初考研时的设想。加之毕业研究生人数的暴增，社会对高学历人才需求趋于饱和的现状，研究生就业并不如过去那样“走俏”，研究生就不了业也并非稀奇事。因此，研究生现实中的自我难以转变为理想中的自我，特别是在面临心理压力时，一些心理承受力差的学生情绪容易烦躁、倦怠、焦虑。

3. 意志减弱

意志指人追求某种目的和理想时表现出来的毅力、信心和不屈不挠的精神状态。许多学生在学习和生活中遇到压力情境时，因为方法和自身的一些因素，使得学生在压力情境中容易产生焦虑等消极情绪。久而久之，在面对新的压力情境时，学生就会出现自信心不足，对自己产生怀疑，不愿面对压力，意志力减弱的情况。

案例

小蔡是一位事业心很重的人，在工作中她巾帼不让须眉，很快就凭借自己出色的工作能力成为了公司的骨干，并升职为了中层管理者。一年前小蔡又升级做了母亲，乐观的小蔡充满信心地认为，凭借着自己处理事情的能力和效率，完全可以平衡好工作和生活之间的杠杆，做到既能够出色地完成工作任务，又能够使孩子得到无微不至的照顾，做到工作生活两不误。一年后，小蔡发现自己快支撑不住了，工作中遇到的困难和挫折，复杂的人际关系，没有经验照顾孩子所带来的挫折，加之生活中的繁杂琐事向小蔡同时袭来，令她实在难以招架。如今的小蔡已经完全没有了曾经对待工作和生活的激情，自己的意志力也在慢慢消失殆尽，身体长期处于疲累的状态，心理状况也处在崩溃的边缘。

小蔡的经历是很多刚作为母亲的职场女性都会体验的状况。在多次尝试平衡工作和生活的杠杆无果的情况下，她们的心态便开始悄悄发生了变化。她们开始产生消极的认知和情绪，而这种消极的认知和情绪反过来还会弱化个体内心的意志力，导致其心理承受能力下降。

4. 行为异常

现代学生的身心发展都已基本成熟，具有较强的自我调节和自我控制的能力。同时他们学生兼成人的双重身份使他们既有学生的单纯，又有成人的熟虑。而恋爱的产生更使得他们敏感多变，行为发生变化。这样的个体处于压力的环境中时，在适当的范围内，还是会有积极作用，一旦压力程度严重，持续时间长，又无法排解时，那么个体就会出现行为的异常，如做事缺乏耐心、烦躁易动等，严重者甚至产生过激行为。

近年来，大学生自杀的新闻屡见不鲜。对这些大学生自杀的案例的分析，我们不难发现，导致大学生自杀的原因主要是学习紧张、考试失败、失恋、就业受挫等心理压力，大学生正是不堪忍受这些压力，所以采用极端的方式结束自己的生命，压力导致了某些大学生行为的异常。

第二节 压力的来源及形成

一、压力的来源

心理压力的产生原因是复杂的,我们将这些具有威胁性或伤害性并因此带来压力感受的事件或环境称为压力源。生活中的压力源无处不在,无时不在。可能是人们本身,也可能是环境、工作等。但从根本上说,人类最主要的压力源是人,是人与人之间的关系。人际关系是造成压力的最主要来源。

生活事件	压力程度	生活事件	压力程度
丧偶	100	家中有新成员	39
离婚	73	职务调整	38
分居	65	财务状况改变	37
坐牢	63	好友死亡	36
亲属死亡	63	换工作	35
受伤或生病	53	与配偶争执增多	29
结婚	50	改变工作责任	29
被解雇	47	儿女离家出走	29
婚姻调整	45	与姻亲有争执	28
退休	45	杰出成就	26
家属健康变化	44	配偶开始或停止工作	26
怀孕	40	开学或学期结束	25
性生活障碍	39	改变生活状况	24

心理学家在研究中把造成压力的各种生活事件进行分析,提出了四种类型的压力源:

1. 社会性压力源

社会性压力源指的是导致个人生活方式上的变化,并要求人们对其作出调整和适应的情境与事件。社会性压力源既包括个人的变化,又包括社会生活中的变化。心理学家霍曼和瑞希编制的生活改变与压力感量表,列出了43种大部分人都可能经历的生活事件。这些生活事件就有可能会成为社会性的压力源。如:丧偶、离婚、夫妻分居、坐牢、直系亲属死亡、受伤或生病、结婚、失业、复婚、退休、家庭成员生病、怀孕、性生活不协调、新家庭成员诞生、调整工作、经济地位变化、其他亲友去世、改变工作行业、一般家庭纠纷、借贷大笔款项、取消抵押或贷款、工作责任改变、儿女长大离家、触犯刑法、取得杰出成就、妻子开始或停止工作、开始或结束学校教育、生活条件的改变、改变个人的习惯、与上司闹矛盾、工作时间或条件改变、迁居、转学、娱乐方式的改变、宗教活动的改变、社会活动的改变、少量抵押和贷款、改变睡眠习惯、家庭成员居住条件改变、饮食习惯改变、休假、过重大节日、轻度违法。

2. 心理性压力源

心理性压力源指心理上产生的压力,即来自人们头脑中的紧张性信息。例如冲突与挫折、不切实际的期望、不祥预感以及与工作责任有关的压力和紧张等。由于心理是脑的机能,因此心理性压力源直接与脑相联系。人对压力的认知直接决定了应对压力的方式和态度。对压力认识得越清楚,越能应对,认识得越不清楚,盲目放大压力的影响,则会导致自信心降低,长此下去,会产生所谓的长期性压力感。

3. 躯体性压力源

躯体性压力源指那些直接作用于人的躯体并使之产生紧张状态的压力源,包括物理的、化学的、生物的刺激物。如过高或过低的温度、微生物、变质食物、酸碱刺激物等。这一类刺激是引起生理压力和压力的生理反应的主要原因。

4. 文化性压力源

文化性压力源最明显的表现在于文化性迁移,即从一种文化形态转移到另一种文化形态的过程中,由于环境文化的差异而产生压力。如果没有适当地调整自己以适应变化,就会出现各种各样适应不良的问题和心理反应。例如出国留学或移民,如果缺乏对环境改变所应有的心理准备,没有一定的外语水平,在异域文化背景下就难以适应,无法交流。

案例

M 先生在金融行业工作10 多年了,主要在证券公司的行政管理部门负责一些日常的管理工作,从事资料的整理归档和一部分人事管理工作。公司同事对他的评价也非常高,认为它是一个工作认真负责的人。由于出色的人际交往能力,M 先生也是公司里出了名的“和事佬”,大家都愿意与他交往,领导也很欣赏 M 先生的工作能力。M 先生对自己的这份工作非常满意,现在的生活和工作状态对于他来说都很开心。去年 10 月,公司的财会部需要一名财务主管,领导经过讨论,决定让 M 先生来担任这个职位。M 先生虽然在金融行业工作了很多年,但是对于财务部门并不熟悉。但是 M 先生认为这是一个挑战自己的机会,也许自己的职业生涯就此出现了转机,在自己的事业上能够有所作为。10 月中旬到了新岗位上班,每天的日常管理变成了各项工作都要求精准数据的各项报表和账单。上班两周后,M 先生开始出现失眠的情况,平时也没有胃口吃饭,仿佛对任何事情都提不起兴趣。每天的心情也是郁郁寡欢,同事们都觉得很奇怪。M 先生每天最害怕的事情就是上班,而且这样的情况越来越严重了,在年底的时候 M 先生向公司提交了辞职报告。领导觉得他在闹情绪,也做了不少思想工作,但 M 先生的情绪越来越低落,对上班的恐惧也越来越强。

该案例中,M先生的压力源是来自多方面的。首先,职位的变换是其产生压力的社会性压力源,M先生以前的工作主要是日常资料的管理和与同事的沟通交流。而新任的工作内容变为财务主管,工作的很大一部分内容是与精确的数据打交道,同时要协调各方面的关系,统筹整个部门的协调和管理。工作的内容复杂了,工作的专业性要求也很高。其次,M先生面对压力产生的恐惧心理是其心理性压力源,M先生在接手财务主管的工作后,在还没有完全适应新工作的情况下,就想要干出一番大事业,这也在一定程度上加剧自己的压力。最后,M先生在开始新工作后,身体上出现了失眠、吃不下东西的状况,这是其躯体性压力源。

二、大学生压力来源

大学阶段是一个人人格发展、世界观形成的关键期。大学生同时也面临着一系列重大的人生课题,如大学生活的适应、专业知识的学习、交友恋爱、择业就业等。但是由于身心发展尚未完全成熟,自我调节和自我控制能力不强,复杂的自身和社会问题,往往容易导致大学生强烈的心理冲突,从而产生较大的心理压力,甚至心理疾病。主要包含以下几个方面:

1. 学习与生活的压力

大部分大学生都曾感受过学习的压力,但如不学会释放压力,精神就会长期处于高度紧张的状态下,极可能导致强迫、焦虑甚至是精神分裂等心理疾病的出现。目前,中国高校在校生中约有20%是贫困生,而这其中5% ~7%是特困生。调查表明,70%以上的贫困生认为自己承受着巨大的学习、生活压力,这些压力对他们造成了较大的心理困扰,而贫困生们并不懂得该如何去化解。

2. 情感困惑和危机

大学生对情感方面的问题能否正确认识与处理,已直接影响到大学生的心理健康。大量个案表明,大学生因恋爱所造成的情感危机,是诱发大学生心理问题的重要因素,有的人因此而走向极端,甚至造成悲剧。

3. 对独生子女教育不当造成的后遗症

独生子女群体已成为当前大学生的主体,对他们教育不当而造成的后遗症是导致大学生心理问题频发的又一诱因。专家指出,任性、自私、不善交际、缺乏集体合作精神等不良习性,不但易使大学生诱发心理疾病,还会使人产生暴力倾向和行为。

4. 角色转换与适应障碍

该情况频频出现在大一新生中间,这种不适应如果得不到及时调整,便会产生失落、自卑、焦虑、抑郁等心理问题,有的学生还会因长期不适应而退学。

5. 交际困难造成心理压力

“风声雨声读书声,我不吱声;家事国事天下事,关我何事。”“宿舍里面不吭气,互联网上诉衷肠。”这些顺口溜实际上反映了相当一部分大学生的交际现状。现代大学生的交际困难主要表现为不会独立生活,不知道如何与人沟通,不懂交往的技巧与原则。有的同学有自

闭倾向,不愿与人交往;有的同学为交际而交际,不惜牺牲原则随波逐流。

6. 家庭及外界环境的不利影响

家庭及外界环境的不利影响也会成为诱发大学生心理问题的因素,比如不当的家教方式、单亲家庭环境及学校环境的负面影响、消费上的浪费攀比、对贫困生的歧视、学习节奏过于紧张等。

7. 就业压力

近几年来,由于社会竞争的加剧,就业市场的不景气,大学生找工作或找比较理想的工作越来越困难。这对大学里众多高年级学生造成很大的精神心理压力,使他们因焦虑、自卑而失去安全感,许多心理问题也随之产生。

三、压力的反应

在应对压力情境时,人会产生一系列的身体和心理反应。汉斯·薛利(Hans Selye)整合各种压力下的反应,将应对压力过程分为三个阶段,并称之为一般适应性综合征。

第一阶段:警戒阶段。这一阶段是个体发现威胁,引起警觉,动员身体的防御系统来准备应对。当个体知觉到压力源时,会在躯体上表现出诸如心跳加快、呼吸急促、一身冷汗等一系列特定变化。这表明你的身体已经为立刻行动(自卫或者夺路而逃),做好了准备。但是如果刺激过强,如严重烧伤、极度高温,则有可能导致机体的死亡。

第二阶段:抵抗阶段。在这个阶段,受到威胁的人开始通过实际行动去尝试解决问题,或消除压力,或选择逃避。有两种方式:一种是积极的方式,选择去消除压力源,使个体消除压力,如考试的压力,通过积极去复习背书来消除;另一种方式是消极的,个体不去消除压力源,选择远离压力源,或远离压力情境,以此来消除压力,如考试的压力,通过玩网络游戏等方式来消除。

第三阶段:疲劳阶段。这一阶段消耗大量的生理和心理资源,导致有机体再也无法适应长期性压力,最后"筋疲力尽",或压力源消失。经过前两阶段,个体已经知觉到压力,经过抵抗,机体能量也渐渐消耗完毕,当个体不能够再抵抗压力时,就会崩溃、衰竭,并且最终会导致机体死亡。

第三节　压力管理的策略

一、正确认识压力

1. 压力的积极作用

压力有积极的影响也有消极的影响,我们要正确对待。人是生活在社会中的人,我们要与外界世界产生联系，我们要与周围的人建立关系，这就注定了我们是不可能摆脱压力成长和发展的。正是压力成为了我们积极发展的驱动力。想要成为优秀的人，实现自我的发展是离不开压力的积极作用的。

案例

有一位经验丰富的老船长，当他的货轮卸货后在浩瀚的大海上返航时，突然遭遇到了可怕的风暴。水手们惊慌失措，老船长果断地命令水手们立刻打开货舱，往里面灌水。“船长是不是疯了，往船舱里灌水只会增加船的压力，使船下沉，这不是自寻死路吗？”一个年轻的水手嘟囔着。

如果你有鸭梨（压力），
把它放冰箱里，
它就会变成冻梨（动力）

看着船长严厉的脸色，水手们还是照做了。随着货舱里的水位越升越高，随着船一寸一寸地下沉，依旧猛烈的狂风巨浪对船的威胁却一点一点地减少，货轮渐渐平稳了。

船长望着松了一口气的水手们说：“上万吨的巨轮很少有被打翻的，被打翻的常常是根基轻的小船。船在负重的时候，是最安全的；空船时，则是最危险的。”

2. 小压力也会有大危害

巨大的压力会造成伤害是毋庸置疑的，但生活中出现巨大压力的情况还是不多的，多数压力的程度并没有很巨大，但是正是这些压力却往往更容易将一个人压垮。没错，我们都会体验到这样一种类别的压力，这些压力长期存在于你的工作和日常生活中，这种长期持续的微小压力对人的危害也许是非常严重的。比如，父母长期给孩子施加的学业压力，往往会导致孩子长期处于非常紧张焦虑和恐惧的状态，以至于心情状况长期不佳，甚至引发抑郁症或者身体疾病。

案例

在柳宗元笔下的《蝜蝂传》里，有蝜蝂这样一种善于背东西的小虫。它在爬行中遇到再小的东西，也会抓取过来，仰起头背着它们。当背负的东西越来越重，即使非常疲乏劳累也不停止。它的背很粗糙，因而物体堆积不会散落，最终也会被压得爬不起来。有时人们可怜它，替它除去背上的物体。可是它依然还会继续爬行，就像原先一样抓取物体。它又喜欢往高处爬，用尽了它的力气也不停止，直至跌落到地上摔死。虽然这则故事主要讽刺了那些“今世之嗜取者”，但换一种角度来看，一点一滴的压力累积在我们身上，而我们又不懂得合理舒缓压力，那又何尝不与蝜蝂相似？

3. 压力不具排他性

从出生到死亡，压力如同影子，会伴随我们的一生。压力不具备排他性，不是某一个独

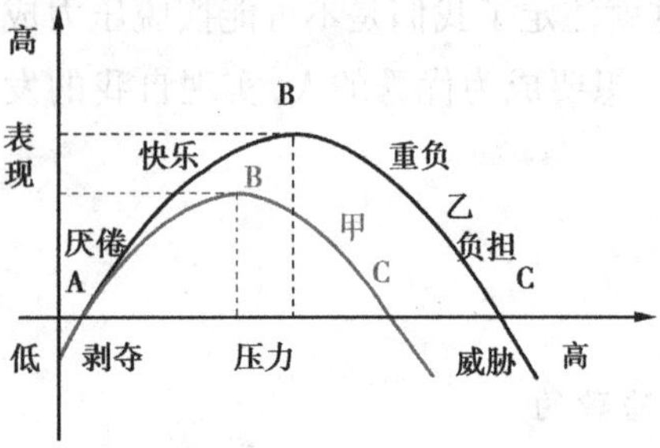

立的个体所特有的，它可以发生在任何一个人的任何一个人生阶段。唯一不同的是在不同阶段、不同时代、不同背景下所面临的压力表现形式的差异，比如我们的先祖可能需要面对的压力有来自于物质生产、生命保障的生存压力，而当代社会的我们面对的有生活压力、就业压力等。每个人的人生阶段都会有压力的存在，这需要我们客观理性地对待。

4. 压力的两面性

压力具有两面性，在日常生活中，不好的事情会产生压力，同样好的事情也会产生压力，好坏相易，再自然不过。比如由于领导的器重将重要的任务交给你时，你在感到被器重的同时，也会感到完成任务的压力，这是来自好事的压力，当然来自坏事的压力不胜枚举，所以这要求我们要以更加平和的心态对待压力，时刻铭记胜不骄、败不馁的古训。

案例

南非前总统曼德拉，年轻时因反对种族隔离制度被捕入狱，白人统治者把他关在荒凉的小岛上整整27年，3名看守总是寻找借口欺侮他。1991年曼德拉出狱并当选南非总统，当年在监狱看管他的3名看守也应邀参加他的就职典礼，曼德拉还恭敬地向他们致敬。如此博大的胸襟让所有到场的各国政要和贵宾肃然起敬。后来，曼德拉解释说，他年轻时性子很急，脾气暴躁，正是漫长牢狱岁月的悲惨遭遇给了他思考的时间，让他学会了控制自己的情绪，学会了如何处理自己的痛苦。磨难使他清醒，使他克服了个性的弱点，也成就了他最后的辉煌。

二、应对压力的策略

1. 以问题为中心的策略

一些人选择解决压力源这一根本方式来缓解压力。从问题出发入手，解决产生压力的问题，将压力转换为动力。等问题解决时，压力也随之消失。这一方法的优点在于其针对性较强。

2. 以情绪为中心的策略

因为压力会伴随情绪，有些学生因为不能解决压力源这一根本问题，就会选择消除压力产生的情绪，以此来改变现状。将伴随压力产生的不安、焦虑、恐惧等不良情绪调节好，用平和的心态来面对压力，这样也能够缓解压力对人体的损害。

3. 改变认知的策略

通常人们会认为是事件直接导致了人的情绪和行为结果，发生了什么事就引起了什么情绪体验，从而导致了压力的产生。然而，你有没有发现同样一件事，对不同的人，会引起不同的情绪体验。于是，对事件不同的认知会导致不同的压力体验。所以我们也可以通过改变自己的认知来应对压力。

4. 情绪的ABC理论

美国心理学家埃利斯创建了情绪ABC理论，基于这个理论提出理性情绪辅导方法，他认为人的情绪是由他的思想决定的，合理的观念产生健康的情绪，不合理的观念导致负向的、不稳定的情绪。

他提出了一个解释人的行为的ABC理论。A(Activating Event)代表个体遇到的主要事实、行为、激发事件。B(Belief)代表个体对A的信念、观念。C(Consequence)代表事件造成的情绪结果。

就是认为A只是引发情绪和行为后果的间接原因，而引起C的直接原因则是个体对激发事件A的认知和评价而产生的信念B，不是由于某一激发事件A直接引发的，而是由于经受这一事件的个体对它不正确的认知和评价所产生的错误信念B所直接引起的。

依据ABC理论，我们可以发现生活中的一些常见的不合理信念。

一是绝对化的要求：是指人们常常以自己的意愿为出发点，认为某事物必定发生或不发生的想法。标志性的词语为“必须”“应该”或“一定要”等。例如，“我必须成功”“别人必须对我好”等。这种绝对化的要求之所以不合理，是因为万事万物都有其发展规律，不是依个人的意志为转移。人不可能一直都成功，他周围的人或事物的表现及发展也不会按照他的意愿来发展。因此，他必然会因为不合自己的期望而感到难以接受和适应，从而极易陷入情绪困扰之中。

二是过分概括化：这是一种以偏概全的不合理思维方式的表现，标志性词语为“总是”“所有”等。其典型特征是以某一件或某几件事来评价自身或他人的整体价值。例如，有些人遭受一些失败后，就会认为自己“一无是处、毫无价值”，这种片面的自我否定往往导致自卑自弃、自罪自责等不良情绪。而这种评价一旦指向他人，就会一味地指责别人，产生怨怼、敌意等消极情绪。我们应该认识到，“金无足赤，人无完人”，每个人都有犯错误的可能性。

三是糟糕至极：这种观念认为如果一件不好的事情发生，那将是非常可怕和糟糕的。例如，“我没考上研究生，一切都完了”，“我没当上班长，不会有前途了”。这种想法是非理性的，因为一件事的发展方向不是特定的，个人主观能动性完全可以促进事件的发展，并不是“一步错步步错”的情况。如果一个人一直持有糟糕至极的观点时，那么他就会一直陷入不良的情绪体验之中，从而一蹶不振。

在日常生活和工作中，挫折和失败是不可避免的，当人遇到这些时，会产生消极情绪，当遇见这种情况时，首先可以反思自己是不是有上述的“绝对化要求”“过分概括化”和“糟糕至极”等不合理想法，如果存在的话，就需要自己进行调节了。

三、压力管理技巧

1. 找人倾诉,需求支持与帮助

遇到压力时,会有情绪波动。因为焦虑是伴随应激事件的,如果没有及时疏导,这种焦虑积累到一定程度,会使你患上精神疾病,如抑郁症等。所以我们需要及时疏导自己的消极情绪,倾诉就是这样一种方式。

倾诉就是将内心的想法全部向另一个人诉说,无论开心伤心都告诉对方。这样一种过程就是一个疏导压力的过程。通过倾诉,你的心情被理解,心中的苦闷得到疏解,你的压力就会减轻。

回应是被倾诉人需要注意的。当别人向你倾诉时,你需要及时对对方的倾诉内容予以回应,这样倾诉人才觉得被理解、被尊重、被认真对待,他会更想要向你倾诉。你可以做些动作表示你在认真听,如身体前倾、点头、眼神注视、澄清对方的话等。当你能充分理解倾诉者的思想感情等内容时,那你就是一个很好的听众,并且极容易得到朋友的信任。

2. 转移注意力

当人陷入消极情绪时,放下正在做的事情,转向其他事情不失为一个好方法。一味陷入在消极情绪里走不出来,既不利于情绪的疏导,又不利于身体健康。不如放下它,转而到自己觉得有兴趣的事情,使头脑身体都换个环境,放松一下。当放松过后,你解决问题的角度会更加宽广,也更有利于压力的疏解。

3. 欣赏音乐或做运动

音乐有治愈的功能。音乐可以调整情绪,使负面情绪得到宣泄和转化,使积极情绪得到较好发挥,从而获取良好的心理状态,促进健康和工作。所以音乐是调整情绪的一种重要方法,不少人对音乐的痴迷就说明了这一点。例如欢快、自然、舒缓的音乐可以解除抑郁;引导思维趋向宁静、缓解压力的音乐可以克服焦躁。轻松舒缓的音乐可以解除疲劳;节奏少变、旋律缓慢、清幽典雅的乐曲可以治疗失眠。考试前听一些轻音乐,可消除紧张情绪。节奏欢快、积极健康的乐曲可以振奋精神。

和音乐一样,散步或其他运动也可以缓解压力,每天20分钟就可以缓解紧张情绪。运动可以改善生活,例如走路的姿态,昂首挺胸,加大步伐及双手摆动的幅度,提高频率走上几圈,或者通过跑步、干体力活等剧烈活动,可以把体内积聚的“能量”释放出来,使郁积的怒气和其他不愉快的情绪得到发泄,从而改变消极的情绪状态。

4. 呼吸调节放松法

呼吸调节疗法是运用独特的呼吸方法如控制呼吸的频率和深度,来提高身体状况,改变心理状况的一种自我心理治疗方法。科学地调节呼吸的频率和深度,有利于改善和提高呼吸功能,达到防治某些生理疾病和心理疾病的目的。

呼吸运动分为胸、腹两种活动方式。一是胸式呼吸:肋间外肌舒缩引起肋骨和胸骨运动,使胸廓前后、左右径间隔性增大或复位;一是腹式呼吸:膈肌舒缩引起胸廓上下径间隔性增大或复位,使前腹壁间隔性向外突出或向内复位。进行胸、腹式呼吸交替训练,有利于改善呼吸状况,调节心理失衡的状态。

具体方法是平躺在床上,头下垫枕头,两膝弯曲并分开,相距 20 ~ 30 厘米,两手分别置于胸部和腹部。主动控制呼吸:先吸气并隆胸,使气息集中在胸部,此时置于胸部上的手会慢慢随之升起,然后呼气;再吸气并鼓腹,使气息停留在腹部上,此时置于腹部上的手会慢慢随之升起,然后呼气。这样反复交替训练,可以调节情绪和心理。

5. 冥想放松法

静思冥想法又叫自我放松法,你可以闭上眼睛边听自己的呼吸声,边想海潮涌动,体味海的气息,想象海浪正随着你呼吸的韵律,轻柔地拍打着海岸。每一次呼气,海浪都会带走你的紧张……遥望海边的白云,你感到轻松,很轻松,仿佛自己离白云越来越近……越来越近……渐渐的……渐渐的……自己就像一朵白云……慢慢飘起来……飘起来……飘离地面,飘浮在半空。你抱着洁白的云堆,像抱着枕头和棉被,像在做一个美梦,觉得手很轻松,手飘起来了,脚很轻松,脚也飘起来了……,试着这样每天坚持做 1 ~ 2 次,每次持续 5 ~ 10 分钟,可以达到放松的效果。

★实践练习:“烦恼的小人”找出我的压力源

选择一个空旷的地方,用粉笔在地面画一个跟自己同等大小的人形图画,这个人形图包括完整的头部、身体和四肢。然后仔细观察这个人形,你认为它身体上压力最大的部分在哪里?然后,站在自己认为压力最大的身体部位上。在站在这个部位的时候,请仔细想一想什么理由你认为该部位的压力是最大的。你还可以与其他伙伴一起交流自己的感受和想法。在与自己选择相同的伙伴交流压力的感受和原因时,你会更容易发现自己压力的来源。

压力总是给我们带来非常大的困扰,究其原因主要是因为压力是无形地作用于我们,它的无形性导致我们在应对压力时产生了“无措感”。当你选择站在人形身体的某个部位时,这个过程就是在将自己的压力实物化,即以有形的方式表现出来。在这个过程中,你可以直观地感受到自己压力的感觉。在与伙伴的交流过程中,又使得这种压力更加清晰和明朗。明确压力的过程就是减压的过程。

第十一章　感悟幸福

人生有两大幸福，一是实现目标后的细细品味，二是追求幸福过程中的充实满足。有些人为了享乐而痛苦一生，有些人为了休息却忙了一生，人们总是在不停地追求幸福美好，却往往错过了当下的幸福时光。有时，幸福就在我们身边，但我们却没有发觉。对未来，要抱最大的希望；对目标，要尽最大的努力；对成败，要持最好的心态，生活需要我们用双眼发现美好的事物，用双耳聆听动人的乐章，用心去感悟生活，才不会辜负生活赋予我们的幸福。

拥有多少不重要，懂得感悟才是幸福

一位男子以前从事汽车驾驶工作，但在一次驾驶中，遭遇车祸，造成双腿截肢。腿没了，爱人也离开了，留下他独自照顾两个孩子。但日子还要过下去，他决定贷款买车，以开计程车为业。朋友听了都很诧异："腿没了还怎么开车?"他说："我还有双手。"但在实际开计程车之后，他才发现一切比想象中困难得多。虽然车已经接受了专业人士的特殊改造，但操作起来仍然无比艰难。但是，他并未因此放弃，乐观不服输的精神感动了大家，已经有越来越多的人打电话指定他开车，让他备受激励。

虽然没有双脚，但还有一双手。这双手就是扭转人生棋局的关键。"幸福"不在于拥有多少，而要学会从自己"拥有"的一切中感悟幸福所在。

第一节　幸福与幸福观

一、幸福的心理学研究概述

(一)幸福的本质

1. 幸福是人类生存的终极目标

在现代社会中，人类以实现幸福生活为终极目标。首先，人类的根本属性是社会性，这一目标符合人类生存的本质要求，与其他动物不同。相应的，人类的生存就不是动物本能的简单生存，人的一切社会活动都是有目的的。而每一个各种各样的具体目的背后，都有一个共同的终极目的在起决定性作用，这就是追求幸福生活的终极目标①。它决定了所有具体目

---

① 孙英. 幸福论[M]. 北京：人民出版社，2004.

标的方向,也是所有具体目标的落脚点。

2. 幸福是权利与义务的结合

权利与义务是人生幸福的重要要义,两者相互结合、不可分裂。人生幸福是靠自己创造的,因而幸福中的义务也随之而来。例如,一个商人通过经营生意获得利润,实现人生财富,获得人生幸福,同时,他需要依照相关法规,依法纳税,合法经营,这是他的义务。人生活在这个社会上,是相互联系、相互依赖的,每个人都是在享受他人的义务服务下成长起来的,享受权利的同时本身就包含着义务。就如同父母抚养孩子成人前,孩子先享用了父母的义务服务,当孩子能够履行自己应当承担的义务时,需要尽到赡养父母的义务。

3. 幸福是个人价值的实现

果戈理曾说过:"如果有一天,我能够对我们的公共利益有所贡献,我就会认为自己是世界上最幸福的人了。"实现个人的人生价值,是幸福的根本来源。一代喜剧大师卓别林,年少时因相貌不佳总是成为别人的笑柄。然而,在他的喜剧生涯中这恰恰成为一种优势,他主演的无声喜剧电影达到了"无声胜有声"的境界,这是他事业成就的顶峰,也成就了他的人生幸福。

资料

特蕾莎修女一生中曾18次被提名为年度最受尊敬人物(Gallup's Most Admired Man and Woman Poll)中的十大最受尊敬女性之一,并在20世纪80—90年代数次当选。她把一切都献给了穷人、病人、孤儿、孤独者、无家可归者和垂死临终者;她从12岁起,直到87岁去世,从来不为自己、而只为受苦受难的人活着。1999年,特蕾莎修女被美国人民投票选为20世纪最受尊敬人物榜单之首(Gallup's List of Most Widely Admired People of the 20th Century)。排在她后面的是马丁·路德·金与美国前总统肯尼迪。在此次广泛囊括各年龄层(除婴孩外)的调查投票中,她以压倒性的优势成为全美人民心目中的伟人。

特蕾莎修女以博爱的精神,默默地关注着贫穷的人,使他们感受到尊重、关怀和爱。特蕾莎修女,没有高深的哲理,只用诚恳、服务而有行动的爱,来医治人类最严重的病源:自私、贪婪、享受、冷漠、残暴、剥削等恶行;也为通往社会正义和世界和平,开辟了一条新的道路。

幸福是人类一种既古老又永恒的追寻目标。人们为"幸福"而上下求索,对"幸福生活"的渴望生生不息。它既是人一生所追求的终究目标,也是人所追求的终极价值。

(二)幸福的特征

1. 幸福是主观性与客观性相统一

人是幸福产生的载体,从心理学角度而言,人从自我主观的层面探讨幸福,心理学家把这种人生观感受到的幸福称之为主观幸福感。[①] 幸福的感知是唯有人类才体会到的一种心理体验,每个人都按照各自的方式和渴望去追求幸福。幸福的产生就是一种心理感受,是属于人的一种感情,人的感情属于主观意识范畴。例如,人们对父母亲情的理解,爱情的包容,友情的重视,生活充满希望和乐观、快乐和充盈,都体现了人的主观幸福感和满足感。可见,幸福具有较强的主观性。

与此同时,幸福也具有一定的客观性。从唯物主义可知,物质决定意识,一个人是否幸福,取决于他的需求、欲望是否满足,目的是否实现。如果他的需求、欲望和目的没有得到满足或实现,他是不能感到幸福的。根据幸福的概念可以看出,一个人的重大需要、欲望、目的得到满足或实现,生存、发展得以完满的生活,这个人才会产生愉悦的心理体验。一切主观意识都是由它所反映的客观内容所决定的,所以每个人是否感受到幸福是由一系列客观事物所决定的。因此,产生幸福感是主观形式;重大需要、欲望和目的是幸福得以实现的客观标准,主、客观相互统一、相互影响。

2. 幸福是精神需求与物质需求的协调

人既要满足物质需求,又要满足精神需求。人的需求是一个复杂的系统,有多重维度和层次。随着社会的发展,人的需求也在不断地扩展。根据美国心理学家马斯洛的需要层次理论,将人的需要分为生理的需要、安全的需要、归属与爱的需要、自尊需要、认知和理解的需要、审美的需要、自我实现的需要,各级从下至上、层层递进。其中,生理和安全的需要属于物质需要;归属和爱的需要、自尊的需要、认知和理解的需要、审美需要、自我实现的需要属于精神方面的需要。因此,一个人的需求不同,对幸福的需要也会不尽相同。那么,精神与物质需要之间是什么关系呢?

马克思、恩格斯就曾经指出,"一切人类生存的第一个前提,也就是一切历史的第一个前提,这个前提是:人们为了能够'创造历史',必须能够生活。但是为了生活,首先就需要吃喝住穿以及其他一些东西。因此第一个历史活动就是生产满足这些需要的资料,即生产物质生活本身"。显然需求是人的一切活动的出发点和归宿,同样它也是幸福产生的源头。

物质基础的保障就是幸福客观性的直接表现形式。几千年来,人类为幸福而奋斗,其中物质是一个人存在的必要条件,为人的发展和生存提供了可能。当然,幸福并不是简单地等同于物质财富或金钱,特别是人在实现物质享受的同时,更要关注自我精神世界的满足。没有一定的物质生活条件谈不上真实的幸福,但有了一定的物质生活也未必就有幸福。因此,幸福不是单纯的物质享乐,也不仅是主观的精神慰藉,而是合二为一,实现从物质幸福的低层次幸福,到精神幸福的高层次幸福。

---

① 邢占军,黄立清. 西方哲学史上的两种主要幸福观与当代主观幸福感研究[J]. 理论探索,2004,(1):32-35.

二、感悟幸福的要素

(一)幸福需要感悟

感悟,是指人们对特定事物或经历所产生的感想与体会,是一种心理上的"妙觉"。它的表现形式不一,或渐悟或顿悟,或隐藏或彰显。真正的感悟来源于人们的亲身经历与感受,有的是渐渐地领悟,有的则是瞬间地开悟。人们一直渴望幸福、并不断追求幸福。对于大学生而言,幸福是动态的、而非静态的。从幸福的本质角度来说,幸福需要通过感悟实现。幸福是人在客观物质条件基础之上产生的主观感受,而"感悟"是实现主观感受的必要条件。

一方面,人的主观感受的表现往往具有隐蔽性,从而人们的幸福感受也具有隐蔽性。幸福是建立在一定客观物质条件下,人生重大的理想、愿望、目标得以实现所产生的愉悦的心理体验。积极心理学之父马丁·塞利格曼把"幸福"划分为三个维度——快乐、投入、意义。每个浅层次的快乐转化为深远的满足感和持久的幸福感是一件益处更大的事情。也就是说,幸福是一种主观精神层面的情绪体验,是一种主观体验。

另一方面,幸福是抽象又具体的。幸福不折不扣地在于显示的生活与当下的体验,在于人对于自我存在状态的体验。幸福从来都不是一个永远悬浮在天空的"飘浮物",但它也不是一件信手拈来的"日用品",幸福既是抽象的又是具体的。它真实地存在于我们生活的每一个角落,只要你有一双发现的眼睛和一颗勇于感受的心。有时候,它只是一个微笑,一杯热水。但幸福从来都是无法真真切切地摆在你面前,它需要理性的自觉与心灵的感悟。感受幸福就像感受自觉的灵魂,感受自己的人生,感受自己的意义一样。它既是明快简洁的,又是幽暗深邃的。

生存的幸福对于个人而言,再没有比能够真切地感受自我、体验自我、认识自我的内在同一更能体现了。当我们的人生处在权色、名利、财富与欲望的旋涡中时,当我们的人生以成就或者身份地位来衡量它的轻重时,当我们能深切地感受自我、认识自己是自己时,当我们能体验我们与我们自己的同一,幸福的意义、能量和本体照耀着、笼罩着和呈现在我们面前。对于幸福而言,它并不是遥不可及的,只是需要我们真切地认识自己,就像看别人一样清晰地看到自我的影像,看到自我的意义,体验"感悟幸福"带来的意义和能量,体验到我们灵魂的愉悦与心灵的舒畅时,这就是对幸福的感悟。

(二)感悟幸福的要素

要感悟真正的幸福,我们需要看一下产生和影响幸福的相关要素有哪些。

1. 幸福与需求

需求是人的一切社会活动的出发点和落脚点。人生于世,会有各种各样不同的需求,以满足自身的发展和完善，人生中最现实、最迫切的东西就是需求。[1] 众所周知，人首先要实现生存，人的生活是在生存的基础上展开的。因此，人的需求包含各种自然需求，从原始人类以获得足够的食物果腹、足够的衣物御寒等基本需求，到随着社会的发展和进步，需求为幸福增加了许多新的内涵，例如，饮食质量的提高、衣饰穿着的美丽等。这也体现了人类需求具有社会性，主要表现在娱乐、社交、劳动、发展等方面的需要，体现了人类社会需求的物质性和精神性两个方面。

小故事

据说，朱元璋当年落魄的时候，乞来一碗豆腐汤，上面飘着几片菜叶。他喝下去后，觉得味道好极了。朱元璋问："这是什么汤？"对方说："这是'翡翠白玉汤'。"后来，朱元璋当上了皇帝，好东西吃腻了，忽然想起了当年令他难忘的"翡翠白玉汤"，可御厨卖力制作出来的汤，朱元璋无论如何也品不到当年的"感觉好极了"的滋味了。朱元璋落魄时的饥渴不在，而那喝汤的感受也就不复存在了，因为他并不再真的需要那碗汤了。因此，虽然是面对同一件事情，因为需求不同，所得到的感受也就不同了。

2. 幸福与道德

在中国传统社会中，"德"成为人们生活的指挥棒与风向标。这是因为伦理道德观认为，人的本质即是道德，是人之所以为"人"的规定属性。人是社会的动物，自我幸福并非与他人无关。追求幸福的活动也在社会中进行，且在社会关系中才能得以实现。道德成为整个社会秩序得以安定的根本保障。"德性"的实现在于人以理性支配欲望，以牺牲"德性"从而获得的"幸福"不足以成为真正意义上的幸福。[2]

资料

反腐紧锣密鼓地推进之后，各地各级官员"坠亡"的多了，"坠亡"之后被诊断"抑郁"的多了。不过，此谓"抑郁"，究竟是一般意义上的愁眉不展、茶饭不香，还是精神类疾病所特有的幻听妄想、痛生向死等典型症状，并未见诸公开。其实，不论是哪种意义上的抑郁，其所致原因之一就是压力。官员"坠亡"之选，其实与其贪腐之选如出一辙，都是价值观扭曲的必然之选。在这些官员眼里，金钱、财物和美女（男）比什么都重要。为此，他们生活奢靡、贪图享乐，追求低级趣味，破坏党纪党纲，损害人民利益，所换来的金钱、权力、名誉其实是过眼云烟。他们的物质需求满足了，但随着反腐力度的加强，他们更是活在恐惧与压力之中，食不知味、夜不能寐，根本不知"幸福"为何滋味。

---

① 英炜. 人类本性哲学[M]. 北京：中华工商联合出版社，2007.

② 杨德广. 中国当代大学生价值观研究[M]. 上海：上海教育出版社，1997.

3. 幸福与财富

市场经济的发展，促使着人们对金钱财富的追求，因此，财富也成为影响人们幸福感产生的重要因素。“富裕的人群相对于贫穷的人群来说，获得幸福的几率要大得多”，贫穷意味着饥寒交迫、物质匮乏，得不到良好的教育机会，生活不快乐，那么幸福谈何容易？现实的种种情况明显摆在眼前，这也就是为什么“高富帅”“白富美”“拼爹时代”掀起热议的原因。当然，追求财富只是幸福的要素之一，通过劳动和正当手段获得的财富才是幸福生活必不可少的一部分。如果把财富作为幸福的唯一指标，不仅不会幸福，反而会使人陷入无尽的欲望与痛苦之中。“物质是财富之母，精神是财富之父。”可喜的是贫穷却能保持乐观向上的心态，贫穷并不可悲，可悲的是富了钱则穷了灵魂，杜甫“丹青不知老将至，富贵于我如浮云”、李白“安能摧眉折腰事权贵”、毛泽东“粪土当年万户侯”，都向世人展示了精神上的贫穷其实比物质上的贫穷更可悲，精神上得到才是真正地得到。最贫穷的人其实是那些只把金钱视为财富的人。很多时候，精神上的满足，比日进斗金还要快乐，“物质诚可贵，精神财富价更高”。

4. 幸福与痛苦

人们常常将“痛苦”视为人生幸福的绊脚石，然而现实总是世事无常，人生总是伴随着幸福与痛苦，不可能一个人一生都只有幸福，没有痛苦。痛苦也有可能成为人生的财富。幸福和痛苦是一对无法分割的范畴，离开痛苦，也不会有幸福；失去幸福，也无所谓痛苦。痛苦并不会因为人们的刻意回避而消失或不存在，一旦真的面临痛苦，唯一的办法就是勇于面对。只有战胜各种痛苦，才能使人自身更加成熟。只有经历了痛苦与不幸，才能体会到收获幸福的来之不易。

5. 幸福与健康

人的健康不仅包含身体健康，也包括心理健康。只有一个人具备了健康的身心感受，才有可能获得幸福。例如，对于吸毒者而言，能吸到毒品就是最大的愿望，然而实现了愿望后就能获得幸福吗？显然不能。因为这是一种非健康的病态的幸福感受，是一种“伪幸福”。再例如，当一个生命垂危的病人，在面对财富和健康作选择时，他会毫不犹豫地选择健康。因为他知道，即使有再多财富，生命逝去了，就什么都没有了。所以，“身体是革命的本钱”“健康是人一辈子最大的财富”所言非虚。毕淑敏曾在一篇文章中写道：“当我们一无所有的时候，我们也能够说，我很幸福。因为我们还有健康的身体。当我们不再享有健康的时候，那些最勇敢的人可以依然微笑着说，我很幸福。因为我还有一颗健康的心。”

三、感悟幸福与幸福观

（一）什么是幸福观

幸福观是人们对幸福是什么，幸福的标准、条件，幸福的实现方式等的看法和观点。它产生于人们的社会关系这个现实基础上，却以人们的主观意识为表现形态。也就是说幸福观是人们在一定的社会政治、经济、文化观念的影响下，所形成的人生观、世界观在对待幸福问题时的主观表现。而在社会生活中,每个人所处的社会关系不同,就会形成各自不同的幸福观。[①] 幸福观受到社会、家庭、教育、性格、政治、经济等因素的影响,这些不同的因素影响人们的意识,就使人形成不同的幸福观。不同的人在面对同一事物或时间时是否产生幸福观、幸福感的强弱程度等反应都会有所不同。比如,一袋金币对于贫困的乞丐而言就是巨大的财富,而对于国王而言,这可能只是九牛一毛。

(二)几种幸福观

幸福观的建立和转变受到社会及个体主客观因素的影响和制约,不同社会环境、不同人群由于所处环境的制约而形成不同的幸福观。

1. 自然人性论基础上的感性主义幸福观

感性主义幸福观的主要代表人物有德谟克利特、伊壁鸠鲁、费尔巴哈。[②] 强调物质为第一位,及时行乐是该幸福观点主要特征。感性主义幸福观主张人的感官快乐、物质需求的满足高于一切,认为幸福就是为获得快乐和避免痛苦,认为人是自然的产物,人的自然物欲情欲是人的本性。而快乐胜过一切,即只有身体感官的快乐最重要。“一生没有饮宴,犹如一条长路没有旅店一样”,感性主义幸福观肯定了人在自然属性方面的需求,把感性快乐和幸福统一起来,实现了满足道德和幸福的基础。可以说,趋乐避苦的感性主义幸福观是社会制度的变革、社会财富积累的结果。然而,感性主义幸福观的趋乐避苦、片面强调物质基础和感性快乐,忽视了人的精神层面,把幸福范畴禁锢在人的生理需要,混淆了人与动物本性的区别,缺乏社会性和阶级性。

2. 理性主义人性论基础上的理性幸福观

针对人性论幸福观混同人与动物本性的问题,理性主义者提出了质疑。理性主义幸福观的主要代表人物有苏格拉底、柏拉图、赫拉克利特。[③] 理性主义幸福观认为幸福与智慧、道德有密切关系,强调理性、美德在人们追求幸福中的作用。柏拉图认为,“感官快乐是低级而短暂的,一切对物质的幸福追求是没有必要的”。以强调理性生活的意义,古希腊哲学家赫拉克利特(Herakleitos)也曾讲过,“如果幸福就是肉体的快感,那么就应当说,牛找到草料吃的时候,是幸福的”。[④] 理性主义者倡导在理性指导下过一种有节制的生活,以理性克制感性欲望,就成为理性主义幸福观的基本格调。一个人要想获得真正的幸福,就必须克制自己的情欲享受,把握自我,去追求精神的快乐。在中国,儒家学派代表人物孔子也强调“仁”“义”的重要性。但是,理性幸福观过分强调精神的作用,削弱了一部分人对物质欲望的自我追求和劳动创造价值的意义。

---

① 冯俊科. 西方幸福论[M]. 北京:中华书局,2011.

② 冯俊科. 西方幸福论[M]. 北京:中华书局,2011.

③ 冯俊科. 西方幸福论[M]. 北京:中华书局,2011.

④ 周辅成. 西方伦理学名著选辑:上卷[M]. 北京:商务印书馆,1987.

3. 社会人性论基础上的德性幸福观

随着社会的发展与进步，人们开始重视物质和精神的统一，强调完善主义与社会德性对人生幸福的影响。[①] 社会人性论认为人的本质具有社会性，人生的价值及其幸福在于人们通过人的生活而满足社会和他人需要的积极作用。亚里士多德将“最高的善”称为幸福。由于“人的善事合乎德性而生成的”，因而“幸福就是灵魂的一种合乎德性的现实活动”。不难看出，亚里士多德所讲的幸福指的正是“人们能够在社会活动中发挥出自身的功能”。中国先秦诸子中，以老子为代表的道家也强调，物质和精神幸福的统一，是德性幸福观的精髓所在。个人的人生价值和幸福究其实质，是个人和社会的相互关系问题。人不可能脱离客观物质、尤其是社会关系而独立存在，个人的人生价值只有在社会的关系中才能存在和体现出来。随着社会的发展，个人的价值实现和幸福实现也越来越依赖于社会。只有把个人的利益幸福和社会的利益幸福结合起来，才符合人的本性及道德的幸福生活。

4. 马克思主义幸福观

马克思主义幸福观是在辩证唯物主义和历史唯物主义的基础上建立的，它纠正了感性主义和理性主义幸福观对幸福的单一、片面的理解。马克思主义幸福观强调个体在自我追求幸福的同时，要时刻牢记奉献社会及帮助他人，以自身的力量获得社会、集体的幸福，实现集体幸福的同时，个人幸福的程度才更高。马克思主义幸福观在以人为本的理论基础之上，既肯定幸福是人类所特有的属性，又运用辩证法和唯物史观，强调幸福的实现依赖于人类的自我实践劳动创造过程中，通过物质的占有及享受，获得幸福。马克思主义幸福观强调幸福在社会发展的不断变化中异化，强调“个体只有在集体中，才能获得全面发展其才能的手段，才能获得个人自由”。这些都充分体现个人幸福是建立在社会的需求和自我需求相结合的实现之上的。人类从最初只关注吃、穿、住、行，到对社会地位、物质财富、精神追求的满足等更高、更深层次的需求，人的发展随着社会的发展而进步，人在自我发展过程中，也需要不断发展着自己的理想目标，这种目标的实现，又是在自我实践劳动创造中得以实现的。如文学作品的编著、艺术作品的诞生、历史的记载等，通过自身实践劳动创造所取得的成就感和幸福感，远远超于纯粹的个人物质享受。因此，个人幸福不仅需要依赖社会，以及深受社会体制更迭而改变，同时，也是个体主观能动性发挥作用的结果。人类自我实现的最终目标就是个体需求的实现及满足，是个体对自我规划、自我发展、自我实现等实现程度的自我反应。

总而言之，前人关于幸福的观点论述，经过了长期的实践与提炼，对我们如何正确感悟幸福提供了宝贵的参考价值。马克思主义幸福观是高度抽象概括的幸福观，为我们认识幸福提供了普遍性、科学性的指导。只有通过正确、全面地认识幸福问题，才能认识什么样的幸福观是科学合理的，什么样的幸福观是不可取的，以及衡量幸福的标准有哪些，如何才能实现真正意义上的幸福。

---

① 莱布尼茨. 人类理智新论[M]. 陈修斋，译. 北京：商务印书馆，1982.

资料

扎克伯格给女儿的信(节选)

特·扎克伯格,Facebook 创始人,优秀的青年企业家、慈善家,身家上百亿美元却喜欢租房住、穿廉价衣服、开旧车的计算机天才……这都不重要。重要的是在他的女儿出生之后,扎克伯格决定把自己所拥有 Facebook 股份的 99%,约 450 亿美元,用于推动医疗、教育、慈善等事业。消息一发出这个世界就沸腾了,但这一消息后面紧跟的一封信让人们暖暖地安静下来——这位新爸爸写给女儿的信。

亲爱的马克斯:

你给我们的未来带来的希望,我和你的妈妈尚难以言表。你的新生命充满了期许,我们希望你幸福安康,好愿得偿。你给了我们一个理由,对我们愿汝所在的世界,一番思量。

一如天下父母心,我们愿你成长的世界比今天更美好。

头条新闻常常针砭时弊,可在许多方面,世界正在改良。健康在改善,贫穷在消除,知识在增长,交互在增强。每个领域中的技术进步都预示着,你的生活将远比今天更棒。

我们将尽绵薄之力,将其实现,不仅因为我们爱你,也因为我们对所有下一代儿童,有着道德的责任。

我们相信众生平等,未来将有更多的人如此。现在,我们的社会有义务去投资,改善后来人的生活,不仅是已经出生的人,还有将要来到这个世上的人。

……

今天,多数人死于五种疾病:心脏病、癌症、中风、神经退行性病变及传染疾病。

当我们意识到你这一代人和你的下一代人可能不再受疾病困扰,我们都有责任更多地投资于让此成真的未来。我和你的妈妈愿尽其力。

治愈疾病来日方长。短短 5 ~ 10 年,我们不会让一切不同。可假以时日,种子要发芽。总有一天,你或你的孩子将目睹我们只能想象的世界:一个没有疾病的世界。

机会良多,只要社会对如是挑战多一点努力,你们这一代将生活在更美好的世界。

我们希望你这一代人想两件事:推进人之所能,促进人人平等。

推进人之所能,拓展人生之所以伟大的边界。

你的学习和经历能百倍于我们今天的人吗?

我们这一代人能治愈疾病,让你们有更长寿、更健康的生命吗?

我们能把世界连接起来,让你们去接触每一个想法、每一个人和每一次机会吗?

我们能获取更加清洁的能源,让你们在保护环境的同时投身于我们今天想象不到的事业吗?

我们能培育出创业的精神,让你们开拓事业、解决挑战以促进和平和繁荣吗?

促进人人平等，确保所有人，不论民族、出身或成长环境，都能获得机会。

我们的社会必须如是为之，不仅为正义，为慈善，还为了人类进步之伟大。

今天，我们丧失了诸多潜能。自我实现的唯一途径是疏浚人才、想法和这世上每个人的贡献。

我们这一代人能够消除贫穷和饥饿吗?

我们能让每一个人享受基本的健康保障吗?

我们能建造包容友善的社区吗?

我们能培育各民族人民间和平互谅的关系吗?

我们能让所有人——女人、儿童、边缘化的少数群落、移民和无从与人交流的人真正自立吗?

如果我们这一代人做了正确的投资，这些问题的答案是"Yes"，生也有涯，切盼亲历。

这个任务——推进人之所能，促进人人平等——需要所有致力于此的人重新开始。

……

我们今天必须承担风险，为明天提供教训。我们所知尚少，不少尝试会以失败告终，但我们会倾听、学习、不断进步。

……

对于你们这一代人而言，许多很好的机遇来自人人都能上网。

人们常将互联网看作娱乐或交流工具，但对世界上大多数人来说，互联网可以成为生命线。

如果你不住在好学校附近，它可以为你提供更好的教育；如果你不方便看医生，它可以为你提供健康信息，例如如何避免生病或抚养健康的孩子；如果你附近没有银行，它可提供金融服务；如果你收入不佳，它可提供就业机会。

互联网如此重要，每 10 个可上网的人，其中就有一人通过互联网摆脱贫困或找到新工作。

尽管世界上还有半数人——超过 40 亿——没法上网。

如果我们这一代能帮助他们联网，我们可以帮助数亿人摆脱贫困，帮助数亿孩子接受教育，通过帮助人们免于疾病而挽救成千上万人的生命。

这是利用技术与合作的另一项长期努力。但这需要发明新技术，让互联网更廉价，并可连通无网地区。这需要与政府、非营利组织和公司进行合作，与社区接触以理解他们的需求。人们对前路观点不同，成功前我们会上下求索。

我们共同努力，必定取得成功，创造一个更加平等的世界。

……

对于你们这一代生活在更好世界中的人来说，你们将能够比我们做得更多。

今天，我和你的母亲承诺，我们将竭尽全力帮助解决这些挑战。我将继续担任 Facebook

CEO 多年，但这些问题很重要，可能需要你们长大或我们老时才会开始产生效果。可是从年轻时开始，我们希望在生活中能看到更多变化。

当你作为扎克伯格和陈的下一代出生时，我们也开始了陈—扎克伯格倡议活动，加入世界各地许多致力于推进人之所能和促进人人平等的行列。我们最初关注的领域将是个性化学习、治愈疾病、连通人们及建立强大的社区。

在我们有生之年，我们会捐出持有的 Facebook 99% 股份帮助实现这些使命。我们知道，与那些开始应对这些问题的天才相比，我们的贡献相当小，但我们将竭尽全力。

……

马克斯，我们爱你，我们有责任为你和所有孩子打造一个更好的世界。我们希望你的生活中充满了和我们一样的爱、希望和快乐。我们已经等不及享受你带给这个世界的一切了。

爱你的

爸爸妈妈

为了让女儿生活得更好，扎克伯格和妻子没有把巨额财富留给女儿，而是留给了女儿来到的这个世界。用自己的行动为这个世界作出自己的贡献，让世界更美好幸福，这就是给她最好的礼物。

第二节 大学生感悟幸福

一、大学生感悟幸福的意义

幸福对即将走向社会、走向生活的大学生来说，是感受当代社会所体现的个人价值及心理感受。在现实生活中，我们的身心是否得到和谐全面的发展，往往表现在我们对“幸福”的认知上。不同的认知往往决定了不同的价值取向，同时也决定了不同的行为模式。

（一）有利于社会和谐发展

追求幸福是构建和谐社会的终极目标。和谐社会的目标指向是自然、社会与人和谐发展。中国社科院发布的《2005 年社会蓝皮书》中，提出了中国构建和谐社会的总体目标是“扩大社会中间层，减少低收入和贫困群体，理顺收入分配秩序，严厉打击腐败和非法致富，加大政府转移支付力度，把扩大就业作为发展的重要目标，努力改善社会关系和劳动关系，正确处理新形势下的各种社会矛盾，建立一个更加幸福、公正、和谐、节约和充满活力的全面小康社会”。目标中提到的种种既指向社会发展目标，也指向人的“幸福”。构建社会主义和谐社会，既要关注经济硬指标，也要关注人民群众的切身感受，即关注广大人民群众的幸福感。大学生的幸福观直接影响社会的和谐稳定，一方面，大学生是家庭的未来和希望，大学生的幸福观偏差，势必破坏千万家庭的和谐，社会和谐更无从说起。另一方面，大学生将成为社会各类岗位的角色，成为中流砥柱，如果大学生幸福观不够积极健康，也将不利于和谐社会构建。

(二)有利于促进大学生树立正确的生命观

生命是一切的载体,生命和幸福是紧密相连的,失去了生命也就失去了幸福。费尔巴哈曾指出:“生命本身就是可珍贵的幸福”,“幸福不是别的,只是某一生物的健康的正常状态,它们十分强健的安乐的状态;在这种状态下生物能够无阻碍地满足它本身所特有的,并关系到它的本质和生存的特殊需要和追求”。可以说,生命是最基本的价值,对于自己的生命,我们应当珍惜;对于他人的生命,我们应当关爱。幸福是对生命的享受,对生命种种美好经历的体验,热爱生命是幸福之源。

(三)有利于引导大学生树立正确的劳动观

从实践的角度来看,幸福是建立在一定客观物质条件之上的,人类是在劳动中发展起来的,劳动和创造发展了人类的体力和智力,幸福需要通过劳动实现。在劳动与创造过程中人类认识到自己存在的意义和价值,进而也享受到了生活的乐趣和美好。人们不断地劳动,在创造财富的同时也为自己创造着幸福。劳动是汗水,是欢笑,是苦涩,是甜蜜。虽然不劳动也可以享受到他人劳动创造的果实,但这种享受更多的是对他人创造的物质财富的占有,最终会导致自我腐化堕落。这类人对更高层次上的生活,对生活的意义、生命的内涵、人生的真谛不会有深刻的认识和了解。

(四)感悟幸福是树立正确幸福观的有效手段

“幸福”对于即将走出校门、走向社会的大学生群体来说,是一个充满诱惑和想象的名词,大学生对幸福的不同理解,直接影响到学习、工作和生活。幸福不会从天而降,幸福的获得要靠不断地奋斗和个人的努力。所以,当代大学生不能坐享其成,等待幸福的降临,而要充分认识到只有努力劳动、积极创造,才能在追求幸福的过程中,为社会创造财富、有所贡献,从而产生心理的满足和愉悦感,才能获得真正的幸福。当代大学生需要对幸福有正确的认识。一方面,社会在不断地向前发展,当然人们的幸福标准也将随着社会的不断发展而变化,但是,人们对幸福的追求总是要有一定的阈限,如果超出了这个阈限,人对幸福的要求就要发生质的变化,就会变成奢求,成为病态的幸福观。而这个“阈限”即是正确的幸福观。大学生面对物质文明和精神文明的需求,要从理性的高度,从对人生意义的探索和对崇高目标的向往与追求等诸多方面,正确对待这些需求,并且不断地把某些低级的需求变成高级的需求,形成理性的“幸福观”。

二、大学生幸福观偏差现状

大学生与普通人一样,向往并追求幸福。当代大学生生活的时代没有战乱,没有物质的匮乏,对幸福怀着强烈的渴望,在追寻幸福时,探索的步伐时常充满疑惑与迷茫。一些大学生缺乏正确的引导和深刻的思考,对幸福概念的理解出现了偏差。

(一)消极心理普遍

当代中国,大多数大学生都是独生子女。家庭“倾尽全力”进行培育,许多大学生从未经受过社会生活的磨炼,滋生了自私自利的心理,只讲索取、不懂感恩、好逸恶劳、爱慕虚荣等消极心理,致使其“身在福中不知福”。同时,因为物质的丰富,当代大学生很难体会到幸福的弥足珍贵。一些大学生虽然接受过挫折观的相应教育指导,但是他们真正承受打击、接受挫败的能力并不强大,相反,遇到挫折往往以消极逃避的行为应对居多。此外,很多大学生受到不良思潮的影响,仅仅从经济和功利角度来看待社会问题,淡化群体,强化自我。还有一部分大学生把幸福和学业的优良紧密联系在一起,可以看出他们强大的事业心和成功欲。但是,单纯的学业优良并不能代表一个人就是优秀的人才,衡量人才的标准应该是综合性的、全方位的,过于看重成败只会导致他们形成急功近利的心态,不利于正确幸福观的形成。

(二)攀比成风、享乐主义泛滥

当前大学生群体攀比跟风现象比较普遍,常常以比较的方式获得优越感而产生幸福感。适度的比较可以从一定程度上激发自身奋斗的勇气和动力,然而激进、过度的比较则是超出自我控制能力范围的、对他人和自己都会产生伤害的攀比心。一旦出现“凭什么他过得比我好”“我就是要比你强”这样的心理暗示,不仅影响个人人际交往,同时容易激发个体采取不当的方式,阻碍他人进步发展,对自己、对他人造成身心伤害。

此外,享乐主义泛滥也降低了大学生感悟幸福的能力。哈佛大学泰勒教授将人的一生划分为4种模式,分别为及时享乐型、忙碌奔波型、虚无主义型和感悟幸福型。其中,及时享乐型的人只注重眼前的快乐,忽略自身的行为可能带来的后果,这样的人生观促使人渴望物质的充实,但在物欲纵横的背后,是精神的空乏,长期处于这种“幸福”中的人们,在得到感官的快乐满足后,很快便会陷入迷茫、不安、恐慌当中。它像毒品一般,腐蚀了人们感受幸福的能力。

当代大学生是新兴、年轻的一代,在社会的关注、父母的呵护中成长,吃穿不愁。可以说,大多数大学生在物质生活上是丰富而充裕的。但是,许多人不仅没有感受到幸福,反而对物质充满了渴望。事实上,很多人的自我要求和生活标准在不断提高,但幸福感、满足感并不一定在同时提高,自我的需求与现实的不足之间产生的矛盾,造成精神危机、拜金主义、信仰危机等问题的产生。大学时期是人生观、世界观和价值观形成的重要时期,一些大学生为追逐名利、获得物质上的满足,放弃原则与底线,成为急功近利、投机取巧之人,甚至走向违法犯罪的道路。因此,学会感悟幸福,重塑大学生人文精神,实现个人可持续发展,对当代大学生而言不可或缺。

总之,父母的纵容、同辈群体之间的攀比、扭曲的价值观都会产生各种负面影响,使大学生在物质的比拼中沉迷不醒,从中获得的是虚无的幸福感,一旦心理防线垮塌,内心就会充满空虚迷茫。

（三）婚恋观责任意识淡薄

家庭的组建乃至经营一个大家庭，都是个体成熟的体现。对于大学生的身心发展而言，恋爱是一种正常需求，也是必然现象。由恋爱过渡到婚姻、组建家庭是水到渠成的。幸福观是一个人的世界观、人生观和价值观在情感方面的重要体现，正确的认识婚恋，不仅有益于大学生身心的健康发展，更会指引大学生正确追求人生幸福。然而，当前大学生对婚恋的认识显得并不成熟，常常在自以为是的伪幸福里感到茫然与无措。具体来讲，当代大学生常见的认知偏差主要有以下几方面：

其一，由于个性意识强、自我意识独立，大学生做事情易产生以自我为中心的心理。大学生活不同于中学生活，学生有自己的自由、独立的时间和空间，而随着身心的发展，大学生对恋爱的渴望也日益剧增。然而，此种心态下产生的恋爱，并没有与责任和义务相关联，而是一种消遣和好奇。在没有领悟到爱情的真谛的时候，随意的选择、任性的放弃，是对恋爱双方的不尊重，也是对婚恋的不负责。这种"为了恋爱而恋爱"的心态，缺乏对于婚恋家庭的责任意识，极易造成错误的婚恋观，甚至在今后的婚恋生活中，产生许多不良后果。

其二，现代社会更迭变幻，价值观也随之变化。有人说，"这是一个看颜值的社会"，这种过度重视外在、轻视内在的价值观也影响了大多数价值观并不成熟的大学生。正是由于大学生身心不成熟，而价值观并不稳定，在现实生活中，不乏有人用外在、财富等去衡量一个人的价值。"找个条件好的能少奋斗好多年"，这样的观念看似是寻找幸福的捷径，实则是"死路"，也反映出了当前许多大学生怕吃苦、怕付出的消极心态。殊不知，真实的幸福，必须通过勤劳的双手才能获得，在婚恋中，更是需要一颗真诚的心灵、务实的精神来付出和投入。

（四）人际交往挫败

在东方哲学中，关系就是生产力。人际关系与我们的工作和生活密切相关，作为一种必要的社会关系，良好、健康的人际关系能为我们的生活营造和谐、良好的生活状态。反之，将无益于我们的生活状态，甚至阻碍个人发展。当前大学生把朋友视为人生财富，人际关系的紧张，会直接导致大学生幸福感降低。大学作为一个"微型社会"，需要与不同类型的人接触，参与到各类校园生活中，贴近最真实的社会。当代大学生个性突出、富有主见，缺乏同情心和宽容，在人际交往过程中，常常表现出自我、怀疑的态度。例如，在大学生活中，寝室矛盾是一种最常见的交际挫败。寝室同学关系紧密，相处的过程中更因为小事产生摩擦，这样的情绪困扰会直接降低其幸福感。文化习俗、生活习惯、家庭条件、学习成绩等差异，一旦处理不当，都可能造成严重的心理创伤，更有甚者，会造成学生心理抑郁，做出伤害自己或者他人的行为，人生幸福也就毁于一旦。其中，大学生以自我为中

心导致的人际交往挫败尤为明显。主要表现为,只看到和想到自己的利益,而忽略他人的感受和利益,例如,在深夜寝室同学已然就寝,还在与自己的恋人电话聊天,无拘无束,影响别人休息;使用公共用品时,不以规定秩序使用,只以自己“想用”为准;只希望得到别人的关心和照顾,少有自己去关心、照顾他人。此类现象,在大学生活中极为普遍,不胜枚举。

挫败的人际交往,造成大学生幸福感大幅降低;扭曲的人际交往使得大学生集体责任感和社会归属感丧失,更会成为今后生活的“毒瘤”。缺乏真诚感的人际交往,何谈幸福!

(五)对健康和生命意义认识不足

生命是幸福的基础,健康是生命的基础。一个人的健康,既包括身体健康,又包括心理健康,二者相辅相成,缺一不可。身体健康是心理健康的基础,心理健康是身体健康的保障。身体的不适会对人的心理产生一些不良的影响,从而可能导致心理的不健康,甚至会出现心理疾病;而心理的不健康,更有可能会导致身体疾病的产生。毛泽东曾说:“身体是革命的本钱”,缺乏健康的生命是不完整的,而没有生命幸福更是无从说起。忽视健康,是当前大学生不良生活状态的缩影,通宵上网、偏爱垃圾食品、过度减肥、缺乏体育锻炼等行为,看似是“青春的释放”,实则是“生命的挥霍”。一些大学男生因为沉迷网络游戏,离家出走、放弃学业,甚至因为游戏时间过长而致死;嗜好网络传播的不良讯息,视血腥、暴力为个性张扬,为此走上犯罪道路的大有人在;大学女生追求时尚美丽,为减肥美颜过度绝食,造成各类身体疾病,没有健康的生活习惯和作息安排,放任自流的生活态度,都在影响着大学生的现在和未来。大学生对生命的可贵、健康的必要并没有充分的认识,如何尊重生命、热爱生命是其必须直面的问题。

案例

赵同学是一名在校大二女学生,父母经商,家境宽裕,有一个帅气英俊的男朋友,生活吃喝不愁,喜欢和朋友四处玩乐。因为她和寝室同学产生矛盾纠纷,老师特意约谈对话:

问:为什么会和寝室同学发生争吵呢?

答:她们都来自一些农村、小地方什么的,特不合群,就知道学习。

问:你不想跟你们寝室的同学一起学习吗?

答:她们是没钱出去玩儿,要是有钱了才不学习呢。

问:你平时都做些什么呢?

答:泡吧、唱 KTV、逛街、吃饭,好吃好玩的地方我都去过了。

问:你每天那么晚回来,不怕影响寝室同学的休息吗?

答:12 点算晚吗?是她们睡太早了吧?晚上玩够了,吃点消夜;白天睡到中午起来,这才是逍遥日子。

问:你记得你父母的生日吗?有给父母买过什么礼物吗?

答：我哪有钱给他们买礼物啊，我的钱都是他们给的，他们需要什么自己就买了，也用不上我瞎操心。

问：你男朋友对你好吗？你们打算结婚吗？

答：结婚？别开玩笑了，我才多大。毕业就分手，我回我家，他回他家。他现在就是陪我玩儿，长得挺帅的，我带出去见朋友都特有面子。

问：你觉得这样的生活幸福吗？

答：幸福啊。就是有时候不知道玩什么了觉得不幸福，想到要毕业工作了也不幸福。

赵同学的心态不是个例，她反映了一个群体的生活状态，这群人受到享乐主义、功利主义思想侵蚀严重，他们的幸福是不劳而获、只知道索取不懂得付出的。从婚恋观的角度来看，缺乏责任感，过于注重外在，把恋爱当作娱乐，是对婚恋的极度不负责任；从消费观来看，肆意挥霍金钱，缺乏正确的消费观念；从人际交往来看，不懂尊重他人，人际关系恶劣；从健康角度来看，不良的生活习惯影响身体，损害健康。总而言之，赵同学并没有把握真正意义上的幸福。

案例

叶同学是一名在校大四学生，在校成绩优异，尊师爱友，表现突出。她坦言："我的父母都是普通工人，从小我爸爸就对我说自己想要什么就要凭自己的本事去争取。每次考试之前，我爸爸都会问想要什么，考好了就给我买，每次我考好了，我都不会要，因为我觉得这只是一种激励自己的方式，一些不必要的东西就不要买了。可爸爸说到做到，爸爸说这是诚信。现在我马上要离校了，工作已经找到了，在我以前的高中当老师，我挺开心的。应聘的时候，我爸爸还说想想办法帮我一把，但是我不想让他们操心，这应该是我凭本事争取的时候。我觉得我的生活很平凡，但是很幸福。因为我是个平凡人，过着平凡的生活，把自己的事情做好，我觉得这就足够了。这种生活充实又幸福。"

叶同学是在一个思想健康的家庭氛围中成长起来的，父母的教导和处事方式对她今后形成正确的价值观起了很大作用。叶同学为人勤奋上进、思想健康，这恰恰是获得真正意义上的幸福的有力支撑。同时，叶同学不好高骛远、急功近利，以平和的心态面对生活的挑战，作出正确的选择。叶同学的言行同样代表了一个群体，积极进取、踏实努力的他们在通往幸福的道路上奋勇前行着。

第三节　大学生幸福观偏差的原因

当代大学生把追求幸福作为毕生的目标，然而问题在于他们并未对"幸福的真谛"作出根本性的认识，甚至出现了许多错误认知，试图通过走捷径、采取不当的方法实现自己的目

的。具体而言,大学生幸福观偏差的主要原因有以下几个方面:

一、对幸福的“误会”

大学生攀比、“拼爹”、欲望泛滥现象此起彼伏,主要原因在于他们对幸福的误解。幸福是人的迫切而合理的需要,通过正当途径得以实现。从既有的幸福观中不难看出,幸福取决于客观条件、主观体验和德性认知。大学生对幸福的认识,仅仅停留在“目的得以实现”“需求得到满足”,甚至认为“道德与幸福毫无关系”,这样的幸福观存在明显的偏颇——没有道德的人只能在自己的迫切而看似合理的需要得到满足后获得快感,却体会不到真正的幸福。道德是幸福的必要条件:有道德的人不一定幸福,而没有道德的人肯定不会幸福。尽管每个人都可以按照自己对幸福的理解来享受幸福生活,但是,幸福问题关涉个人与他人、个人与社会之间的关系,个人对幸福的追求就不能与社会历史发展相悖逆。只有道德上的无愧,才有真正的幸福。

此外,大多数人对幸福的认识仅停留在物质层面,“幸福就是快乐”“幸福就是没有痛苦”等,大家对幸福的认识存在片面和偏见之嫌。美国本沙哈尔博士认为,真正的幸福不应该是绝对没有不良的情绪,而是经得起困难和挫折的考验。所以,幸福的深层次含义应该是人们诚恳地体验负性情绪,同时有能力接受自然的转归变化过程。另外,有人认为幸福就是牺牲眼前,为的是追求未来的幸福,这样的体验得不到正面情绪,反而常常感到绝望和不幸。生活幸福的人,享受当下所从事的事情,而且通过目前的行为可以获得更加满意的未来,形成真正、持续的幸福感。

二、社会多元文化的冲击

随着社会经济的发展,信息化时代的腾飞,人们了解讯息的渠道和速度迅猛发展,对财富的追求、物质的重视程度远远超过精神文明的建设。大学生的思想和观念受到西方现实主义价值观的冲击,直接影响大学生正确价值观的形成,主观方面表现为偏激、傲慢、功利心态等;客观方面表现在唯利是从、追求享受,向“钱”看齐等方面。这种观念日益发展,只求索取、不讲回报的心理淡化了回报社会的责任感,产生个人主义、极端主义、利己主义、功利主义等一系列价值观,也致使大学生幸福观偏离、幸福感缺失。

三、缺失感受幸福的能力

个人能力是获得幸福的前提条件,自身是否具备让自己收获幸福的能力与幸福有必然关联，但并非决定性条件。首先，幸福是一种能力，能力越强越幸福。一是创造幸福的条件，是客观而外在的。比如优秀的学习成绩、丰富的处事经验、健康的体魄、良好的人际关系等。二是包括感受幸福的能力，是主观的、外在的。幸福虽然是一种能力，但是能力只是获得幸福的前提条件，并非决定性条件。幸福是人的迫切而合理的需求通过正当途径得以实现或部分实现时的心理体验，二者相比较而言，感受幸福的能力更为重要。要找到幸福，关键不在于发生了什么事情，而是在于在发生的事中发现幸福的能力。世界上不缺乏美，而是缺乏发现美的眼睛；同样的，世界上不缺乏幸福，而是缺乏感受幸福的能力。

四、缺乏合理、和谐的目标

和谐的目标，是发自内心最坚定的意识，是最感兴趣的事情，而不是外来的压力和目标。心理学家大卫·沃森（David Vatson）指出，追求目标，而不是达到目标，才是目标带来幸福和积极情感的要素。目标是为了让我们能享受眼前，是意义而非结局。当代大学生往往对未来抱有极强的成功欲，期盼自己的未来能获得成功和幸福。然而，急功近利的思想不仅使自身心态失衡，还容易造成无法达标、目标破碎等结局，失败后产生失望甚至绝望等负面心理，体会不到最初设置目标的意义和作用。许多大学生给自己设定长期或短期的目标，由于没有充分认识现状，也没有对自己有一个比较清晰全面的认识，乐于幻想目标实现的美景，而不付诸实际行动，理想难以实现。虽然自身感到苦恼，仍然不断指定目标，但无所作为并未改变，最终难以实现目标。

五、自我心智不健全

健康的心理是感悟幸福的基本条件。由于良好的物质生活条件，使得许多大学生缺乏吃苦耐劳的精神，遇事易退缩、怕担责，选择鸵鸟式的逃避问题，没有解决问题的勇气。许多大学生在各类压力和挫折之下，产生诸多心理问题，且没有正确对待认识，从而产生心浮气躁，遇事冲动武断，由此作出的决定缺乏事实依据，甚至悔恨终身；容易怨天尤人，通过网络“吐槽”等行为发尽牢骚，在网络世界充当“键盘侠”，不尝试用有效、科学的行动开解自身；容易攀比跟风，从而陷入自卑、悲观等负面情绪，且因能力有限无法更改现实更加抑郁成疾。由于多元文化的冲击，加上大学生心理发展并不完全成熟，极易导致大学生难揭幸福的真正面目，而陷入“泥淖之中难以自拔”。

案例

张同学是一名在校大二学生，他是复读一年才考入现在的学校的。第一年没考上，本来打算高中毕业就直接找工作的，可是父母不同意，父母都是下岗工人，供自己读书不容易，因此让他感到压力很大。王同学能够上大学心里本来挺开心的，可是担心毕业后工作照样难找，还要花父母那么多的钱，家里既没钱又没权，让他感到十分焦虑。在一次和辅导员老师沟通交流的过程中，他向老师吐露了自己的心里话：

“我想用成绩给父母争气，不该去想一些没用的，可是看到别人穿新百伦鞋，用苹果手机，自己显得那么寒酸，心里就难受，有时根本就不愿意去学习了，觉得学习没用，不学又对不起父母，挺纠结的。”

老师：“你觉得学习没用吗？你有能力又是党员还觉得工作不好找吗？”

张同学：“现在谁还看这些呀，我同学穿的好用的好，一毕业家里就能给安排好工作了。我呢，天天这么勤奋，结果还不一定怎么样呢。时代不同了，没办法。我努力就是给我父母看的，我不想让他们难过。”

老师：“你觉得现在的生活幸福吗？”

张同学：“没什么幸福不幸福的，走一步算一步，混日子。”

从张同学与老师的谈话中可以看出，张同学没有明确的生活目标，过度放大了社会上的权钱交易不正之风，忽略了劳动与勤奋的价值，更没有对幸福内涵的正确理解，从而不知道如何获得幸福人生。

第四节　大学生如何感悟幸福

一、正确认识幸福，做自己幸福的设计者

人的幸福首先不能仅仅确立在感官快乐之上，我们应当追寻一种基于自然物欲又超越自然物欲的持久性心境。也就是说，物质幸福和精神幸福应当统一起来。在当代愈演愈烈的生存竞争当中，片面强调人的精神幸福也是不现实的，但当我们有了基本生存保证时，就应该使我们的幸福追求更上一个层次，而不是停留在无止境的物欲追求之中。正所谓，“菩提本无树，明镜亦非台，本来无一物，何处染尘埃”，很多时候，正是因我们无法把控物质欲望，反而会带给我们心灵的纷扰和痛苦。从精神幸福的意义上来讲，我们说幸福的实质不在于物欲享受，不完全取决于客观的生活条件，而是将客观物质转化为我们获得精神幸福的充分条件。

大学生的幸福来源于在自己的学习生活中自由实现自己的生活理想的一种主体生存状态，是对自我生存意义的体味及满足自己需要、实现自身价值的体现，且能够产生愉悦感的一种状态，从而收获一种积极的主观体验。同时，个人的幸福追求必须和他人幸福、社会幸福和谐一致，自己获得了利益幸福而不能损害他人和社会的利益幸福。从此意义上来讲，幸福和人们的德性有关，无论如何，建立在对他人利益和社会利益损害之上得到的快乐不可能持久，并且还会为人所不齿。

大学生是时代的佼佼者，是国家复兴需要的各行各业的人才。求学是一个艰辛的过程，

难免会遇到许多艰难困苦。作为当代大学生，要摆正学习目的、端正态度，在追求幸福的过程中感受幸福，感悟学习中的乐趣；明确自身肩负的历史使命，不断探求真理、提升自身综合素质，实现自身价值，在自身价值的体现过程中感受幸福。

材料

我的幸福我做主

心理学家对“主观幸福”的研究提出：幸福不分性别、不依赖于年龄。按照美国心理学家哈里·克塞克的说法，幸福意味着生活在一种“沉醉”状态中，他提出感受幸福的9个步骤。

(1)换一种心情看生活，把孩子的微笑当成珠宝，在帮助朋友中得到满足感，与好书里的人物共欢乐。

(2)控制你的时间。一天写300页书是很难的事，然而一天写两页书则是很容易办到的。这样坚持150天你就可以写成一本书。这个原则可以应用于任何工作。

(3)增强积极情绪积累。积极的情绪催人奋进。幸福的人做的每一件事都是努力消除消极情绪的过程。

(4)优待身边的人。要学会很好地对待朋友/配偶。能够一下数出5个好朋友的名字，有60%的人比不能数出任何名字的人更感到幸福。

(5)面带幸福感。实践表明，面带幸福感的人会感到更幸福。经常欢笑能在大脑中引发幸福感。

(6)不要无所事事。不要把自己困在电视机前、手机里，要沉浸于能用你所学的技能做的事情中去。

(7)多参加室外活动是对付压力和焦虑的良方妙药。

(8)好好休息。幸福的人精力充沛，但他们绝对留出一定的时间睡眠和享受孤独。

(9)有信仰的人更幸福。

二、养成合理的消费观

宋代教育家程颐有言：“顺理则裕，从欲惟危。”人应该掌握自己的欲望，而不是成为欲望的奴隶。大学生攀比成风、贪图享乐的行为，破坏其幸福感，影响其感悟幸福的能力。因此，养成合理的消费观要从以下几方面进行：

首先，把控欲望，抑制不良消费。欲望的滋生和盲目攀比的心理使人产生爱慕虚荣的心理，从而导致不合理的消费习惯。大学生处于社会生活之中，却没有经历社会生存的压力和负担，父母温情的培养又助长了其铺张浪费的恶习，勤俭节约成为了思想政治课本上的一纸空文。大学生活促使学生养成独立、自主的生活习惯，一旦缺乏合理的引导和适当的控制，就容易从自我情绪的角度出发，导致“情绪好要消费，情绪不好更要消费”。大学同学吃、穿、住、行都在一起，“你能消费的我也要能消费，否则你就瞧不起我”的心理在作祟，一切都成了攀比的根源。过度消费不仅会给经济上造成困窘，更会对大学生心理各方面造成不良影响。

其次，提倡可持续消费。1994 年联合国环境规划署 UNEP 在内罗毕发表《可持续消费的政策因素》报告，首次将可持续消费定义为“提供服务以及相关的产品以满足人类的基本需求，提高生活质量，同时使自然资源和有毒材料的使用量最少，使服务或产品的生命周期中所产生的废物和污染物最好，从而不危及后代的需求”。身为当代大学生，担负着可持续发展的重责，具备自我调控以及合理消费的能力。地球资源和环境保护是当前人类生存所面临的重要问题，纵观当下的生存环境——全球变暖、雾霾严重、水污染、土壤污染、石油枯竭等一系列问题，都在无时无刻地敲响人们的生存警钟。

大学生要从自我做起，将勤俭节约落到实处，把握适度消费原则。节俭并不意味着“丢脸”“穷酸”，相反，这是对自我欲望的控制，以及对环境负责的良好表现，幸福是在劳动与奋斗的过程中收获的，实现劳动成果价值利用最大化，也是对爱护环境、珍视资源的自我行动方式。大学生应铭记勤俭奋斗的社会主义核心价值理念，从而形成正确合理的消费观。

资料

什么是绿色消费?

作为大学生，应当有大局观、可持续发展观，而我们的一些消费习惯是否无害于环境？去超市购物带过“环保袋”吗？扔垃圾时做到仔细分类了吗？外出吃饭时剩下的食物打包了吗？外出住宾馆考虑自带洗漱用品了吗？这一系列的消费习惯都在影响着我们生存的环境。

“十二五”规划《纲要》对绿色消费模式作了专章阐述，主要内容是：“倡导文明、节约、绿色、低碳消费理念，推动形成与我国国情相适应的绿色生活方式和消费模式。鼓励消费者购买使用节能节水产品、节能环保型汽车和节能省地型住宅，减少使用一次性用品，限制过度包装，抑制不合理消费。推行政府绿色采购”。很清楚，绿色消费模式是资源节约型、环境友好型的消费模式，是符合可持续发展战略的消费模式。推行绿色消费模式，包括衣、食、住、行等都向勤俭节约、绿色低碳、文明健康的方式转变。

——在“衣”的方面，应倡导节俭意识，避免过度消费、炫耀性消费；倡导向贫困地区捐赠质量较好的衣物，充分发挥服装价值，减轻生态包袱。美国《新闻周刊》网站上有文章指出：“在西方，炫耀性消费可能已经过时，但在中国，奢侈品正在繁荣发展。”一些西方奢侈品企业包括顶级时装企业正在竞相“为中国制造”奢侈品，不少国人出国旅游的一个兴趣点也在购买奢侈品和顶级时装。这些都是应该改变的。

——在“食”的方面，新一届中央领导集体在反对铺张浪费、大吃大喝方面加大了治理力度，取得了显著成效。其实，我们每个人都应注意节约、反对浪费，以营养结构合理的食物代替高糖、高脂肪、高热量的食物；坚决不吃珍禽异兽，保护生物多样性。

——在“住”的方面，全面建成小康社会当然要让广大人民“住有所居”，但人均居住面积和人口数量直接关系土地占用面积、建筑材料和能源、水资源消耗，与排放的污染物也有线性关系。我们应理性认识住房大小，自觉承担环保责任，不能盲目求大，不能只为自己安逸享乐而不管不顾生态环保。

——在“行”的方面，应大力发展公共交通，大力发展新能源汽车等绿色交通工具，倡导人们多骑自行车等，不能一味追求汽车数量。例如，美国每4个人就有3辆车，中国能效仿吗？美国地球政策研究所所长莱斯特·布朗作过分析，中国的经济正在飞速发展，未来中国的人均收入将达到今天美国的水平，那时中国人口总数将增加至15亿，如果也同美国一样，4个人有3辆车，那时中国的私人小轿车数量将达到11亿辆，比目前世界上的汽车总量8亿辆还要多。为这么多汽车修建停车场和道路所需要的土地面积，大约相当于我国目前水稻田总面积；这么多的汽车每天耗费的汽油，比目前世界汽油总产量还要多。如果再考虑到产生的污染和交通堵塞，不难想象，这样的消费模式将带给中国人民的不是幸福而是灾难。所以，我们采取什么样的生活方式，应充分考虑环境问题。

三、树立正确的婚恋观

正确的婚恋观是个体情感行为成熟的标志。爱情本身所包含的含义和内容极为丰富，物质是维持婚恋的基础，然而如何透过物质的壁垒，经营爱情、收获幸福才需要穷尽一生去领悟。古今中外，世人对爱情的追求可谓置于至高的位置，它是具有持久性、专一性和拥有人们难以想象的力量唤醒内心深处真最大、善最大、美最大的社会性情感。大学生想要收获爱情带来的幸福，就必须正确认识情为何物。

大学生树立正确的婚恋观，不是简单、随性地通过单一外在去选择对象，如果不努力发展自己的全部人格并以此达到一种创造倾向性，那么每种爱的尝试都会失败。幼稚的爱是：“我爱你，因为我被人爱”，成熟的爱是：“我被人爱，因为我爱人”。“酒逢知己千杯少，话不投机半句多”，唯有志同道合者、性格秉性相投者才能产生相互的吸引力。男女双方的了解建立在彼此真诚友善的沟通基础之上，经过长期的相处、理性的思考，谨言慎行，理性与感性相结合，以双方共同的志趣为基础，共同的目标为动力，形成无形的力量，实现组建和谐家庭的，并且能用自己的责任心、爱心，长期维持和经营这段婚姻，这才是婚恋最根本的实质。

资料

面对爱情时的几个重要法则

1. 除非你真的不想，任何时候都不必以考研、出国、学习等名义刻意回避异性。

2. 在寂寞、无聊、空虚的时候不必非得找一个异性来陪伴。

3. 如果不想和你的追求者建立恋爱关系,不要不好意思,请真诚地确切地用语言和行动告诉他/她——我不想和你谈恋爱。

4. 不管你们是怎么开始的,但是如果决定在一起,就不要轻易谈分手,要为自己的选择负责。

5. 最持久的恋情,其实是从做朋友开始的。

6. 一旦开始完全沉浸在爱情中,即是扼杀爱情的开始,恋人们最好拥有独立的生活空间。

7. 对待爱情,不用刻意去找,也不用刻意回避。当找不到人来爱时,要学会爱自己。

四、建立自我和谐的目标

幸福是实现人的目标,满足人的需求,是人的主观感受和客观条件相结合的产物,幸福的获得不能离开特定的物质条件。所谓自我和谐的目标,是指个体自我主动选择,而不是强加在主体之上的,是发自内心坚定的意识,或是最感兴趣的事情。也就是说,大学生对自我目标的设置应是"我想做",而不是"我不得不做"。然而,对于大学生而言,确立正确的目标并不容易,需要有足够的自我认知能力,还要有坚韧的毅力等积极品质,能克服社会影响和压力所造成的负面影响。大学生要理智分析需要与满足的主客观条件之间的关系,从实际出发,通过设定符合自身实际和社会发展趋势的目标,来实现自己的愿望、获取幸福、感悟幸福。要想保持幸福感,与其把目标当成一种结局,不如把它看作意义。如果人们的生活有目标,就会觉得自己的生活有意义、有方向,因而他们更能感受到幸福。

小故事

非洲撒哈拉大沙漠中有一个叫作比塞尔的村庄,它地处一块绿洲旁边,被誉为沙漠中的一颗明珠,如今每年都有数以万计的旅游者来到这儿观光游览。可当初若不是肯·莱文从这里走了出去,并把它介绍给世人,恐怕这里至今还不为人们所知。

因为在此之前,这儿的人没有一个走出过大漠。据说不是他们不愿离开这块贫瘠的土地,而是尝试过很多次都没有走出去。所以,人们就认为,这儿根本就走不出去,也就没有人再去尝试了。

英国皇家学院院士肯·莱文来到这里的时候,听到别人这么说,当然不相信,因为自己既然走得进来,就一定可以走出去。他用手语向这儿的人询问原因,结果每个人的回答都一样:从这儿无论向哪个方向走,最后肯定还是转回原来出发的那个地方。

为了证实这种说法，肯·莱文做了一次试验，从比塞尔村向北走，结果3天就走了出去。但是，比塞尔人为什么祖祖辈辈都走不出来呢？肯·莱文非常纳闷，最后他雇了一个比塞尔人，让他带路，看看到底是为什么。他们带了足够半个月吃喝的水和干粮，牵了两峰骆驼，就上路了。肯·莱文这回没有带指南针等现代设备，只是拄了一根木棍跟在那个比塞尔人的后面。

10天过去了，他们走了大约800英里的路程。在第11天的早晨，他们果然又回到了比塞尔。这一次肯·莱文才终于明白：比塞尔人之所以走不出大漠，是因为他们根本就不认识北极星！

在一望无际的沙漠里，一个人如果只凭着感觉往前走，只能走出许多大小不一的圆圈，最后的足迹十有八九是一个跑道的形状。由于比塞尔位于浩瀚的沙漠中间，方圆上千公里没有一点参照物，如果不认识北极星又没有指南针，想走出沙漠，确实是不可能的。

肯·莱文在离开比塞尔时，带走了一位叫阿古特尔的青年，就是上次他雇用的那个比塞尔人。他告诉这个青年，只要你白天休息，夜晚朝着北面那颗最亮的星星走，就能走出沙漠。阿古特尔照着去做，3天之后果然来到了大漠的边缘。阿古特尔因此成为比塞尔的开拓者，他的铜像被竖在小城的中央，铜像的底座上刻着一行字："新生活是从选定方向开始的。"

五、建立良好人际关系和培育社会适应能力

在社会交往中，人与人之间的沟通交流必不可少，最能体现一个人人格健康的程度就是人际关系和社会适应能力了。正确的人际交往是平等的、自主的、积极的、乐观的交往关系。人具有社会性，本身是无法脱离社会群体而存在的。大学生与周围的人、事关系是否和谐、是否拥有积极健康的人际关系在很大程度上影响着大学生的幸福指数。换句话说，大学生拥有良好人际关系，感悟幸福的能力也就提高了。因此，大学生建立良好人际关系和培育社会适应能力需要从以下几方面进行：

第一，学会真诚、平等、尊重、宽容，改变以自我为中心的思考和行为方式。一方面，通过换位思考，站在对方的角度思考问题，同时，理解对方思考问题的方式，真正理解别人的行为模式，否则就谈不上真正的换位思考。可以参与交往式的心理团辅活动，在活动中不断变换自己的角色，体验不同角色的要求和处理问题的角度。另一方面，要与周围的同学、师长加强交流。在各种讨论交流的过程中，才能学会了解和尊重他人、认识社会，在交往的过程中，善待自我，善待他人。

第二，正确对待竞争。竞争是人类社会不断进步与发展的动力源泉。竞争可以使人发挥主观能动性去克服惰性，激发个体机能，勇于探索进取。大学生处于各种人际交往中，面临着各种竞争：学业竞争、技能竞争，大学生要正确对待竞争，遵循道德准则，理解竞争是为了取得进步，而不是不择手段打压对手。当今社会不仅需要竞争，也更需要合作，学会与他人合作，使彼此优势互补，形成强烈的团队意识，产生团结一致的群体效应，达到最佳效果。

第三，摒弃拜金主义等消极思想。享乐主义、拜金主义成为腐蚀青年大学生积极进取思

想的主要根源。有些人以对方是否有金钱、利用价值为交往标准,学会“人前说人话,鬼前说鬼话”,带着不纯的交往动机,根据可利用的程度来作为自己付出的程度的标杆。还有一些人抱着游戏人生的态度,缺少真诚、没有目标。

人格健全者,能与他人建立良好的关系,能客观、公正地看待周围的人事物;常常以诚恳、公平、谦虚、宽容的态度尊重他人,同时也受到他人的尊重和接纳,人与人的交往,应该是平等、真挚而相互尊重、相互理解,面对权势,不卑不亢。此外,良好的社会适应能力反映一个人与社会的协调程度。人的社会适应能力在社会化过程中不断发展,积极健康的人格能使个体与社会保持良好的密切接触,以开放的态度主动关心、了解社会,使自己的思想、行为与社会要求相符合。总之,良好的人际交往是大学生感悟幸福的必要条件,也是开启幸福生活之门的一把钥匙。

★实践练习:给人留下好印象

要想给对方留下好印象,平时就要多注意按照下面的方法去做:

1. 微笑——微笑很重要,从你开始微笑的第一天起,你会觉得世界原来很美好。
2. 赞美的语言神态——不要吝啬你的赞美,或许对方非常需要你的真心赞美。
3. 富有同情心——做一个良言善行的人。
4. 学会倾听——理解万岁。
5. 注视的眼神——你认真的眼神对方一定能感受到你的真诚。
6. 记住别人的名字——这是最基本的礼貌。
7. 己所不欲,勿施于人——自己都不愿意,更何况是别人呢?
8. 用别人希望被对待的方式去对待他/她——让对方觉得和你相处是一种快乐。

(资料来源:卡耐基.完美交际——中国卡耐基读本[M].北京:中国华侨出版社,2004:190-233.)

六、保持身心健康

健康是人生的一笔财富,是每个人的基本追求。研究发现,心理过于紧张、压力过大的人,通常更经不住感冒病毒的袭击,更容易患上感冒。更有大量的生活实例告诉我们,保持积极乐观的态度,心情愉快地面对生活,将会对我们的身体健康产生非常大的促进作用,使我们更容易战胜疾病,身体更加强壮。1964 年世界卫生组织宪章宣言指出,健康是一种身体上、精神上以及社会关系上的全面良好状态,而不仅仅是没有疾病或不虚弱。一方面,身体健康可以减少疾病和精力不足带来的痛苦与烦恼;另一方面身体健康的人具有良好的生活习惯,更容易寻找到适合自己的正确的负面情绪发泄途径。心理健康则是获得幸福的重要

精神基础。心理健康的人能够从多个角度看待不幸的事情,能以合理的方法调整心态和创造幸福。所以,我们既要重视身体健康,又要关注心理健康。对于大学生来讲,拥有良好的生活习惯、坚持体育锻炼、培养健康的兴趣爱好,都能对人生意义的感悟与生活质量的提高产生极大的影响和作用。因此,提高自身的身体和心理素质,可以从以下几点进行:(1)加强体育锻炼,增强身体锻炼意识;(2)学习心理健康常识,参加多种形式的心理健康教育,提高自身心理健康水平以及有效帮助他人培养健康发展的能力;(3)规范生活规律,过有规律、健康的生活娱乐模式,提高对生命的热爱和关注。

★实践练习:健康手操运动

1. 双手前伸,手肘微曲,掌心向下,大拇指内缩,平衡互相碰击侧面20次。
2. 双手前伸,手肘微曲,掌心向上,平衡互相碰击掌侧面20次。
3. 双手掌心向上,掌腕相对,互相碰击20次。
4. 双手掌心向下,食指与大拇指展开呈90°,左右手虎口互相交叉碰击20次。
5. 双手掌张开,手指分开,左右手交叉碰击20次。
6. 左手掌紧握,向右手掌面击打20次。
7. 右手掌紧握,向左手掌面击打20次。
8. 双手手背互相碰击20次。
9. 双手大拇指和食指捏左右耳轮至耳垂20次。
10. 左右手掌相搓至热,然后双手掌心轻捂双眼,眼球左右转6次,重复5次。

完成后,此刻手掌心发热,全身血液循环畅顺,用发热的手掌心,从头上沿着脸部做几次轻抚。

此项活动简单方便,随时随处可以进行。可以一个人单独做,也可以三五人一起,或是更多人集体同做。凡事贵在坚持,要做到持之以恒,使健康成为一种习惯。

七、多种途径促进心智健全

(一)在求知中感悟幸福

弗拉西斯·培根曾言:“读史使人明志,读诗使人聪慧,演算使人精密,哲理使人深刻,伦理学使人有修养……。”左拉也曾提出,“愚昧从未给人们带来幸福;幸福的根源在于知识”,在古希腊哲人们看来,知识使人变得聪慧睿智,而且会使人幸福。人们对知识的追求,使得求知的过程本身也成为快乐与幸福的来源之一。人们在求知过程中完善自我、发展自我,同时得到快乐的体验。

总而言之,追求幸福主要靠自己,人生幸福必须具备三个主要条件:生命、知识和道德修养。生命,是感悟幸福的载体,人不仅要活着,而且要明确自己的人生价值观,感悟生命存在的意义和价值,不仅在于享受幸福,更在于追求和创造幸福;知识是感悟幸福的渠道和手段,知识使人变得明智,而明智是人的一种幸福所在,人们在求知的过程中得到快乐,同时;道德修养是感悟幸福的不竭动力。

马克思曾言:“那些为共同目标劳动而使自己变得更高尚的人,历史承认他们是伟人;那些为最大多数人们带来幸福的人,经验赞扬他们为幸福的人。”①

富兰克林出身寒微,10岁便辍学回家做工,12岁起在印刷所当学徒、帮工。但他刻苦好学,在掌握印刷技术之余,还广泛阅读文学、历史、哲学方面的著作,自学数学和4门外语,潜心练习写作。以仅读过两年小学的学历,被美国哈佛大学等7所大学授予硕士学位或博士学位。

(二)培养反思能力,从“超我”中感悟幸福

善于反思,不断提高和进行探索是新时期对大学生综合素质能力的基本要求。学会反思,也是感悟幸福的重要条件。如同在阅读过程中,一味阅读没有反思,书中的大部分内容会因为内容繁多或者太过抽象而被遗忘。如果通过章节段落的引导和停顿思考,我们就可以利用这样的思考去消化所阅读的内容。学会反思自己、验证自己、调整自己,换一种角度思考问题,可以减少压力和焦虑,获得内心的宁静。

小故事

一位即将参加一次隆重的布道演讲的牧师,一直找不到合适的讲题,偏偏他的小孩又在边上捣乱。他就拿了一张世界地图,几下将它撕成碎片,交给小孩说:“如果你能将这张地图拼好,我就给你两块钱。”小孩高高兴兴地拿去了。本以为可以安心准备演讲的牧师,在过了不到10分钟,小孩就兴高采烈地跑回来,说地图已经拼好。牧师一看,果然一张完整的世界地图又呈现在眼前,他奇怪地问:“你怎么能这么快就拼好了?”小孩回答:“地图反面是一张人头像,我把人头像拼好了,地图自然也就拼好了。”

从这个故事中我们发现,人们常常将自己陷入固定思维:自己小有成就,自己的下属、晚辈则不如自己。但事实并非如此,任何人身上都有值得我们学习的地方,我们需要时刻反省,从每一次反省中获得新的感悟。

(三)正确认识顺境与逆境的关系

当代大学生都有雄心壮志,但在人生的旅途中,挫折是不可避免的。对于大学生来说,

① 马克思,恩格斯.马克思恩格斯选集:第四卷[M].北京:人民出版社,1972:7.

挫折可能使自身感到不幸，产生自卑、逃避的消极情绪，甚至自暴自弃。正确应对挫折，首先，要客观地剖析自己，正确地认识自己，在此基础上提出切实可行的目标和计划。通过自己奋斗，达成既定目标，体验到成功的愉悦，增强自己的信心。其次，正确分析自身成败的原因。从归因理论来讲，一个人的成功与失败，既会受到内因和外因的影响，又会受到稳定因素和不稳定因素的影响，还会受到可控因素和不可控因素的影响。比如，一次测试结果令人不满意，可能是因为题目太难，可能是考试时受外界环境影响所造成，也有可能是自身不够努力所造成。因此，大学生一定要学会科学客观地归因。最后，坚定自己的意志。逆境中更需要志向、勇气、心态和毅力。贺拉斯曾说："苦难是才华，好运是天资。"这句话很好地对比出逆境较于顺境更易出人才，但贺拉斯没有说逆境出人才，关键在于人本身的意志和坚持！

小故事

成龙，国家一级演员，大中华区影坛和国际功夫影星，也是一位热衷于爱心公益活动的巨星。成龙曾在采访中细数自己的坎坷经历，他说，他今天的成绩都是一步一个脚印打拼出来的。大约6岁的时候，他几乎是被爸爸"卖"到了戏剧学校，"那时候很苦很苦，我只要有饭吃、有觉睡就很知足了。后来拍的第一部戏叫《梁山伯与祝英台》。为什么参演呢？就是因为有属于自己的盒饭，觉得拍戏太好了，可以吃上这样的饭。"就这样，小成龙为了"吃饭"进了影视圈。成龙说："大家现在看我很风光，可是我以前中文都不怎么看得懂，ABC也几乎不会说，现在可以出演英文电影，我觉得自己最坚守的格言就是永不放弃，今天的失败只是不成功而已，继续努力，总会有成功的一天！"成龙坦言，自己最喜欢的就是歌手李宗盛给他写的歌词——把握生命里的每一分钟，全力以赴我们心中的梦，不经历风雨，怎么见彩虹，没有人能随随便便成功！

（四）塑造积极的人格品质

拥有积极健康人格的大学生，心胸开阔、善解人意，尊重自己也尊重他人。相反，人格品质出现偏差者，往往与人相处时，多持悲观、怀疑等消极态度。就积极心理学而言，健康的人格是培养的基础，也是个体生活的人格优势，它将对个体产生长期的影响。人本主义心理学家罗杰斯认为，具有积极健康的人格，是一个"机能充分发挥型的人"：能接受自身体验的意愿；对自我的信任；作为人而继续成长的意愿。我国学者高玉祥认为，积极健康的人格特点是：内部心理和谐发展；能够正确处理人际关系；能把自己的智慧和能力有效地运用到能获得成功的工作和事业上。归纳起来，塑造积极健康的人格品质可以采取以下方法和途径：

1. 树立正确的自我认知

有效、正确的自我认知是整合人格的基础。人格整合是随着个体心理的成熟，人格的各个方面由最初的互不相关逐渐发展到和谐一致状态的过程。在这个过程中，需要做到择优和汰劣。择优即是指选择某些优良的人格品质作为自己的努力目标，如认真、细心、勇敢、勤奋等品质。汰劣则是针对自己人格的缺点给予矫正，如自卑、胆怯、懦弱、抑郁、冷漠等消极情绪。当然，二者需要同时进行。

2. 培养乐观向上的生活态度

积极的人生态度是人类在社会实践中获得的本质力量的表现。乐观的人常常能看到生活的光明面，对前途充满希望和信息，对自己所从事的工作或学习抱有浓厚的兴趣。表现出观察敏锐、注意集中、想象丰富、充满信心、勇于克服困难，他通过刻苦学习、严谨的学习过程，获得学习的满足感和成就感；那些对学习和生活缺乏兴趣的大学生，整天精神不振，就会处在苦恼烦闷之中，必然影响个人人格的健康发展。

3. 拒绝口号，做行动的巨人

实践是检验真理的唯一标准。具有创新精神和实践能力是对当代大学生的素质要求，也是健康人格的重要组成部分。社会是一个大舞台，每个人都必须接受社会生活的锻炼，形成自己独特的人格，这就是个人社会化的过程。实践证明，在大学期间参加社会实践活动的大学生多具有头脑灵活、思路开阔、独立性强、富于创造性、善于交往、自信、果断、讲效率等良好的人格特征。这些学生知识面广，社会经验丰富，毕业后大多能很快适应新的工作环境。

4. 千里之行，始于足下

人格优化要从每一件眼前的事情做起。如果说童年的人格雏形主要受家庭环境的影响，那么大学生人格的稳定和成熟应该主要靠自己的修养。如果在小事情上可以对自己不负责任，在关键事情上又怎么能保证自己的独立和坚强呢？有的同学认为“偶尔逃一次课无关紧要”“偶尔挂科不是什么大不了的事”“作业抄抄就可以”，碰到任何困难首先想到逃避和拒绝。古人云：“勿以善小而不为，勿以恶小而为之。”忽视平时良好习惯的养成，而想拥有良好的人格，无异于空想。一个人的一言一行往往是其人格的外化，同样地，一个人日常言行的积淀成为习惯就是人格。一位知识渊博的学者，会自觉地以谦卑谨慎示人，时刻注意自己的一言一行，这就是他自身的人格素养。

★实践练习：测测你成功获得幸福的品质

明确的目标、积极的心态、科学的方法对一个人的人生影响的作用不容忽视。

博士研究生路蒙佳，因得重病只能坐在轮椅上“行走”，生理上的缺憾注定她每取得一点成绩，都要比常人付出更多倍的努力。为了坚持上完每一节课，她绑上带钢板的特制护腰支撑着不堪重负的腰部。几年来，无论风吹日晒，还是寒冬酷暑，她都坚持上课，并以优异的成绩完成了大学和硕士研究生学业，现在她正以惊人的毅力攻读博士学位，这样的品质也让她在生活中收获了爱情，鼓励着她在通往幸福的道路上继续奋勇前行。

试分析路蒙佳获得幸福的原因，对你有何启示？

附　录

第一章　你的幸福是什么样子的?

下面这些问题反映了人们的一些想法,请选择能够描述你真实生活状态的选项,诚实、准确地作答。

1. 我的生活有崇高的目的。

2. 生命如此短暂,要懂得享受生活中的愉悦。

3. 我寻找能够挑战自己技术和能力的机会。

4. 生活中我保持出色的成绩。

5. 无论在工作的时候还是玩的时候,我都很忘我地投入。

6. 我经常全神贯注于我所做的事情。

7. 我很少被周围发生的事情分散注意力。

8. 为了使世界变得更加美好,我也有一份责任。

9. 我的生活有长久的意义和价值。

10. 无论我在做什么,对我来说,赢都是很重要的。

11. 在选择要做什么的时候,我常常考虑这件事是否令人愉悦。

12. 我所做的事情,对社会有重要的意义。

13. 我希望比别人更有成就。

14. 我同意这样一句话:生命短暂——要先吃餐后的甜点。(生命短暂,及时行乐方为明智之举。)

15. 我喜欢做充满刺激的事。

16. 我喜欢竞争。

计分方法:非常像我=5 分,大多数时候像我=4 分,有些像我=3 分,只有一点像我=2 分,一点也不像我=1 分。

第二章　在未来的日子里使用标志性的性格力量。

我相信人们都拥有标志性的性格力量。心理学家在对成年人的访谈中发现,几乎所有人都能识别出自己的很多性格力量,同时,心理学家认为标志性力量的训练是能够实现的。

训练有两层:第一,通过量表 VIA-IS 识别你的标志性力量,网址是 www. viastrengths. org(网站是英文,但测试和测试结果可以选择成中文)。这些测试能够针对你得分最高的力量分类,快速给出便捷的反馈信息。标准中得分最高的那种力量就是你的标志性力量,决定哪一种最高的力量能够成为标志性力量的是真实的你。第二,使用你所识别出的标志性力量,在接下来的一周时间里,每天用一种新的方式去实践这种力量。当然,不知道自身性格力量时,给自己一些训练也没有坏处。下面是心理学家提供的可以训练性格力量的一些方法,有些可能不容易做到,但你知道他们指的是什么:

对美的欣赏

去参观一间你并不熟悉的艺术馆或博物馆。

开始记录美丽日记,每天写下你所看到的最美丽的事情。

至少每天一次,停下来发现自然的美丽瞬间,比如日落、一束花、小鸟的歌唱等。

真实性

避免跟朋友撒谎,无恶意的也不可以(包括虚假的赞扬)。

考虑一下什么是你最重要的价值所在,每天根据这些价值做些事情。

当你向某人解释你的某种动机的时候,试着使用真诚的方式。

勇敢

在团队里大胆说出不受欢迎的想法。

保护适当的权威不被你看到的不公正待遇侵犯。

做一些你平常不去做的事情,而不是出于害怕才不去做。

创造性

报名参加一个陶器制作、摄影、雕塑、绘画或喷绘学习班。

选择家里的某些物品,在它的典型用途之外寻找它可能存在的其他用途——最好不是把你的自行车当作你的晾衣架那么简单。

给你的朋友寄一张贺卡,上面写着你自己创造的诗句。

好奇心

参加某个主题讲座,这个主题是你以前从来没有听说过的。

去一家餐馆吃饭,它的特色菜是你从来都不熟悉的口味。

去探索发现你城镇的一个对你来说全新的地方,试着学习有关它的历史。

公正

至少每天一次,承认所犯下的错误并承担相应的责任。

至少每天一次,给予某个你并不太喜欢的人信任。

听完人们所讲的话,不要打岔。

宽恕

每天驱除怨恨。

当你感觉要发火时,即使有理由去发火,也要把它隐藏起来,不要告诉别人你的感觉。

写一封宽恕信;不必要寄出去,但这一周的每一天都要读一遍。

感激

每天记录你说出“谢谢”的次数，并试着在这一周内每天增加说“谢谢”的次数。

每天即将结束时，写下三件进行顺利的事情。

写一封感恩信并把它寄出去。

希望

想一下过去失落的地方，以及它可能带给你的机遇。

写下你下周、下个月以及下一年的目标，然后制订详细的计划去实现它们。

讨论你的消极想法。

幽默

每天至少让一个人微笑或大笑。

学习一种小魔术，表演给你的朋友看。

自娱自乐。

善良

拜访某位正在住院或住疗养院的人。

当驾驶时，主动退让行人；当步行时，主动避让车辆。

匿名地帮助你的一位朋友或家人。

领导力

为你的朋友组织一次社会聚会。

承担工作中发生的不愉快的责任，并确保不愉快因此而消除。

用自己的方式让新来的人感觉舒服和亲切。

爱

接受别人对你的称赞，不要推诿；简单地说声“谢谢”。

给你所爱的人写一张便条，把它放在每天都能看得到的位置。

跟你最好的朋友一起做他喜欢做的事情。

热爱学习

如果你是一名学生，阅读那些“推荐”的书目而不是那些“必须”的书目。

每天学习并使用一个新词汇。

阅读一本非小说类的文学作品。

谦逊

一整天，都不要谈论起你自己。

穿着打扮不要吸引别人的注意力。

想一件你的朋友做得比你好的事情，并就此向他表示称赞。

开放的思想

在谈话中，扮演唱反调的角色，质疑你自己的个人观点。

每天想一些脑子中根深蒂固的观念,并试着想象一下你这种观点或许是错误的。
听收音机上或者阅读报纸上关于“其他”政治战线的观点。
坚持
每天列出一张目标,写着你所要做的事情,并按照你这张目录去做。
在安排的时间点之前,提前完成一项重要任务。
连续不断地工作几小时而不被打断,比如不去看电视、不接听电话、不收发电子邮件。
洞察力
想一个你认为最富有智慧的人,把自己想象成这个人去生活一天。
只在被询问时提供观点,尽量考虑周全。
解决两个朋友、家庭成员或工作同事之间的争端。
审慎
除了说“请”或“谢谢”之外,说任何一句话之前先思考两遍。
吃甜点之前,问一下自己“为这个东西而发胖,值得吗?”
虔诚
每天想一下你生活的目的。
在每天开始的时候,进行祷告或者冥想。
参加一项你并不熟悉的信仰宗教服务的活动。
自我调整
开始一项训练计划,并且这一周的每一天都坚持进行。
避免背后议论或说别人坏话。
当感觉即将失去耐心而发火时,请从 0 数到 10;必要时重复多次。
社会智力
让别人感到舒服。
当朋友或家庭成员做事情出现麻烦时,及时发现并帮他们完成所做的事情。
当有人惹恼你的时候,去理解他的动机,而不是伺机报复。
团队合作
尽力成为最好的组员。
每天花 5 分钟时间拾起走廊里的纸屑,将它们放入垃圾桶。
花时间去参加慈善组织的活动。
热情
至少这周的每一天,尽量早睡而不用闹钟催你起床,早上醒来后吃一顿有营养的早餐。
问“为什么”的时候,至少问三遍“为什么不”。
每天做点事情,因为你想做而不是你必须去做。

第六章　情商测试

1. 坐飞机时,突然受到很大的震动,你开始随着机身左右摇摆。这时候,你会怎样做呢?

A. 继续读书或看杂志,或继续看电影,不太注意正在发生的骚乱

B. 注意事态的变化,仔细听播音员的播音,并翻看紧急情况应付手册,以防万一

C. A 和 B 都有一点

D. 不能确定,根本没注意到

2. 带一群 4 岁的孩子去公园玩,其中一个孩子由于别人都不和他玩而大哭起来。这个时候,你该怎么办呢?

A. 置身事外,让孩子们自己处理

B. 和这个孩子交谈,并帮助他想办法

C. 轻轻地告诉他不要哭

D. 想办法转移这个孩子的注意力,给他一些其他的东西让他玩

3. 假设你是一个大学生,想在某门课程上取得优秀,但是在期中考试时却只得了及格。这时候,你该怎么办呢?

A. 制订一个详细学习计划,并决心按计划进行

B. 决心以后好好学

C. 告诉自己在这门课上考不好没什么大不了的,把精力集中在其他可能考得好的课程上

D. 去拜访任课教授,试图让他给你高一点的分数

4. 假设你是一个保险推销员,去访问一些有希望成为你的顾客的人。可是一连 15 个人都只是对你敷衍,并不明确表态,你变得很失望。这时候,你会怎么做呢?

A. 认为这只不过是一天的遭遇而已,希望明天会有好运气

B. 考虑一下自己是否适合做推销员

C. 在下一次拜访时再做努力,保持勤勤恳恳工作的状态

D. 考虑去争取其他的顾客

5. 你是一个经理,提倡在公司中不要搞种族歧视。一天你偶然听到有人正在开有关种族歧视的玩笑。你会怎么办呢?

A. 不理它——这只是一个玩笑而已

B. 把那人叫到办公室去,严厉斥责他一顿

C. 当场大声告诉他,这种玩笑是不恰当的,在你这里是不能容忍的

D. 建议开玩笑的人去参加一个有关反对种族歧视的培训班

6. 你的朋友开车时别人的车突然危险地抢到你们前面,你的朋友勃然大怒,而你试图让他平静下来。你会怎么做呢?

A. 告诉他忘掉它,现在没事了,这不是什么大不了的事

B. 放一盘他喜欢听的磁带，转移他的注意力

C. 一起责骂那个司机，表示自己站在他那一边

D. 告诉他你也曾有同样的经历，当时你也一样气得发疯，可是后来你看到那个司机出了车祸，被送到医院急救室

7. 你和伴侣发生了争论，两人激烈地争吵；盛怒之下，互相进行人身攻击，虽然你们并不是真的想这样做。这时候，最好怎么办呢？

A. 停止 20 分钟，然后继续争论

B. 停止争吵……保持沉默，不管对方说什么

C. 向对方说抱歉，并要求他（她）也向你道歉

D. 先停一会儿，整理一下自己的想法，然后尽可能清楚地阐明自己的立场

8. 你被分到一个单位当领导，想提出一些解决工作中繁难问题的好方法。这时候，你第一件要做的是什么呢？

A. 起草一个议事日程，以便充分利用和大家在一起讨论的时间

B. 给人们一定的时间相互了解

C. 让每一个人说出如何解决问题的想法

D. 采用一种创造性地发表意见的形式，鼓励每一个人说出此时进入他脑子里的任何想法，而不管该想法有多疯狂

9. 你 3 岁的儿子非常胆小，实际上，从他出生起就对陌生地方和陌生人有些神经过敏或者说有些恐惧。你该怎么办呢？

A. 接受他具有害羞气质的事实，想办法让他避开他感到不安的环境

B. 带他去看儿童精神科医生，寻求帮助

C. 有目的地让他一下子接触许多人，带他到各种陌生的地方，克服他的恐惧心理

D. 设计渐进的系列挑战性计划，每一个相对来说都是容易对付的，从而让他渐渐懂得他能够应付陌生的人和陌生的地方

10. 多年以来，你一直想重学一种你在儿时学过的乐器，而现在只是为了娱乐，你又开始学了。你想最有效地利用时间。你该怎么做呢？

A. 每天坚持严格的练习

B. 选择能稍微扩展能力有针对性的曲子去练习

C. 只有当自己有情绪的时候才去练习

D. 选择远远超出你的能力但通过勤奋的努力能掌握的乐曲去练习

测试结果：

1. 除了 D 以外的任何一个答案，选择答案 D 反映了你在面临压力时是经常缺少警觉性。

A = 20，B = 20，C = 20，D = 0

2. B 是最好的选择,情商高的父母善于利用孩子情绪状态不好的时机对孩子进行情绪教育,帮助孩子明白是什么使他们感到不安,他们正在感受的情绪状态是怎样的,以及他们能进行的选择。

A=0,B=20,C=0,D=0

3. A,自我激励的一个标志是能制订一个克服障碍和挫折的计划,并严格执行它。

A=20,B=0,C=20,D=0

4. C 为最佳答案,情商高的一个标志是面对挫折时,能把它看成一种可以从中学到东西的挑战,坚持下去,尝试新的方法,而不是放弃努力,怨天尤人,变得萎靡不振。

A=0,B=0,C=20,D=0

5. C,形成一种欢迎多样化的气氛的最有效的方法是公开挑明这一点,当有人违反时,明确告诉他你的组织的规范不容许这种情况发生。不是力图改变这种偏见(这是一个更困难的任务),而只是让人们遵照规范去行事。

A=0,B=0,C=20,D=0

6. D,有资料表明,当一个人处于愤怒状态时,使他平静下来的最有效的办法是转移他愤怒的焦点,理解并认可他的感受,用一种不激怒他的方式让他看清现状,并给他以希望。

A=0,B=5,C=5,D=20

7. A,中断 20 分钟或更长的时间,这是使愤怒引起的生理状态平息下来的最短时间。否则,这种状态会歪曲你的理解力,使你更可能出口伤人。平静了情绪后,你们的讨论才会更富有成效。

A=20,B=0,C=0,D=0

8. B,当一个组织的成员之间关系融洽、亲善,每一个人都感到心情舒畅时,组织的工作效率才会最高。在这种情况下,人们才能自由地作出他们最大的贡献。

A=0,B=20,C=0,D=0

9. D,生来带有害羞气质的孩子,如果他们父母能安排一系列渐进的针对他们害羞的挑战,并且这种挑战是能逐个应付得了的,那么他们通常会变得喜欢外出起来。

A=0,B=5,C=0,D=20

10. B,给自己适度的挑战,最有可能激发自己最大的热情,这既能使你学得愉快,又能使你完成得最好。

A=0,B=20,C=0,D=0

小伙伴们,你的情商有几分呢?

第七章　逆商测试

A 方方面面都影响…… E 一点都没影响

A 2 分;B 4 分;C 6 分;D 8 分;E 10 分

1. 经过搜索,你仍没有找到那份重要文件。该事件的影响如何?

2. 你的钱似乎永远不够花。该事件的影响如何?

3. 你丢了对你来说十分重要的东西。该事件的影响如何?

4. 你不小心删除了一份十分重要的邮件。该事件的影响如何?

5. 你没能得到急需的假期。该事件的影响如何?

6. 你正陷入经济危机,你能否改善这种情况?

7. 即使知道自己应该每天按时锻炼,你也无法做到。你能否改善?

8. 你的私人生活和工作职责出现失衡。你能否改善?

9. 对你提出的最新观点人们持反对意见。你能否改善?

10. 你的电脑系统又崩溃了,这已是本周发生的第三次。你能否改善这种情况?

11. 老板坚决不同意你的决定,该事件对你的影响大到什么程度?

12. 你错过一个重要约会。该事件带来的影响如何?

13. 你正在处理的工作突然被中止,该事件带来的影响如何?

14. 赶赴一个重要约会时,你在路上总遇到红灯。该事件的影响如何?

15. 你刚刚完成的一项工作受到了批评。该事件带来的影响如何?

16. 你错过一次晋升机会。你认为自己应为改善这种状况承担多少责任?

17. 你正在参加的会议完全是浪费时间。你自认为应为改善这种状况承担多少责任?

18. 你组织的活动没能达成目标。你自认为应为改善这种状况承担多少责任?

19. 对你试图讨论的某个重要问题,你尊重的人并不理睬。你自认为应为改善这种状况承担多少责任?

20. 如果对你很重要的网站连续关闭一周或很长时间无法登录,对你的影响如何?

结果解释:

(1)0~59 分低逆商指数:一遇事情,就觉得天要塌了,惊慌失措,或是逃避,做事没劲头,没信心,没有持之以恒的毅力 。

(2)95~134 分中等逆商指数:不能充分调动自己的能力和潜力来应付困难局面,觉得花了很大精力,还不时有无助感或失望心态产生。

(3)166~200 分高逆商指数:看问题深刻,能分清问题的前因后果和自己所处的位置,找出尽可能有利或减少负面影响的方案来。

第八章　人际关系综合诊断量表[①]

这是一份人际关系行为困扰的诊断量表,共 28 个问题,每个问题作“是”或“否”两种回答。请你根据自己的实际情况如实回答,答案没有对错之分。然后参照后面的记分方法,对测验结果作出解释。

① 郑日昌编制(1999)

	是	否
1. 关于自己的烦恼有口难言。	(　)	(　)
2. 和生人见面感觉不自然。	(　)	(　)
3. 过分地羡慕和妒忌别人。	(　)	(　)
4. 与异性交往太少。	(　)	(　)
5. 对连续不断的会谈感到困难。	(　)	(　)
6. 在社交场合,感到紧张。	(　)	(　)
7. 时常伤害别人。	(　)	(　)
8. 与异性来往感觉不自然。	(　)	(　)
9. 与一大群朋友在一起,常感到孤寂或失落。	(　)	(　)
10. 极易受窘。	(　)	(　)
11. 与别人不能和睦相处。	(　)	(　)
12. 不知道与异性相处如何适可而止。	(　)	(　)
13. 当不熟悉的人对自己倾诉他的生平遭遇以求同情时,自己常感到不自在。	(　)	(　)
14. 担心别人对自己有什么坏印象。	(　)	(　)
15. 总是尽力使别人赏识自己。	(　)	(　)
16. 暗自思慕异性。	(　)	(　)
17. 时常避免表达自己的感受。	(　)	(　)
18. 对自己的仪表(容貌)缺乏信心。	(　)	(　)
19. 讨厌某人或被某人所讨厌。	(　)	(　)
20. 瞧不起异性。	(　)	(　)
21. 不能专注地倾听。	(　)	(　)
22. 自己的烦恼无人可倾诉。	(　)	(　)
23. 受别人排斥与冷漠。	(　)	(　)
24. 被异性瞧不起。	(　)	(　)
25. 不能广泛地听取各种各样的意见、看法。	(　)	(　)
26. 自己常因受伤害而暗自伤心。	(　)	(　)
27. 常被别人谈论、愚弄。	(　)	(　)
28. 与异性交往不知如何更好相处。	(　)	(　)

计分:“是”记作 1 分,“否”记作 0 分。

结果解释:

(1)如果总分在 0 ~ 8 分,说明受测者善于交谈,性格开朗,主动,关心别人,对周围朋友很好,愿意与他们在一起,彼此相处得不错。

(2)如果总分在9～14分，说明受测者与朋友相处有一定的困扰，人缘一般，与朋友的关系时好时坏，经常处于起伏变动之中。

(3)如果总分在15～28分，说明受测者在与朋友相处时存在严重困扰。分数超过20分，则表明人际关系行为困扰程度很严重，而且在心理上出现较为明显的障碍：受测者可能不善于交谈，也可能是个性格孤僻的人，不开朗，或者有明显的自高自大、讨人嫌的行为。

第十一章　测测你是否具备成功获得幸福的品质

表1的测试题可帮助你了解自己是否具备成功获得幸福的品质。请认真阅读下面每一项，从A～E这几个分数等级中选择适合自己的等级；A表示非常不符合，B表示有些不符合，C表示不能确定，D表示有些符合，E表示非常符合。

表1　测试你是否具有获得幸福的品质

题　号	内　容	等　级				
1	我通常能发挥自己的最大优势来完成工作	A	B	C	D	E
2	我通常都是积极主动地承担任务	A	B	C	D	E
3	我做事目标明确	A	B	C	D	E
4	我喜欢做那些我不知道自己能否胜任的事	A	B	C	D	E
5	我喜欢关注那些优秀人士	A	B	C	D	E
6	我觉得自己生活很充实	A	B	C	D	E
7	不到最后我绝不放弃目标	A	B	C	D	E
8	我觉得自己还有很大的潜能可以开发出来	A	B	C	D	E

计分方法：

各题A、B、C、D、E分别为1、2、3、4、5分，将各题分数相加就得总分。

总分解析：

高于32分：表明你具有非常好的成功品质，能通过自己的努力获得自己的幸福。

24～31分：表明你成功品质较好。

低于24分：表明你成功品质较差。为了成就自我、获得幸福，你需要对自己做些改进，积极培养自己的成功品质。

参考文献

[1] 肖永春. 幸福心理学[M]. 上海:复旦大学出版社,2014.

[2] 孙时进. 社会心理学[M]. 上海:复旦大学出版社,2006.

[3] Alan Carr. 积极心理学[M]. 丁丹,等,译. 北京:中国轻工业出版社,2015.

[4] 任俊. 积极心理学[M]. 上海:上海教育出版社,2006.

[5] 阿兰·拉金. 如何度过每天的 24 小时[M]. 刘详亚,译. 天津:天津人民出版社,2004.

[6] 马克思,恩格斯. 马克思恩格斯选集:第四卷[M]. 北京:人民出版社,1972.

[7] 郝宁. 积极心理学:阳光人生指南[M]. 北京:北京大学出版社,2009.

[8] 张大均. 教育心理学[M]. 北京:人民教育出版社,2011.

[9] 林清文. 生涯发展与规划手册[M]. 北京:世界图书出版公司,2003.

[10] 陈少华. 情绪心理学[M]. 广州:暨南大学出版社,2008.

[11] 周辅成. 西方伦理学名著选辑:上卷[M]. 北京:商务印书馆,1987.

[12] 彭聃龄. 普通心理学[M]. 北京:北京大学出版社,2004.

[13] 郑雪,等. 幸福心理学[M]. 广州:暨南大学出版社,2004.

[14] 王阔. 逆商:逆境中的生存智慧[M]. 北京:中国文史出版社,2015.

[15] Eliyahu Goldratt,Jeff Cox. 目标[M]. 齐若兰,译. 北京:电子工业出版社,2012.

[16] 封云. 逆商在大学生成长成才的重要作用[J]. 南京工程学院学报:社会科学版,2008(1).

[17] 马跃,陈长香,张妍娜,等. 影响大学生逆商的外部因素分析[J]. 中国健康心理杂志,2007(3).

[18] 张灵,等. 大学生人际关系困扰与主观幸福感的关系研究[J]. 心理发展与教育,2007(2).

[19] 张冬梅,等. 大学生宿舍人际关系与主观幸福感的关系研究[J]. 中国健康心理杂志,2010(8).

[20] 刘会驰,吴明霞. 大学生宽恕、人际关系满意感与主观幸福感的关系研究[J]. 中国健康心理杂志,2010(4).

[21] 张慧. 大学生自我和谐、人际关系及主观幸福感的相关研究[D]. 天津大学,2014.

[22] 杨秀君. 目标设置理论研究综述[J]. 心理科学,2004(27).

[23] 吴明霞. 30 年来西方关于主观幸福感的发展[J]. 心理学动态,2005(8).